어떻게 세계는 서양이 주도하게 되었는가

The Origins of the Modern World, 2nd Edition:
A Global and Ecological Narrative from the Fifteenth to the Twenty-first Century

Copyright © Robert B. Marks, 2007

Korean Translation Copyright © 2014 by Sa-I Publishing.
Korean edition is published by arrangement with Rowman & Littlefield Publishers, Inc.
through Imprima Korea Agency.

이 책의 한국어판 저작권은 Imprima Korea Agency를 통해
Rowman & Littlefield Publishers, Inc.와의 독점 계약으로 사이에 있습니다.

저작권법에 의해 한국 내에서 보호를 받는 저작물이므로 무단 전재와 무단 복제를 금합니다.

어떻게
세계는 서양이
주도하게
되었는가

세계 경제를 장악했던 동양은
어떻게 불과 2백 년 사이에
서양에게 역전당했는가

로버트 B. 마르크스
윤영호 옮김

차례

들어가는 글

도대체, 지난 2백 년 동안 무슨 일이 있었던 것인가 7

오랫동안 세계 경제를 장악했던 동양 / 동양은 어떻게 서양에게 역전당했는가 / 결국 서구는 우월하고, 동양은 열등하기 때문에? / 서구의 세계 지배는 과연 필연적인 것인가 / 서구의 역전은 우연의 산물일 뿐 / 술에 취한 채 가로등 불빛 아래서 헤매는

/제1장/

군림하는 세력 없이 여러 체제가 공존하다 (1300-1400년) 31

1400년대, 농업 세계의 다양한 모습들 / 인구 밀도와 문명 / 농민과 지배 계급 / 문명을 위협하는 유목민 / 토지 확장과 식량 확보 / 정부와 지주들의 착취 / 결국, 농민 반란 / 다양한 무역로가 탄생시킨 상업의 세계 / 무역로를 따라 흑사병도 전파되다 / 생물학적 한계에 갇힌 세계

/제2장/

평화로운 항해 시대의 종말을 고하다 (1400년대 후반) 65

중국, 드넓은 해상으로 세력을 확장하다 / 정화의 남해 원정 / 인도양, 모두가 눈독 들인 무역의 중심지 / 인도, 고도로 발전된 경제 / 이슬람 세계, 유럽을 차단시킨 유일한 세력 / 아프리카, 거대 제국들의 대륙 / 유럽, 화약과 대포로 무장하다 / 끊이지 않는 유럽의 전쟁 / 무력을 동원한 지중해 무역 / 아시아 항로에 대한 집착 / 결국, 아시아행 열차에 오르다

/제3장/

세계 경제를 장악한 동양 vs. 내부 전쟁에 시달리는 유럽 (1500-1750년) 107

제국의 탄생과 소멸 / 무굴 왕조, 사파비 왕조, 오스만 제국 / 제국의 역학관계 / 공포 정치를 펼친 아즈텍 / 정복으로 지탱하는 잉카 / 유럽의 침략, 신세계의 비극 / 식량의 이동, 질병의 전파 / 신세계의 대참사 / 인디언, 착취당하다 / 유럽에는 제국이 들어설 자리가 없었다 / 파산하는 스페인 / 아시아, 세계 경제를 지배하다 / 유럽, 플랜테이션 경제로 도약을 꿈꾸다 / 자신들끼리의 전쟁에 목숨 걸다 / 강력한 국가의 등장 / 은이 유출되는 것을 막아라! / 영국, 서서히 승기를 잡다

/제4장/

왜 산업혁명은 동양이 아닌 영국에서 일어났는가 (1750-1850년) 155

영국의 면직물은 어떻게 인도를 물리치고 세계 시장을 장악했나 / 인도를 획득한 7년 전쟁 / 신세계라는 새로운 시장 / 중국과 영국, 역전의 시작 / 왜, 중국은 성장의 한계에 봉착했는가 / 영국의 역전 / 영국의 새로운 동력, 석탄과 증기기관의 등장 / 식민지나 석탄이 없었어도 가능했을까 / 왜 중국이 아닌, 영국이었나 / 차, 은, 아편, 강철, 그리고 전쟁 / 산업혁명의 수단을 전쟁에 이용 / 단지 그들에겐, 석탄과 식민지가 없었을 뿐이다

/제5장/

동양은 어떻게 서구에게 역전을 당했는가 (1850-1900년) 199

아편, 세계 경제의 흐름을 바꾸다 / 영국이 꾸민 인도의 몰락 / 다른 나라들의 산업화, 강력한 국가가 주도하다 / 새로운 산업 경제에서 드러나는 온갖 문제들 / 도시와 공장, 열악한 근로 조건 / 노동자들의 저항과 자본가들의 억압 / 배타적 민족주의의 탄생 / 아프리카와 중국에 대한 쟁탈전 / 유럽 열강들에 의해 찢겨지는 아프리카 / 이권 쟁탈장이 된 중국 / 엘니뇨, 기아, 그리고 제3세계로의 전락 / 사회진화론과 백인 우월주의 / 결국, 이데올로기에 불과할 뿐이다

/제6장/

두 번의 세계대전, 냉전의 종식, 커져가는 격차 (1900년-21세기 현재까지) 249

질소, 화약, 비료 / 30년의 위기(1914-1945년) / 1차 세계대전 / 혁명의 연속 / 식민지 독립 운동 / 1930년대 대공황 / 2차 세계대전 이후의 세계 / 탈식민지화 / 식민지 국가들의 혁명 / 냉전 시대(1947-1991년)의 탄생과 종말 / 소련의 생산주의 vs. 미국의 소비주의 / 제3세계의 개발주의 / 지속되는 부의 격차 / 냉전의 종식 / 역사의 종말? 문명의 충돌? / 국제 자유 무역 / 에너지, 석유, 전쟁 / 과거로부터의 대이탈의 시대 / 아시아 세기의 재도래

맺는 글
역사는 또다시 역전될 것인가 300

들어가는 글

도대체,
지난 2백 년 동안
무슨 일이 있었던 것인가

오랫동안 세계 경제를 장악했던 동양

미국, 일본, 영국, 프랑스, 독일, 이탈리아, 캐나다 등 소위 G7이란 명칭으로 알려진 서방의 주요 선진 산업국 정상들은 세계 경제가 나아갈 방향과 각 국가 사이의 경제 정책 문제를 협의한다는 명목으로 일년에 한 번씩 정상 회담을 개최하고 있다. 그들은 "전 세계적으로 경제 성장을 유지하기 위해서는 자유 무역에 대한 새로운 헌신이 필요하며 시장 개방과 세계무역기구WTO의 강화 또한 경제적으로 대단히 시급한 사항이다."라고 주장한다. 여러 세계 경제 및 금융 기관들의 회의와 마찬가지로 G7 정상 회담도 개최되는 도시마다 회담 개최와 그 목적에 반대하는 수만 명의 인파를 불러 모은다. 그들 중 대부분은 세계 경제의 불평등을 지적하고 동시에 정상 회담 반대 모임을 개최하려고 모인 사람들이다. 해마다 시위행진을 벌인 사람들도 수만 명에 달하고 상점에 쓰레기를 던지고 경찰과 싸움을 벌이다가 체포된 사람들도 수백 명이 넘는다.

나는 이와 같은 G7을 통해 근대 세계modern world의 기원에 대한 짧은 역사를 살펴볼 것이다. 왜냐하면 30년 넘게 꾸준히 개최되었고 향후에도 계속 개최될 G7 정상 회담은 우리가 살고 있는 이 세계의 본질에 대해 많은 부분들을 드러낼 뿐만 아니라 오늘날의 〈세계화된 세계globalized world〉가 형성된 과정에 대해서도 아주 흥미로운 역사적 질문들을 제기하기 때문이다. 먼저 G7이란 단어를 〈선진 산업국〉으로 정립해보자. 이 말은 오늘날 세계가 소위 국가라는, 즉 주권을 지닌 정치 단위들로 구성되어 있고 그런 국가들은 산업화되었다는 사실을 지적한다. 실제로 G7 국가들은 전 세계 경제 생산과 부의 3분의 2를 담당하고 있다. 하지만 그 이면에는 다른 국가들은 모두 가난하고 산업화가 덜 이루어졌다는 의미도 내포되어 있다. 따라서 세계는 이미 산업화된 진영과 산업화되지 않았거나 산업화를 시도하는 진영으로 구분된다.

그런데 불과 2백 년 전만 해도 다른 두 국가(인도와 중국)가 전 세계 경제 생산의 3분의 2를 담당했다. 물론 그들은 유럽에 속한 국가가 아니었다. 또한 1400년대에 세계에서 가장 큰 25개 대도시들을 살펴보면 당시 세계 최대의 도시인 난징을 포함한 9개 도시가 모두 중국에 있었다. 두 번째로 큰 도시는 인도의 비자야나가르였고, 세 번째로 큰 도시는 이집트의 카이로였다. 유럽에 속한 도시는 겨우 5개가 전부였다.

또한 아시아는 세계에서 가장 중요한 무역 지대이자 엄청난 부의 근원지인 인도양에서 막강한 세력을 구축하면서 해상 무역을 장악했다. 아시아에서 생산되는 제품과 부에 접근할 수 있는 교역로를 찾아내기 위해 부단히도 애썼던 유럽은 해상 경로뿐 아니라 이슬람 세력에 의해 육로마저 차단당하면서 아시아에 닿을 수 있는 기회를 쉽사리 얻지 못하며 경제적으로 뒤처졌다. 그러면서 유럽인들 스스로 〈암흑기Dark Ages〉라고 지칭하는 암울한 시기를 보내게 된다. 결국 유럽인들이 직면한 문제는 그들의 세계가 아시아에 비해 상대적으로 빈곤하다는 것이었다.

1500년부터 1800년까지 아시아는 세계 인구와 경제 활동, 세계 무역에서 절대적인 비중을 차지했다. 실제로 세계 인구에서 아시아가 차지하는 비율은 1500년대에는 60퍼센트였지만 1750년에는 66퍼센트로 증가했고 1800년에는 67퍼센트까지 상승했다. 1800년까지 세계 인구의 3분의 2가 아시아에 거주한 것이다. 이와 같은 인구의 증가는 더 많은 인구를 부양하기 위한 추가적인 자원을 개발하는 데 아시아가 성공했다는 의미를 상징한다.

그러나 아시아는 단지 인구만 증가한 것이 아니라 경제 생산과 생산성도 증대되었다. 1775년 아시아는 세계 생산의 약 80퍼센트를 차지했는데, 이는 세계 인구의 3분의 2(아시아인들)가 세계 생산의 5분의 4를 담당했다는 의미다. 다른 말로 하면, 1775년 세계 인구의 5분의 1에 불과했던 유럽인들은 아프리카인들과 아메리카인들과 함께 세계 생산의 겨우 5분의 1을 담당했다는 의미다. 따라서 1500년 이후 3세기 동안 아시아는 세계에서 가장 생산성 높은 경제를 운영했다.

실제로 1700년대 인도는 세계에서 가장 큰 면직물 수출 국가였는

데 월등한 경쟁력을 바탕으로 1750년 전 세계 면 생산량의 4분의 1을 차지했다. 인도의 이 같은 경쟁력은 농업에서 찾을 수 있었는데 인도의 농업은 대단히 생산성이 높았다. 인도는 작물의 수확량과 파종된 씨앗의 비율이 〈20 대 1〉이었지만 영국은 기껏해야 〈8 대 1〉이었다. 아시아의 농업은 영국, 더 나아가서 유럽보다 2배 이상 높은 생산성을 유지했고 그만큼 식량 가격은 유럽보다 저렴했다. 이는 다시 말하면 명목상 임금은 인도가 낮더라도 실제 임금, 즉 구매력은 인도가 높았다는 뜻이다. 따라서 인도의 경쟁력이 저임금에서 기인한다고 말하는 것은 잘못된 것이다. 18세기 인도의 노동자들은 영국 노동자들보다 높은 생활수준을 유지했다.

또한 18세기 중국은 농업 생산성, 산업 및 시장의 다양화, 소비 수준의 측면에서 세계 최고의 선진국처럼 보였다. 중국 경제는 시장을 통해 전반적인 생산 수준과 생산성을 동시에 개선했다. 흔히 시장은 유럽에서 최초로 시작되어 그곳에서 가장 발전되었다고 여겨졌다. 그러나 지난 20년 동안 학자들은 18세기와 19세기에 중국에서 고도로 발달한 효율적인 시장이 형성된 과정을 밝혀냈다. 시장과 상품의 전문화와 함께 수상으로 연결되는 내륙 운송 체제 또한 구축되었는데, 이와 같은 효율적인 수상 운송은 중국 전역에서 곡물의 원활한 이동과 시장의 성장을 촉진했고 동시에 세계에서 가장 큰 도시들을 유지할 수 있는 물질적 기반을 제공했다. 이러한 시스템은 당시 프랑스, 영국, 미국보다 훨씬 효율적으로 운영되었다.

유럽은 신세계의 엄청난 부를 확보했음에도 18세기에 이를 때까지 세계 경제에서 아시아에 밀렸다. 영국은 1700년까지 인도에서 완제품 면직물을 대량으로 수입한 나머지 영국의 제조업자들은 자국의 섬유 산업이 경쟁에서 밀릴 것이라는 위기의식을 느꼈다. 그들은 품질 개선을 통해 인도와 경쟁하는 대신 정부에 압력을 행사하여 인도산 면제품의 수입을 금지시켰다. 1717년 프랑스 정부도 자국의 산업을 보호하기 위해 인도산 면직물과 중국산 비단의 수입을 금지하는 법안을 통과시켰다. 실제로 그 당시 세계 상황을 바라보는 한 가지 방식은 유럽이 아시아보다 상대적으로 빈곤했고 산업의 생산성도 열악했기 때문에 유럽이 아시아 시장에서 우위를 점하기 위해 내부적으로 치열한 경쟁을 벌였다는 것이다. 요컨대 유럽의 주변 상황은 유럽 내부의 경쟁과 전쟁을 유발하여 아시아가 장악한 세계에서 부에 접근할 수 있는 방법을 찾는 데 혈안이 되게 만들었다.

동양은 어떻게 서양에게 역전당했는가

하지만 19세기 이후 2백 년이라는 짧은 기간에 세계는 엄청난 〈부富의 역전 현상〉을 경험했다. 18세기에 중국, 인도, 유럽은 경제 개발, 생활수준, 평균수명의 측면에서 비교 대상이 되었다. 다음 페이지에 나오는 〈표 1〉에서 볼 수 있듯이 1700년에 중국, 인도, 유럽은 모두 전 세계 국내총생산GDP에서 똑같은 비율, 그러니까 각각 대략 23퍼센트를 차지했다. 그들은 1700년에 전 세계 경제 활동의 70퍼센트를 담당했던 것이다. 〈표 2〉에서도 비슷한 수치를 보인다. 1750년 중국은 전 세계에서 거래되는 제조품의 33퍼센트를 생산했고 인도와 유럽이 각각 23퍼센트를 생산하면서 전 세계 산업 생산량에서 거

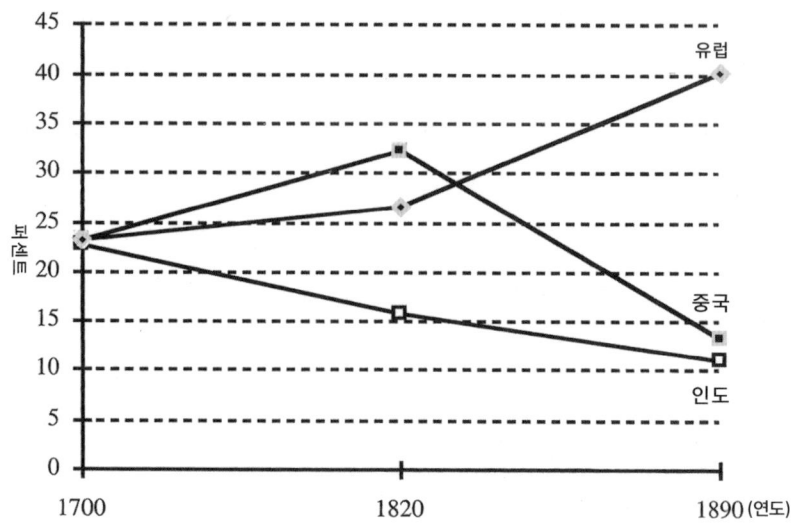

■ 표 1: 전 세계 GDP 점유율(1700-1890년)

의 90퍼센트에 육박하는 비율을 차지했다. 1800년에도 전반적인 수치는 비슷했지만 인도의 비율이 감소하면서 유럽의 비율이 증가하기 시작했다.

그러다 1800년대 초반 전 세계 국내총생산과 제조 산업의 생산량에서 유럽의 비율이 급증했고 1900년대에 들어서면서는 중국과 인도의 비율이 급감하면서 상황은 완전히 역전되었다. 1900년 전 세계 제조 산업의 생산량에서 인도의 비율은 고작 2퍼센트에 불과했고 중국은 약 7퍼센트에 그쳤지만 유럽은 무려 60퍼센트를 차지했고 미국도 20퍼센트를 담당했다. 1900년 유럽과 미국은 전 세계 제조 산업의 80퍼센트를 장악했다.

따라서 〈표 1〉과 〈표 2〉는 세계사에서 벌어진 중대한 〈역전 과정〉

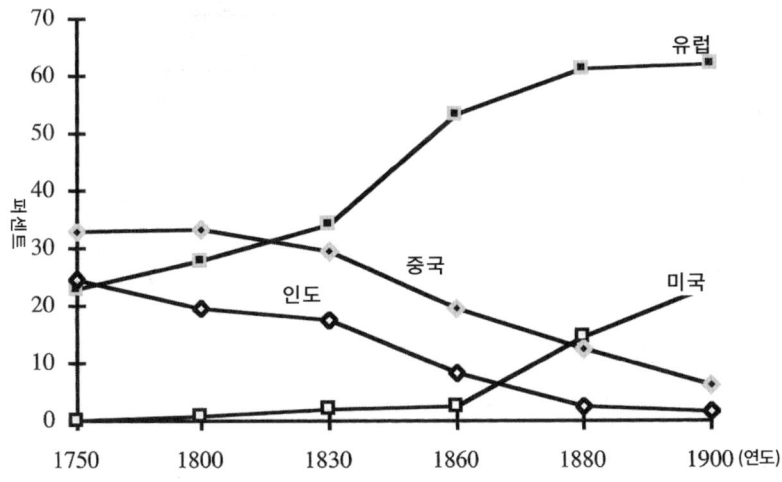

■ 표 2: 전 세계 제조 산업 생산량(1750-1900년)

을 그대로 반영하고 있다. 18세기에 중국과 인도를 포함한 아시아는 전 세계 부의 절반 이상을 차지했지만 불과 2백 년 만에 세계에서 가장 산업화가 늦고 가장 가난한 국가가 되었다. 반면 유럽과 미국은 더 많은 부를 축적했다. 결과적으로 1800년부터 1900년까지 불과 1백 년 사이에 유럽과 미국이 과거 인도와 중국이 차지했던 위치에 올라서게 된 것이다. 하지만 한 가지 사실은 분명하다. 서구와 다른 지역들 간의 격차는 비교적 최근에 나타난 현상이라는 것이다. 또한 그 원인을 〈시장 경제〉의 성립 여부로 파악하는 것은 문제의 본질을 지나치게 단순화하는 것이다.

이와 관련해 우리가 살펴보아야 할 첫 번째 문제는 이런 역전 현상이 발생하게 된 과정이다. 어떻게 이런 일이 가능했던 것일까? 세계를 움켜쥔 아시아는 어떻게 불과 2백 년 사이에 서양에게 역전을 당했으며, 잉카와 아즈텍 등 거대 제국을 형성했던 라틴아메리카와 세계 무역에서 주요 역할을 한 아프리카는 어떻게 제3세계로 전락할 수 있었단 말인가? 그동안 무슨 일이 있었던 것인가? 동양은 어떤 과정을 통해 〈성장의 한계〉에 봉착하고 말았는가? 그리고 어떻게 산업과 서구식 체제가 우리의 세계를 규정하게 된 것일까?

두 번째 문제는, 점차 심각해지는 부유한 국가들과 가난한 국가들(대부분 아시아, 아프리카, 라틴아메리카에 위치한 국가들이다.) 간의 격차를 해소할 방안에 관한 것이다. 이런 격차도 지난 2백 년 사이에 나타난 현상이다. 일부 국가들이 다른 가난한 국가들을 〈희생양〉으로 삼아 부를 축적했는지의 여부를 살펴보는 것은 대단히 중요한 문제다. 또한 전 세계 수많은 국가들과 그 국민들이 점점 더 악화되는 빈곤에 시달리게 되는 과정과 그 원인에 대한 문제도 아주 중요하게 다루어져야 할 사항이다.

세 번째 문제는, G7 국가들이 산업을 기반으로 엄청난 권력을 독점한 나머지 그 정상들이 직접 세계 경제가 운영되는 방식을 결정하는 회의를 개최할 수 있게 되었다는 것이다. 물론 이런 상황들은 G7 정상 회담과 WTO 회의를 비롯한 다른 재무 기관들, 예를 들면 IMF 등에 반대하는 주요 원인이기도 하다. 이러한 기관들의 반대론자들은 다음과 같은 질문을 던진다. "어떻게 당신들이 그런 규칙을 결정할 수 있게 된 겁니까?" 그럼에도 선진 산업국의 정상들은 자신들이 세계 경제의 규칙을 결정하고 있는데, 이는 바로 산업화된 세계에서 지속적인 부를 확보하기 위해 권력을 휘두르는 것이다. 그 권력은 대부분 WTO나 IMF와 같은 세계적인 무역 기구와 재무 기관들을 통해 실행되지만, 이따금 미국과 같은 G7 국가들과 북대서양조약기구와 같은 국제 동맹이 행사하는 막강한 군사력의 지원을 받기도 한다. 세계화의 역사적인 관점에서 살펴보면 이 체제는 대단히 흥미로운 측면을 지니고 있다. 왜냐하면 서구인들이 그와 같은 권력을 갖게 된 시기가 그리 오래전이 아니기 때문이다.

따라서 우리가 현재 살고 있는 세계를 이해하기 위해서는 세계 최고의 선진국이었던 아시아 국가들이 점차 쇠락의 길을 걷다가 결국 서구에게 역전을 당하게 된 과정과 이유, 그리고 세계를 조직하는 서구의 방식이 지금까지 전 세계를 지배하게 된 과정과 요인을 이해해야만 한다. 여기에 대해서는 수많은 해석이 분분했지만 지난 2세기 동안 유럽과 미국에서는 〈서구의 부상the rise of the West〉이라는 견해가 가장 유력한 것으로 인정받았다. 즉 서구가 인종적, 문화적, 정치적, 경제적으로 우월하기 때문에 동양을 따라잡아 급부상할 수밖에 없었다는 논리다. 그런데 최근의 연구 결과를 통해 우리는 그 내용이 더 이상 설득력이 없다는 사실을 알게 되었다. 아시아는 그동안 훌륭한 시스템을 갖추어 운영하면서 세계의 경제와 무역을 장악했고 서구보다 더 선진국의 모습을 보여왔기 때문이다. 하지만 서구의 부상이라는 견해는 수많은 독자들에게 친숙한 것일 수도 있기 때문에 잠시 그 내용을 살펴보면서 그 속에 담긴 여러 오류 사항들을 지적하고자 한다.

결국 서구는 우월하고, 동양은 열등하기 때문에?

서구의 부상이라는 개념은 단순히 근대 세계에 대해 설명하는 것이 아니라, 근대 세계가 〈유럽의 특징〉으로 정의되는 이유를 설명하는 데 필요한 근거와 내용을 동시에 제시한다. 유럽인들은 처음에 자신들의 우월성을 기독교에서 찾았다. 그러다가 17세기와 18세기에 계몽주의 시대로 접어들면서 그리스 문화의 유산에서 기인한 이성적이며 과학적인 사고에 자신들의 우월성이 있다고 생각했다.

하지만 시간이 좀 더 흐르면서 1700년대 후반 산업혁명과 1789년 프랑스 혁명을 거치게 되면서 유럽인들은 이제 자신들이 단순히 다른 세계의 사람들과 다르다는 것에 그치지 않고 다른 세계가 정체하고 있는 동안 유럽은 급속도로 진일보하고 있다는 의식을 강화했다. 결국 유럽이 다른 세계보다 훨씬 우수하다는 것이었다. 서구의 부상에 관한 초창기 내용은 마치 다음과 같이 릴레이 경주처럼 진행되었다. 즉 고대 그리스인들이 민주주의 사상을 창안하고 고대 로마인들에게 물려주었지만 로마 제국의 몰락과 더불어 암흑기가 도래하면서 그만 바통을 떨어뜨리고 말았다. 이윽고 기독교가 그 바통을 이어받아 봉건시대 유럽의 독특한 문화를 창조하면서 다시금 질주하기 시작했다. 그 후 고대 그리스의 유산이 르네상스 시대에 재발견되고 계몽시대로 들어와 보다 정교하게 다듬어지면서 마침내 프랑스 혁명과 미국 독립 전쟁을 통해 서구의 부상으로 완성되었다는 것이다.

산업혁명이 시작되었을 때 애덤 스미스, 토머스 맬서스, 데이비드 리카도와 같은 고전적인 영국의 경제학자들은 서구의 부상에 연관되는 또 다른 내용을 창안하고 있었다. 그것은 바로 자본주의 발전을 진보progress라고 여기는 사상이었는데 그 사상에 의하면 서구는 진보적인 성향으로, 반면 아시아, 아프리카, 라틴아메리카는 퇴보적이고 전제적인 성향으로 간주되었다. 19세기에 들어와 유럽의 경제가 급속도로 변화되고 아시아가 내부적으로 쇠퇴를 겪으면서 애덤 스미스와 토머스 맬서스 같은 경제 분석가들은 아시아가 서구보다 월등히 앞섰다는 기존의 관점을 전환하여 서구를 역동적이며 진취적이고 진보적이며 자유로운 곳으로, 아시아는 침체적이고 퇴보적이고 전제적인 곳으로 간주하기 시작한 것이다.

새로운 자본주의 세계를 가장 맹렬히 비판하던 칼 마르크스와 프리드리히 엥겔스조차 19세기 유럽의 확장 정책이 다른 세계에 진보를 가져다줄 것이라고 믿었다. 20세기의 전환기에 활동했던 독일의 사회학자 막스 베버 또한 마르크스와 마찬가지로 자본주의가 유럽에서, 오직 유럽에서만 발전했던 과정과 요인을 설명할 수 있다고 믿었다. 하지만 두 사람은 해석에서 차이를 보였다. 마르크스가 유물론에 입각하여 해석했다면, 베버는 서구의 가치와 문화, 특히 프로테스탄티즘과 연계한 이성주의와 직업윤리가 자본주의 부상에 결정적인 역할을 담당했다고 생각했다. 그러나 베버는 서구의 부상에 대한 생각을 오직 서구에 대한 연구에만 초점을 두지 않고 중국과 인도 사회를 조사하여 유럽과 비교하면서 적어도 그 두 국가 그리고 다른 모든 비유럽 국가들은 자본주의에 필요한 문화적 가치가 부족하다고 결론지었다.

서구의 세계 지배는 과연 필연적인 것인가
—

19세기 중반 이후 유럽의 사회 이론가들은 산업화된 국가들과 다른 세계, 즉 서구와 동양 간에 점차 벌어지는 격차를 인식하기 시작했다. 서구 유럽인들은 〈근대화modernization〉의 비밀을 굳게 지키고 있지만 다른 세계 사람들도 그것을 배울 수 있다고 생각했던 애덤 스미스와 칼 마르크스, 막스 베버의 추종자들은 세계 역사가 전개된 방식으로 전파론傳播論을 제기했다. 먼저 유럽인들이 산업화를 통해 부를 축적하는 방법을 찾았고 이후 일본을 비롯한 일부 국가들이 유럽의 방식을 습득하며 추격을 시작했다. 따라서 세계의 모든 국가들도 저마다 근대화를 저해하는 지역적 제도와 문화적 특성을 파악하고 제거한다면 근대화를 달성하게 된다는 논리였다.

하지만 오늘날 21세기 초반의 관점에서 바라보면 그런 견해는 전혀 설득력이 없는 듯하다. 특히 전파론에서 주장한 것과 달리, 부유한 국가들과 가난한 국가들의 격차가 전혀 줄어들지 않고 오히려 지속적으로 벌어지고 있기 때문이다. 애덤 스미스를 비롯해 맬서스, 리카도, 마르크스, 베버 같은 유럽의 이론가들은 모두 〈유럽의 특수성〉을 인정하면서 그것을 설명하기 위한 방법을 연구했다. 오늘날 역사학자들 사이에서도 유럽인들이 특수하고 궁극적으로 우월하다고 인식되는 이유에 대한 연구가 지속되고 있지만, 이제 수많은 사람들은 그런 질문 자체가 잘못된 것이라고 여기고 있다.

유럽이 가장 먼저 근대화했기 때문에 유럽이 어떤 고유한 특성을 지닌다는 주장은 문화적, 정치적, 경제적 장애물이 자체적인 근대화 발전을 저해하는 세계 전역에서 오직 유럽만이 근대화를 촉진할 수 있는 윤리적 권위와 권력을 갖는다는 뜻이다. 따라서 그 내용은 서구의 부상에 따른 〈서구의 세계 지배〉를 옹호하고 정당화한다. 하지만 근대 세계의 형성을 바라보는 이런 관점, 즉 서구의 부상과 서구식 권력의 확산이 다른 세계에 대한 우월성에 기반을 둔 것이라는 관점이 잘못된 것이라면 어떻게 될까? 그 이론의 엄청난 오류는 적어도 1750년대 이전에는 아시아의 대부분이 유럽보다 산업적 측면에서 훨씬 우위에 있었다는 사실이 밝혀지면서 명확히 드러나게 될 것이다. 이런 의혹은 특히 지난 20년 동안 급속히 확산되었다.

이제 역사학자들은 더 이상 세계를 단순히 수세기 전 유럽에서 시작된 보편적이고 필수적인 경향이 지속되는 모습으로 파악하지 않는다. 오히려 많은 사람들이 보고 있는 것은 인구와 산업 및 농업의 생산성이 아시아에 집중되었던 세계이다. 〈산업 자본주의〉와 〈민족국가〉로 대표되는 유럽의 세계는 아주 최근에 등장한 시대적 조류이며, 이는 역사적으로 오랜 기간 아시아가 주도했던 흐름이 역전된 현상이다. 더불어 이 추세가 얼마나 오래 지속될 것인지는 아주 큰 논란의 대상이 되고 있다. 유럽인들은 서구의 우월성이라는 밑그림 위에 서구의 부상을 그려냈던 것인지도 모른다. 그러나 〈아시아의 힘과 경제력〉은 다시금 그 모습을 드러내기 시작했다. 이 책에서 의도하는 것처럼 새로운 시각을 통해 세계의 현재와 과거를 두루 살펴볼수록 서구의 부상은 그 이면에 숨겨진, 겉으로는 잘 드러나지 않지만 근본적으로 전혀 다른 형태를 서서히 드러낼 것이다. 그 숨겨진 형태를 살펴보려면 반드시 〈유럽 중심적 관점〉에서 벗어나야만 한다.

한 비평가는 서구가 인종적, 문화적, 환경적, 정신적 특수성 같은 고유한 역사적 이점을 지니고 있어 그것을 바탕으로 다른 모든 사회들에 대해 영구적 우월성을 갖는다는 견해는 한낱 〈유럽 중심주의 신화the myth of Eurocentrism〉일 뿐이라고 말했다. 어떤 사람은 유럽 중심주의를 서구의 세계 지배를 감추기 위한 교묘한 이데올로기 혹은 〈진실의 왜곡〉이라고 간주했다. 또 다른 사람은 세계의 운영 방식에 대한 여러 해석들 가운데 하나의 이론적 모델일 뿐이라고 주장했다.

좀 더 깊이 들어가서 비평가들의 견해를 살펴보면, 유럽 중심적 세계관은 유럽을 세계사의 유일한 형성자, 심지어 세계사의 근원으로 간주한다는 것이다. 유럽은 행동하고 다른 세계는 따라온다. 유럽은 힘을 지녔고 다른 세계는 수동적이다. 유럽은 역사를 만들고 다른 세계는 유럽과 접촉하기 전까지 역사가 없었다. 유럽은 중심이고 다른 세계는 주변이다. 유럽인들은 스스로 변화와 근대화를 시도할 수 있지만 다른 세계는 그런 능력을 지니지 못했다는 것이다.

세계가 이루어지는 방식과 세계를 바라보는 유럽 중심적 사상은 미국인들에 의해 계승, 유지되고 있다. 실제로 미국의 역사는 이따금 가장 순수하고 가장 잘 표현된 서구 식민화의 정점으로 간주된다. 이제 유럽의 역사, 심지어 세계사까지도 유럽 중심적 관점에 의해 결정되고 있으며 대체로 그것은 사실로 여겨진다. 이런 현실은 「매트릭스」의 키아누 리브스나 「트루먼쇼」의 짐 캐리가 직면했던 상황과 아주 흡사하다. 그 안에 있는 사람들은 밖으로 나오지 않는 한 자신들이 매트릭스 세계나 텔레비전 화면에 갇혀 있다는 사실을 알 수 있는 방법이 전혀 없다. 유럽 중심주의도 마찬가지다.

나는 근대 세계의 기원을 설명하는 유럽 중심적 방식을 거부했다.

그렇다면 유럽의 특징들을 지닌 현재의 세계를 설명할 수 있는 비非유럽 중심적 방식이 있을 수 있단 말인가? 간단히 말하자면, 우리가 이제까지 배제했거나 간과했던 다른 세계를 포함하면서 그 범위를 확장하면 가능하다. 즉, 다른 관점에서 시작하여 다른 결론으로 마무리할 수 있는 것이다. 그런 방식을 적용하면 우리는 유럽 중심적 관점이 아닌 오직 새로운 세계적인 관점만이 근대 세계의 기원을 적절히 설명할 수 있다는 사실을 알게 될 것이다.

서구의 역전은 우연의 산물일 뿐

결국 서구의 부상이라는 유럽 중심적 사관이 잘못된 것인지 판단할 수 있는 유일한 방법은 세계가 이루어지는 방식을 설명할 수 있는 다른 관점을 구축하는 것뿐이다. 우리는 서구의 부상이라는 매트릭스 세계를 벗어나야만 한다. 무엇보다도 내가 이 책에서 강조하는 가장 중요한 것 중 하나는 근대 세계의 기원을 이해하기 위해서는 〈세계적 관점global view〉에서 접근해야 한다는 것이다.

이제부터 나는 왜 아시아가 결국 서구에게 역전당했는지를 유럽 중심적 관점이 아닌 세계적 관점에서 접근해 보고자 한다. 세계적 관점으로 역사를 보기 위해서는 우선 역사적 우연, 역사적 사건, 역사적 사태가 서로 결합되어 상호작용하면서 한 시기의 역사가 형성된다는 점을 인지해야 한다. 아시아의 상승과 이후의 쇠퇴, 그리고 서구의 부상은 우연히 발생한 역사적 사건들과 환경적 우연, 또한 각 지역의 상황들이 서로 영향을 미치게 되면서 세계적으로 하나의 역사적 사태를 이루게 된 것이라고 설명될 수 있다. 구체적으로 살펴보면, 광범위한 세계적인 관점에서 볼 때 서구의 지배는 비교적 최근인 1750년부터 1800년 사이, 혹은 19세기 초반 이후에 일어난 것일 뿐만 아니라 세계의 다른 지역들에서 진행된 여러 현상들이 만들어낸 〈역사적 우연〉이라는 사실이 명백히 드러날 것이다.

여기서 가장 중요한 사실은 사상과 문물의 교역을 포함한 세계무역을 주도하는 경제적 근원은 아시아에 있었다는 것이다. 아마도 11세기 중국의 경제와 인구의 성장은 유라시아 대륙 전체를 자극했을 것이다. 그리고 다시 한 번 거대한 물결이 1400년대부터 시작되어 1800년대까지 이어졌다. 아시아는 중국과 인도의 경제 성장으로 엄청난 양의 은을 소비했고, 전 세계에서 가장 많은 양의 물자(특히 직물과 도자기)와 향신료를 생산했다. 세계적 관점에서 중요한 또 하나는 7세기부터 17세까지 일어난 이슬람의 탄생과 확장일 것이다. 이슬람 제국은 서쪽으로 지중해와 동쪽으로 인도양 너머 인도네시아까지 진출했다. 아시아가 유라시아 대륙 전역의 무역상들에게 관심의 대상이었다면, 이슬람 제국은 이처럼 엄청난 부를 지닌 아시아에 대한 유럽의 접근을 철저히 차단하여 인도양과 중국에 이르는 새로운 항로를 개척하려는 유럽인들의 욕망을 자극했다.

만약 유럽인들이 옮긴 질병으로 아메리카 원주민들 대부분이 사망한 후 신세계에서 아시아의 물자를 구입할 수 있는 막대한 양의 은을 발견하지 못하고 방대한 플랜테이션을 운영할 아프리카 노예들을 확보하지 못했다면 콜럼버스의 아메리카 대륙 발견과 바스코 다 가마의 아프리카를 경유한 인도양 항해는 유럽의 부에 그다지 큰 영향을 미치지 못했을 것이다.

그러나 1750년대 유럽 일부 국가들의 발전 수준이 아시아 핵심 국가들의 수준에 근접했을 때 아시아뿐만 아니라 유럽까지 포함하는 유라시아 대륙의 최고 선진국에 속했던 아시아의 선진국들은 더 이상 성장할 수 없는 〈환경적 및 생태적 한계〉에 직면하게 되었다. 오직 영국만은 예외적으로 많은 양의 석탄을 쉽게 구할 수 있는 지리적 이점을 취할 수 있게 되었고 새로운 증기 동력을 기반으로 산업화에 성공하여 아시아 국가들이 처한 곤경에서 벗어날 수 있었다. 1800년대 초반 이 새로운 증기 동력이 군사적 용도로 활용되면서 아시아는 주도권을 상실했고 유럽은 영국을 필두로 세계 지배에 나서기 시작했다. 다시 한 번 말하자면, 여기서 핵심은 서구의 부상은 결코 필연적인 것이 아니라 지극히 〈우연적〉이라는 사실이다.

역사적 사건들 또한 실제로 우연히 발생한다. 이에 대해서는 이 책 후반부에서 두 가지 사례를 다루고 있다. 그 첫 번째 사건으로 기후 변화를 들 수 있는데, 농업 사회에서 기후의 변화는 단지 한 해에만 국한되는 것이 아니라 수십 년에 걸쳐 수확량에 가장 큰 영향을 미칠 수 있는 중대한 요인이다. 좋은 기후는 수확량을 증대하여 식량의 가격을 낮추고 경제 성장을 촉진할 수 있다. 반면 17세기에 세계의 여러 지역을 휩쓸었던 소빙기Little Ice Age 같은 현상의 나쁜 기후는 경제 전체를 심각한 위기에 빠뜨릴 수 있다. 이처럼 기후 변화가 상당한 요인으로 작용하긴 하지만 인류 역사의 관점에서 그런 현상은 예측불허와 천재지변이라는 두 가지 조건이 동시에 연계된 우연한 사건에 불과하다.

또 다른 사건은 석탄과 산업화의 관계와 밀접한 연관성을 지닌다. 석탄층은 수백만 년 전부터 땅속에 매장되어 있었기 때문에 누가 그 지역에 살게 되는지의 여부는 전적으로 우연이다. 일부 석탄층은 석탄을 필요로 하고 그 사용법을 알고 있는 사람들이 사는 지역의 인근에 매장되어 있었다. 그러나 일부는 그런 사람들이 사는 지역에서 멀리 떨어진 곳에 매장되어 있었던 탓에 사실상 무용지물에 불과했다. 예를 들면, 경제 성장을 위해 에너지를 필요로 했던 네덜란드와 중국은 충분히 석탄 산업을 개발할 수 있는 능력을 지니고 있었지만 인근에 석탄층이 존재하지 않았다. 이런 까닭에 18세기에 두 국가는 경제 성장의 속도가 늦어졌고, 반면 엄청난 석탄층을 보유한 영국은 급속도로 경제 성장을 이루었다. 결국 인류 역사의 관점에서 석탄층의 분포는 우연한 사건이었지만 산업화된 국가들과 그렇지 못한 국가들에게 미친 영향은 너무나 컸다.

역사적 사태는 몇몇 개별적인 상황들이 상호작용하여 고유한 역사적 순간을 창조하는 시기에 발생한다. 여기에 대해 우리가 고려해야 할 사항이 한 가지 있다면, 세계에는 서로 독립적인 지역들이 있고 그 지역들은 자체적인 역사를 지닌다는 것이다. 1400년대 중국의 왕조가 은에 기반을 둔 통화 체계를 구축한 것은 중국 역사의 고유한 상황에서 비롯되었다. 그러나 이런 상황은 유럽인들이 중국이 필요로 하는 양보다 훨씬 많은 엄청난 양의 은을 신세계에서 발견했던 16세기와 17세기에 전 세계적인 반향을 일으켰다. 그 결과 막대한 양의 은이 중국, 더불어 인도에까지 유입되고 아시아의 비단, 향신료, 도자기가 유럽과 신세계에 보급되면서 세계화의 첫 번째 단계가 형성되었다. 이것이 바로 역사적 사태다. 세계의 여러 지역에서 저마다 다른 이유로 전개된 상황들이 서로 연계되면서 전 세계적으로 대단히 중요한 의미를 지니게 되는 것이다. 요컨대 여러 현상의 상호작용을 통해 하나의 사태가 창출된 것이다.

우리가 이처럼 역사적 우연, 사건, 사태에 대해 살펴본 목적은 근대 세계의 형성에 중대한 영향을 끼친 현상들은 한 가지가 아닌 여러 요인들을 포함한다는 사실을 밝혀두기 위한 것이다. 한 가지 요인만으로 한 설명은 지나치게 단순해서 사람들과 사회와 역사의 복잡한 변화를 제대로 풀어낼 수 없다. 그래서 우리는 산업혁명을 설명하는 데 필요한 복잡한 요소들을 찾아내기 위해 머나먼 길을 떠나야 할 것이다.

따라서 이 책에서 아시아와 서구의 역전 현상, 근대 세계의 형성 과정, 즉 산업 자본주의, 민족 국가, 내전, 부유한 국가들과 가난한 국가들 간의 증대되는 격차 등을 바라보는 관점은 역사적 우연과 사건, 사태를 포함할 것이다. 만약 수많은 역사적 우연과 사건, 사태가 발생하지 않았다면 어쩌면 우리가 지금 살고 있는 세계는 완전히 달라질 수도 있었다.

술에 취한 채 가로등 불빛 아래서 헤매는

나는 이 책에서 15세기부터 21세기까지 일어난 근대 세계의 형성 과정을 살펴볼 것이다. 그 내용이 1400년대에서 시작되는 이유는 그 시기가 1500년대 중반 세계일주에 성공하기 전이기 때문이다. 따라서 최초로 세계가 연결되기 이전의 세계와 그 세계를 이끈 원동력을 살펴볼 수가 있다. 나는 이 책에서 1400-1800년대 세계를 가장 많은 분량을 할애하여 설명하는데 이 기간 동안 아시아는 세계 최고의 선진국을 이루었지만 이후 쇠퇴하고 서구가 그 위치를 차지하는 세계사의 가장 큰 역전 현상이 일어나기 때문이다. 또 1900년대는 산업 자본주의와 민족 국가들이 세계적인 규모로 완전히 정착되어 그 체제가 20세기의 역사를 형성하기 때문에 그 시점에서 미국과 소련의 부상과 아시아의 재도약에 대한 내용으로 이야기를 마무리할 것이다. 또 그 중간에 1750년부터 1800년 사이에 시작된 산업 혁명에 대해 살펴보면서 역사적으로 중대한 사건들이 세계의 다른 지역들이 아닌 유독 영국에서 최초로 일어났는지 그 이유에 대해서도 설명할 것이다. 그 과정에서 아시아가 어떻게 쇠퇴의 국면에 들어섰으며 서구는 어떻게 세계를 장악하게 되는지 살펴볼 것이다.

나는 서구의 부상이라는 기존의 전지적 관점에서 벗어난 대안을 제시하기 위해 최대한 〈비유럽 중심적 관점〉을 유지하도록 노력할 것이다. 그런데 이런 노력이 왜 중요한 것일까? 왜 우리는 근대 세계의 형성 과정을 설명하면서 이처럼 새로운 비유럽 중심적 관점에 중점을 두어야 하는 것일까? 이 질문은 다양한 차원에서 대답할 수 있다. 우선, 유럽 중심적 관점에서 바라본 서구의 부상에 대한 전체 내용은 부분적으로 사실일 수도 있지만 근본적으로는 오류를 지닐 수도 있다. 예를 들면 유럽의 기적의 요인이 무엇인가에 대한 최근의 가장 유력한 대답은, 14세기 중반 흑사병이 휩쓸고 간 이후 유럽의 가정들은 늦게 결혼하는 성향을 갖게 되었는데 그 결과 가족의 규모가 축소되고 자녀들의 수가 적어지면서 유럽을 근면 혁명으로 이끌었다는 것이다.

하지만 실제로 유럽의 농민들이 그런 방식으로 생활했을 수도 있지만 그런 행동 방식을 그들만의 고유한 것이라고 쉽게 단정할 수는 없다. 최근의 자료를 살펴보면 비록 그 방식에는 차이가 있지만 중국에서도 농촌 가정들이 가족의 규모를 축소했다는 사실이 밝혀졌다. 이 한 가지 사례만으로도 유럽의 고유한 특성이 서구의 부상과 관련 있다는 주장에 확실한 반론을 제기할 수 있다. 실제로 학자들은 최근에 유럽의 기적을 주장하는 사람들이 제시한 모든 요소들을 다른 세계에서도 찾아볼 수 있음을 증명했다. 따라서 그런 요소들은 유럽의 고유한 특징이 아니며 그것으로 서구의 부상을 설명할 수도 없다. 서구의 부상은 오히려 흑사병, 설탕, 아프리카 노예, 은, 아편, 총, 전쟁과 더 많은 관계가 있다.

우리는 더 이상 지난 2백 년 동안 서구인들이 자신들의 기준으로 기록한 역사를 바탕으로 한 세계관에 의지할 필요가 없다. 한 비평가가 말했던 것처럼, 최근까지 역사학자들은 술에 취한 채 가로등 불빛 아래서 잃어버린 자동차 열쇠를 찾아 헤매는 주정뱅이나 다름없었다. 만약 경찰관이 그곳에서 열쇠를 찾는 이유를 물으면 그는 "바로 여기에 가로등이 있잖아요."라고 대답할 것이다. 다행히 근래의 학자들은 다른 세계에도 밝은 조명을 비추기 시작했고 덕분에 우리는 더 이상 어두운 암흑 속을 헤매고 다니지 않게 되었다.

이제부터 본문에서는 비유럽 중심적 관점에서, 즉 세계적 관점에서 오늘날 세계가 이루어진 방식을 살펴볼 것이다. 그 과정에서 인도양과 지중해 무역, 은, 석탄, 노예, 면직물, 증기기관, 산업혁명, 식민지, 플랜테이션 등이 차례로 등장할 것이다. 또한 19세기 전반에 걸쳐 비단 중국과 인도뿐만 아니라 아시아와 아프리카, 라틴아메리카 대부분의 국가들이 유럽이나 미국과 달리 점점 더 빈곤에 시달리게 된 이유도 살펴볼 것이다.

아시아가 〈성장의 한계〉를 극복할 수 있는 능력이 없었다고 생각해서는 절대 안 된다. 단지 우연하게도 유럽의 땅에는, 특히 영국에는 석탄이 풍부히 매장되어 있었고 그것을 이용해 증기기관 동력을 만들어내고 산업혁명을 이룰 수 있었던 것이다. 만약 영국이 위치한 땅속에 석탄이 매장되어 있지 않았다면 산업혁명도 일어나지 않았을 것이다. 또한 엄청난 은광과 노동력이 풍부한 식민지가 없었다면 새로운 경제 체제를 만들어낼 수도 없었을 것이다. 영국이 산업혁명의 수단을 〈전쟁〉에 활용하는 방법을 터득했을 때, 마침내 아시아와 유럽이 이루었던 세계의 세력 균형은 유럽 쪽으로 기울고 말았다. 결국, 석탄과 식민지가 없었다면 서구는 결코 이 세계를 지배하지 못했다. 단지 아시아에는 〈석탄〉과 〈식민지〉가 없었던 것뿐이다. 그런 행운이 따라주지 않았을 뿐이다.

따라서 그런 혜택을 받은 사람들은 그 행운의 근원을 깨닫고 겸손해야 하고, 그 혜택을 받지 못한 사람들은 미래에는 새로운 행운이 우연히 그들에게 찾아올 수 있다는 사실을 명심해야 한다. 비록 지난 세기의 서구 중심적 이데올로기가 신화로 굳혀진다고 할지라도 서구가 영원히 세계를 지배하거나 그 행운의 혜택을 누릴 수는 없다. 역사는 또다시 역전을 준비하고 있기 때문이다.

제1장

/

군림하는 세력 없이 여러 체제가 공존하다

1300-1400년

우리는 자신이 선택하지도, 만들지도 않은 환경에서 태어나고 성장한다. 우리가 살고 있는 세계는 사회적, 경제적, 정치적, 문화적 구조들로 이루어져 있다. 이 거대한 구조들은 한 개인의 의식적인 행동이 아닌 어떤 방대한 역사적 과정이 만들어낸 결과를 통해 아주 천천히 변화하는데, 그런 과정은 대체로 사회적 운동에 의해 주도되거나 역사적 사태가 진행되는 기간에 일어나기 때문에 좀처럼 감지되지 않는다.

  근대 세계의 기원과 병행되었던 거대한 변화들을 이해하기 위해서 우리는 지난 1400년대 사람들이 몸담았던 몇몇 구조들에서 시작해야 할 필요가 있다. 물론 당시 생활상을 모두 살펴볼 수는 없기 때문에 지극히 선별적인 방식으로 접근해야만 한다. 내가 여기서 강조하려는 것은 1400년대 세계에서 가장 중요한 부분을 차지했던 두 가지 구조적 측면이다. 그 첫 번째 측면은 당시 대부분의 사람들이 살았던 물질적, 자연적 조건으로 그것은 농업 세계 혹은 〈생물학적 구제도the biological old regime〉라고 할 수 있다. 두 번째 측면은 구세계Old World의 대부분을 연결했던 〈무역망〉이다. 이 장에서는 두 세계, 즉 대부분의 사람들이 지극히 제한된 삶을 영위했던 〈농업 세계〉와 여러 지역들이 점차 교류를 확대할 수 있었던 무역 세계 혹은 〈상업 세계〉를 소개할 것이다. 그리고 이 두 가지 구조가 상호작용했던 방식을 증명하기 위해 1300년대 중반 서유럽과 동아시아를 휩쓸었던 인류 역사상 가장 참혹했던 재앙 중 하나였던 흑사병의 요인과 결과를 살펴보는 것으로 마무리하겠다.

이 장에서는 특히 이 책 전체에서 사용될 핵심적인 개념들도 소개하고 있다. 이 장의 대부분은 인구의 규모와 당시 대부분의 사람들이 살았던 경제적, 사회적, 환경적 조건에 초점을 맞추고 있다. 따라서 여기서 소개될 개념들에는 문명의 부상, 농업혁명, 도시와 농촌의 관계, 상류층 지배 계급과 농민 계층의 관계, 문명과 유목의 관계, 사람과 환경의 관계가 포함될 것이다. 이 모든 관계들은 생물학적 구제도를 구성하는데, 그 내용은 1300년대 중반에 일어난 흑사병을 살펴보면서 설명하겠다.

또 우리는 1400년대에 존재했던 〈세계 체제world system〉에 대해서도 살펴볼 것이다. 오늘날에는 세계화의 혜택과 위험에 대한 열띤 논의와 격렬한 시위가 동시에 벌어지고 있다. 이런 맥락에서 수많은 사람들은 그 영향력에 관계없이 세계화를 새로운 현상으로 여기고 있다. 하지만 세계화는 전혀 새로운 현상이 아니다. 그동안 밝혀지지 않았을 뿐 세계화는 아주 오래전부터 진행되고 있었다. 더불어 이 장에서 소개할 핵심적인 개념에는 단일 체제와 다수의 중심을 지닌 체제에 적용하기 위한 용어인 다중심적 체제, 그리고 중심부와 주변부도 포함될 것이다.

  1400년대 세계에서 또 다른 중요한 사항은 대부분의 사람들이 거주지, 문명, 풍속의 차이에 관계없이 근본적으로 유사한 물질적 세계를 공유했다는 것이다. 그 이유는 사람들의 식생활에 기인하고 있는데, 농업혁명이 일어난 후 사람들은 대부분 농업을 통해 얻어지는 생산물로 생활했기 때문이다. 물론 주요 작물이 밀인지 쌀인지의 여부도 중요하긴 했지만 농민 계층이 자연 환경과 상류층 지배 계급을 대하는 데 있어서 유사한 문제들에 직면했다는 사실은 대단히 중요하다. 따라서 이 장에서는 1400년대부터 1800년대까지를 이해하는 데 필수적인 사회적, 경제적, 정치적 구조들을 다룰 것이다.

1400년대, 농업 세계의 다양한 모습들

인구는 인간이 창조한 물질적 조건의 상대적 성공 여부에 대한 중요한 지표가 된다. 그 조건에서 인구는 증가하거나 감소할 수 있다. 물론 시대와 장소에 따라 인구의 증감에는 수많은 변수들이 존재하기 때문에 여기서는 그 중 일부만을 살펴볼 것이다. 첫 번째로 우리는 간단한 세계적 통계에서 시작할 수 있다.

인구의 무게

전반적인 사항을 파악하기 위해 숫자의 무게부터 살펴보자. 오늘날 세계 인구는 60억 명을 넘어서고 있다. 약 6백 년 전인 1400년대의 인구는 현재 세계 인구의 6퍼센트에 불과한 3억 5천만 명이었다. 그 수치는 미국의 전체 인구 2억 8천만 명보다 조금 더 많은 수준이었다. 1800년대의 세계 인구는 2배 이상 증가하여 7억 2천만 명에서 7억 5천만 명에 이르렀다. 1400년부터 1800년까지 4백 년 동안 인구의 80퍼센트를 농민 계층이 차지했는데, 그들은 토지를 경작하며 자신들뿐만 아니라 다른 사람들이 소비할 식량까지 생산했다. 그 당시 세계는 대부분이 농촌이었지만 인구에 비해 식량을 생산할 수 있는 가용 토지는 항상 부족했다. 그 기간에 인구는 대폭적인 파장을 그리며 증감을 반복했지만 장기적인 관점에서는 소폭으로 증가하고 급격히 대폭으로 감소했다. 우리는 지난 1천 년 동안 이루어진 인구의 증감에서 세 차례의 커다란 파장을 볼 수 있다. 900년부터 1000년 사이에 시작된 첫 번째 인구 증가는 1300년대까지 이어지다가 1350년대에 발생한 흑사병으로 인해 급격히 퇴조했다. 그 후 1400년대에 다시금 인구가 증가했지만 17세기 중반에 이르러 감소했다. 그리고 마지막으로 1700년대에 시작된 세 번째 인구 증가는 지금까지 진행되고 있는데, 전문가들은 이 추세는 2100년대에 멈추게 될 것이라고 전망하고 있다.

기후 변화

오늘날 기후 변화는 근대 이전의 인구 증가에 중대한 영향을 미친 요인으로 여겨진다. 지난 20년 동안 지구 온난화의 문제가 대두되면서 역사학자와 기상학자들은 과거의 기후를 재구성해 보았는데 실제로 기온과 강수량에 큰 변화가 있었다는 사실을 발견했다. 기후 변화와 인구 증감의 관계는 대단히 복잡하지만 그 중 가장 중요한 사항이라면 식량 생산과 밀접한 관계가 있다는 것이었다. 특히 인구의 80-90퍼센트가 토지를 경작하는 농민이었기 때문에 더욱 그러하다. 기온, 복사열, 강우량과 같은 다양한 변수는 밀과 쌀을 비롯한 모든 작물의 성장에 영향을 미쳤다. 좋은 기후 조건은 수확량을 증가시켰지만 수확량의 감소는 자칫 엄청난 재앙을 초래할 수도 있었다. 장기간에 걸친 기온 저하는 식량 공급에 심각한 위기를 유발할 수 있고 그로 인해 사회의 인구 조절 능력도 떨어지기 때문에 결국 인구 감소로 이어지게 된다. 반면 온난한 기후는 수확량의 증대와 인구 증가를 의미했다. 그러나 1700년대 이후 신세계의 풍부한 자원과 산업화가 그 전까지 인구 증가에 장애가 되었던 요소들을 완화하기 시작하면서 기후 변화는 인구 증가에 큰 영향을 미치지 못하게 되었다.

인구 밀도와 문명

1400년대를 살았던 3억 5천만 명의 인구는 지구의 전역에 골고루 분포된 것은 아니었다. 오히려 그들은 몇몇 지역들에 몰려 살면서 높은 인구 밀도를 이루었다. 실제로 지구의 육지 면적 6천만 평방마일에서 고작 7퍼센트에 불과한 425만 평방마일에 인구의 대부분이 거주하고 있었다. 물론 그렇게 된 이유는 그 지역들이 농업에 가장 적합했고 다른 지역들은 늪, 초원, 사막, 빙하였기 때문이다.

이처럼 인구 밀도가 높은 지역들에는 고도로 발달된 15개의 문명이 존재하고 있었다. 그 중에서도 가장 주목할 만한 문명은 일본, 한국, 중국, 인도네시아, 인도차이나, 인도, 이슬람 계열의 서아시아, 유럽, 아즈텍, 잉카였다. 놀랍게도 3억 5천만 명에 달하는 인구의 대부분이 지구의 육지 면적 중에서 극히 일부에 불과한 이 소수의 문명들에 거주하고 있었다. 더욱 놀라운 사실은 그런 상황이 현재까지도 지속되고 있다는 것이다. 오늘날 무려 60억 명이 넘는 인구의 70퍼센트가 여전히 그 425만 평방마일에 해당하는 지역에 거주하고 있다.

인구 밀도가 가장 높은 지역은 유라시아 대륙이었다. 동쪽으로 중국, 서쪽으로 유럽, 남쪽으로 인도가 대표적인 경우였다. 특히 중국과 유럽은 역사적으로 오랜 기간 서로 비슷한 인구 규모를 유지했다. 이 세 지역의 인구는 다른 지역들보다 월등히 많았는데, 당시 세계 인구에서 중국이 25-40퍼센트(1700년대 이후에는 40퍼센트까지 증가), 유럽이 25퍼센트, 인도가 20퍼센트를 차지했다. 요컨대 1400년대 세계 인구의 70퍼센트가 이 세 지역에 거주했고, 1800년대에 이르러서는 무려 80퍼센트까지 육박했다. 이 엄청난 수치를 설명하기 위해 나는 중국과 인도, 유럽에서 발생했던 사건들이 그토록 중요한 이유를 많은 지면을 할애하여 살펴볼 것이다.

인구 밀도가 높고 고도로 발달된 이 15개의 문명에는 몇 가지 공통점이 존재했다. 그 중에서도 가장 중요한 사항은 식량을 생산하는 농촌에 거주하는 사람들과 농촌에서 생산된 잉여 식량을 소비하는 도시에 거주하는 사람들 간의 관계였다. 아마도 도시에 거주하는 지배 계층은 농촌에서 생산된 식량을 확보하기 위한 수단을 끊임없이 고안했을 것이다. 이처럼 불균형적인 도시와 농촌의 관계는 아주 오랜 역사를 지니고 있는데, 그 기원은 신석기 시대나 기원전 5000-

8000년에 일어난 농업혁명에서 비롯되었다.

농민과 지배 계급

약 1만 년 전 현재의 이라크 지역에 해당하는 비옥한 초승달 지대라 불리는 지역에서 사람들은 식량을 재배하고 짐승을 사육하는 방법을 터득하여 식량의 생산량을 늘릴 수 있게 되었다. 이 변화, 즉 사냥과 채집 사회에서 농업 사회로의 전환은 아주 오랜 기간에 걸쳐 최소한 세 지역에서 개별적으로 일어났다. 즉 약 1만 년 전 티그리스와 유프라테스 강 유역의 비옥한 초승달 지대, 9천5백 년 전 중국 북부 지역, 5천5백 년 전 메소아메리카(Mesoamerica, 멕시코를 포함한 중앙 아메리카 북서부 일대)에서 현재의 멕시코에 해당하는 지역과 4천5백 년 전 현재의 미국 동부에 해당하는 지역에서 각각 시작되었다. 한편 아프리카와 뉴기니의 일부 지역에서도 농업혁명이 일어났을 것으로 추정되는데 오늘날에도 방목에 적합한 초원 지대에서 그런 특징들을 찾아볼 수 있기 때문이다.

어떤 사람들은 농업혁명이 시작된 지역에서조차 농업의 발전이 아주 오랜 기간에 걸쳐 서서히 이루어졌다는 이유로 〈혁명〉이란 용어를 사용하는 데 반대한다. 하지만 농업은 사람들의 생활방식에 가히 혁명적인 변화를 가져왔다. 농업의 진보는 1차 생산자들이 한 해에 자신들이 소비하는 양보다 훨씬 많은 양의 식량을 수확하는 것을 가능하게 만들었기 때문이다. 다시 말해 〈잉여 작물〉이 탄생했고, 그 결과 식량 생산에 직접 종사하지 않는 사회 계층, 즉 지배자, 사제, 전사, 유목민 등이 부상하게 되었다. 이런 잉여 작물의 존재는 사람들이 간혹 무력을 동원하거나 정기적인 세금 부과를 통해 그것을 획득할 수 있다는 사실을 의미했다. 한편 사회 내부에서는 농민 계층과 상류층 지배 계급의 심각한 분열이 일어났다. 당시 농민들의 임무는 자급자족할 식량과 잉여 식량을 생산하는 것이었다. 반면 사제들의 역할은 태초에 세계가 존재하게 된 과정과 이유를 설명하는 것이었고, 지배자들은 외부의 침략자들로부터 잉여 식량을 지키는 임무를 수행했다.

농업혁명은 문명의 두 가지 특징인 〈도시와 문자〉도 탄생시켰다. 사제들과 지배자들은 식량 생산에 종사할 필요가 없었기 때문에 농민들과 멀리 떨어진 거주지에서 생활할 수 있었다. 지배자들은 장인들을 고용하여 옷, 무기, 건물 등을 만들었고 그 결과 도시라 불리는 거대한 군락이 탄생되었다. 그곳에서 지배 계층은 농민 계층의 인구와 식량의 수확량을 관리할 수 있었는데, 특히 농민 계층에게 세금을 부과하면서 그 내역을 기록하기 위한 계산 체계와 문자 체계가 발전했다. 인구와 세금을 기록하는 기능 이외에도 문자는 사제들에게 대단히 유용하게 쓰였다. 그들은 종교의 기원에 대한 내용을 기록하고 농업 행사와 제례 의식을 위한 달력을 제작하고 미래를 예언하는 데 문자를 사용했다.

한 도시와 그 주변의 농촌 지역은 대체로 자급자족할 수 있는 체제를 갖추지 못했다. 결국 사람들은 구리, 주석, 철 등과 같은 필요한 물자나 가축, 특히 말을 구하기 위해 다른 도시나 유목민들과 〈교역〉을 시작했다. 만약 필요한 물자가 군사력과 연관된 전략적인 것이라면 지배 계층은 교역을 통한 거래 대신 그 물자가 생산되는 지역을 장악하려는 성향을 나타냈다. 심지어 그런 물자를 확보하기 위해 무력을 동원하기까지 했다. 이런 성향은 〈제국empire의 부상〉

을 이끌었다. 지리적으로 방대한 지역을 아우르는 제국이라는 이 정치적 단위는 단일 지배 계층에 의해 통치되었는데, 사람들은 자신들이 생산한 잉여 작물을 일반적으로 세금과 소작료의 형태로 지배자들과 부유한 지주들에게 바쳤다.

1400년대의 대도시들

비록 세계 인구의 대부분이 농촌에 거주하긴 했지만 다양한 규모와 기능을 지닌 도시들도 엄연히 존재했다. 도시의 규모와 수는 한 사회의 전반적인 부를 대략적으로 판단할 수 있는 척도로 활용할 수 있다. 그것은 달리 말하면 농민 계층이 식량 생산에 종사하지 않는 도시 사람들을 부양할 수 있을 만큼 많은 양의 잉여 작물을 생산할 수 있다는 뜻이기도 하다. 1400년대에 세계에서 가장 큰 25개의 도시들은 큰 변동 없이 대부분 오늘날까지도 대도시로 남아 있다. 하지만 그 당시 세계에서 가장 큰 도시의 인구는 세계 인구의 고작 1퍼센트에 불과했다. 한 가지 놀라운 사실은 1400년대에 세계적으로 가장 큰 25개 대도시들 가운데 9개 도시가 모두 중국에 있었다는 것이다. 유럽에 속한 도시로는 네 번째로 큰 도시인 파리로 옮겨가야 간신히 찾아볼 수 있었는데, 그나마 세계의 25개 대도시들 가운데 유럽의 도시는 겨우 5개가 전부였다. 그 밖에도 지중해의 콘스탄티노플, 유라시아를 관통하는 동서 무역의 요충지로 중앙아시아에 위치한 사마르칸트, 그리고 아프리카 무역에서 중요한 역할을 담당했던 모로코의 페스가 대도시로 손꼽혔다.

농민들에게 이런 도시들은 신기하고 경이로운 곳이었다. 엄청난 갑부들은 꿈에서나 상상할 수 있는 산해진미를 먹었고 허름한 차림

■ 1400년대 카이로의 모습. 당시 세계에서 두 번째로 큰 도시는 인도의 비자야나가르였고, 세 번째로 큰 도시는 이집트의 카이로였다.

의 농민들을 초라하게 만드는 화려한 옷을 입고 다녔다. 더욱이 대부분의 상류층은 별다른 일도 하지 않고 그 모든 혜택을 누렸다. 물론 농민들이 지불하는 세금과 십일조, 소작료로 이런 도시들이 운영되고 있었고 그들도 그 사실을 알고 있었다. 반면 또 다른 집단인 유목민들은 대도시와 농업 생산력을 갖춘 문명들을 항상 경계하면서도 언제든지 군사력을 동원하여 그들을 침략할 태세를 갖추고 있었다.

문명을 위협하는 유목민

농업에 기반을 둔 문명들은 유라시아 대륙 전역에 걸쳐 가장 비옥한 토지를 모두 차지했다. 하지만 방대한 대륙의 동서를 가로지르며 이어진 대초원을 비롯해 사막과 늪지는 물이 너무나 부족하거나 지나치게 많아서 농업에 적합하지 않았다. 따라서 이런 지역에는 사람들도 거주하지 않았다. 그러나 대초원에는 가축을 몰고 다니며 사냥과 채집으로 생계를 이어가는 집단이 있었다. 이 유목민들은 말, 양, 소, 염소 등을 데리고 이동하면서 목초가 풍부한 곳에서 가축을 방목했다. 그들은 완전히 자급자족할 수 있는 생활방식을 갖추지는 못했기 때문에 소금, 냄비, 옷감을 비롯해 도시에서 생산되는 다른 물자들을 구하기 위해 말, 고기, 꿀, 혹은 사냥 등으로 얻은 물자들과 거래했다. 요컨대 유라시아 대륙의 문명과 유목민들은 서로에게 의지하는 공존 관계에 있었다.

이 두 집단은 대체로 우호적인 관계를 유지했지만 유목민들은 언제라도 가공할 무력을 행사할 수 있었다. 본래 사냥꾼이던 유목민들은 노련한 기마병이자 뛰어난 궁수였다. 기후 변화로 목초지가 메마르고 식량 수급에 위기가 닥칠 때면 그들은 도시든 제국이든 관계없이 식량을 구하기 위해 주저하지 않고 문명을 침략했다. 물론 문명의 상류층 지배 계급도 자신들의 식량을 노리는 유목민들에 맞설 수 있는 군대를 보유했다. 문명의 중심에 있는 사람들에게 이런 유목민들은 문명을 거부하는 집단으로 여겨졌다. 그들은 도시에 정착하지 않았을 뿐만 아니라 무례하고 무식했으며 미신을 신봉하는 듯했다. 한마디로 야만인들이었다. 여러 문명들은 세력이 약해질 때마다 유목민들의 약탈과 침략에 시달리거나 심지어 그들에게 정복당할 위험에 처했다. 가장 대표적인 사례가 로마 제국의 멸망과 중국 한漢 왕조(A. D. 300-600년)의 몰락이었다. 또 앞으로 간략히 살펴보겠지만 13세기에 몽골은 중국과 유럽을 침략했다. 이따금 문명의 세력이 약해지면 지배자들은 유목민 전사들을 자신들의 군대로 흡수하기도 했는데, 그 결과 문명은 더욱 약화되었고 새로운 문화에 부분적으로 적응한 유목민들에게 정복당할 위험도 한층 더 커졌다.

유목민들이 문명을 위협하는 유일한 세력은 아니었다. 숲, 늪지, 산에는 다른 집단들도 거주했다. 유목민들과 달리 그들은 주변 환경에서 필요한 모든 것들을 얻었기 때문에 자급자족의 생활방식을 영위할 수 있었다. 하지만 인구 증가로 인해 농민들이나 제국이 새로운 토지를 찾아 나서면서 그들도 문명의 세력과 접촉하게 되었다. 중국은 오랜 역사에서 이런 집단들과 끊임없이 접촉했다. 중국은 그들을 두 부류로 나누어 중화 문명을 받아들이는 개화된 집단과 받아들이지 않는 미개한 집단으로 구분했다.

인구 증가에 좌우되는 야생동물의 터전

비록 세계 인구의 대부분이 고도로 발달된 일부 문명권에 거주하긴 했지만 다른 지역들에도 분명히 사람들이 거주하고 있었다. 실제로 1400년대 인류는 사실상 지구의 전역으로 이주했다. 하지만 인구 밀도가 높은 문명을 벗어난 방대한 지역에서 살았던 사냥꾼들과 유목민들은 소수에 불과했고 그다지 많은 공간을 점유하지도 않았다. 따라서 다른 지역들은 온갖 야생동물들을 위한 곳이었다.

그림 형제의 동화에서도 알 수 있듯이 당시 유럽 대부분 지역들에는 수많은 늑대들이 서식하고 있었다. 이따금 인구가 감소하거나 한파로 인해 사람과 늑대 모두에게 식량이 부족해지면 늑대들은 도시를 습격할 수도 있었다. 실제로 1420년과 1438년에 파리는 늑대들의 습격을 받았다. 심지어 1779년에 작성된 한 기록에 의하면, 1700

년대 후반 프랑스인들은 6백 년 전 영국인들이 그랬던 것처럼 늑대를 멸종시키려는 운동까지 전개했다. 중국에서도 한때 중국 전역에 서식했던 호랑이들이 도시와 마을을 습격하여 가축이나 아이들을 물어가는 사건이 빈번하게 발생했는데, 그 이유는 중국인들이 호랑이의 서식지인 숲을 훼손하여 사슴이나 멧돼지 같은 호랑이들의 훌륭한 사냥감들이 사라졌기 때문이다. 그럼에도 많은 호랑이들이 만주 지방에 서식했고 중국의 황제들은 사냥에 나서면 단 하루 만에 호랑이 60마리와 사슴 1천 마리를 포획할 수 있었다. 1800년대까지 호랑이들은 중국 남부 지방의 여러 마을을 습격했다는 기록이 남아 있다. 그러나 세계에서 자연이 가장 풍부한 곳은 바로 신세계였다. 특히 북아메리카는 그곳에 최초로 상륙했던 유럽인들도 도저히 믿을 수 없다고 말할 정도로 물고기, 새, 사슴, 곰, 나무가 풍부했다.

1400년부터 1750년까지 세계 인구는 3억 5천만 명에서 7억 2천만 명까지 증가했지만 여전히 온갖 야생동물들이 서식할 수 있는 공간은 충분히 남아 있었다. 그러나 사람과 야생동물의 관계는 극명하게 반비례했다. 인구가 많을수록 야생동물의 수는 적었다. 특히 중국, 유럽, 북아메리카 문명권에 거주하던 사람들은 야생동물의 모피를 간절히 원했고 이국적인 물고기나 조류에 대한 식탐도 대단히 강했다. 결국 엄청난 사냥 열풍이 시작되어 고래, 호랑이, 들소, 비버, 비둘기, 상어, 여우를 비롯한 수많은 야생동물들이 가죽과 고기를 탐내는 사람들에 의해 희생되었다. 이런 사냥 열풍은 오늘날까지 지속되고 있는데 이미 멸종된 동물들과 일부 보호받는 동물들만이 예외일 뿐이다.

인구 증가는 곧 토지 부족을 의미했다. 따라서 다른 종들에게 필요한 서식지도 부족할 수밖에 없었다. 인간은 생존을 위해 환경에 의존했지만 인간의 생활권Lebensraum을 위해 다른 종들의 희생을 주저하지 않았다. 이따금 다른 종들은 마치 저격이라도 당한 것처럼 순식간에 절묘하게 최후를 맞으면서 사라졌다. 과거 영국과 프랑스, 위스콘신에서 사라진 늑대와 북아메리카 대초원 지대의 들소는 주변 환경에 아무런 변화도 없이 오직 그 종들만 멸종되었다. 또 어떤 종들은 홀로코스트처럼 참혹한 최후를 맞이하기도 했다. 중국 남부 지방에 서식했던 호랑이의 경우처럼 사람들은 인구 증가로 인해 더 많은 농지를 확보하기 위해 생태계 전체를 파괴하고 불태웠다. 그러다 인구가 큰 폭으로 감소했던 14세기 중반과 17세기 중반에 야생동물들은 다시금 번성했다. 하지만 1700년대 이후 세계 인구가 다시 꾸준히 증가하면서 모든 야생동물의 터전은 또다시 압박받고 있다.

토지 확장과 식량 확보

인구의 증가와 감소는 모두 사회에 혜택과 손실을 가져온다. 모든 생명체들이 그런 것처럼 인구 증가는 사람들이 생태계에서 더 많은 식량 에너지를 확보하는 데 성공했는지의 여부를 가늠하는 척도라고 할 수 있다. 많은 인구와 높은 인구 밀도는 문명, 도시, 교육, 무역뿐만 아니라 인간과 자연 세계에 대한 인식과 이해를 가능하게 한다. 따라서 인구 증가는 환경의 개선과 생활수준의 향상을 수반할 수 있다. 하지만 그것도 한계가 있다. 바로 인구 증가에 걸맞는 가용 토지와 식량 수급이 허용되지 않는 시점이 온다. 이런 경우에 인구는 식량을 공급할 수 있는 토지의 용량을 초과하여 생활 환경을 악화시키고 질병과 기아로 인한 사망률도 상승시킨다. 그 결과로 발생한 인구 감소는 다시금 식량을 소비하는 인구와 식량을 생산할 수 있는 가용 토지의 적절한 균형을 재확립한다.

인구 증가는 추가적인 식량과 에너지의 공급을 필요로 한다. 1400년대의 농업 기술을 고려하면 이런 추가적인 식량 공급량을 충당할 수 있는 방법은 오직 세 가지뿐이었다. 즉 더 많은 토지를 경작하거나, 할당된 토지에 투입되는 노동량을 증대하거나, 물이나 비료의 양을 늘리는 것이다. 예를 들면, 중국은 1400년대부터 1800년대까지 인구가 8천5백만 명에서 무려 4배나 많은 3억 2천만 명에서 3억 5천만 명까지 증가했는데 그 엄청난 인구를 부양할 식량은 거의 똑같은 비율로 더 많은 노동력과 비료를 투입하여 충당했다.

새로운 농지의 확충은 그런 토지로 이주하여 야생동물들을 몰아내거나 숲과 산에 거주하는 비문명인들과 싸운다는 사실을 내포했다. 이따금 이런 이주는 손쉽게 진행되기도 했는데, 특히 이주한 토지에 사람들이 많이 거주하지 않아 방어가 허술하거나 이주민들이 제국의 막강한 군사력의 지원을 받는 경우(중국)에는 거의 피해가 발생하지 않았다. 그러나 일부 지역은 사실상 접근조차 할 수 없었다. 유럽인들은 동쪽으로 시선을 돌릴 수가 없었다. 이미 투르크, 타타르, 몽골 등 강력한 유목 민족들이 그 지역을 장악하여 유럽인들과 아시아인들을 공포에 떨게 만들었기 때문이다.

요컨대 1400년대 3억 5천만 명에 육박했던 세계 인구는 대부분 농촌에서 식량 생산과 수공업에 종사했고, 소수의 상류층 지배 계급은 농민 계층이 수확한 생산물의 일부를 세금(국가)과 소작료(지주)로 거두어 갔다. 농가 사람들은 이따금 물레로 실을 뽑아 직접 옷감을 만들어 입거나 시장에서 필요한 다른 물건들과 교환했다. 이런 옷감들은 아주 먼 지역까지 팔려나갔다. 좋은 기후 조건에서 풍성한 수확을 거두면 농가들은 그 규모를 확장하려고 했다. 특히 인근 지역에 새로운 토지가 있거나, 정부가 먼 지역으로의 이주를 장려하면서 늑대나 호랑이 같은 맹수와 유목민과 같은 침략자로부터 보호해줄 경우에 농민들은 위험을 무릅쓰고 모험을 감행했다. 만약 인구가 과도하게 늘거나 급속도로 증가하여 가용 토지의 한계를 초과한다면 1300년대 초반과 이후 1500년대 후반과 1600년대 초반에 걸쳐 그랬던 것처럼 그저 몇 차례 흉년만으로도 극심한 기아와 끔찍한 전염병에 시달릴 가능성이 커졌다.

당시 평균수명은 전염병, 기아, 전쟁 등을 비롯한 여러 재난들 때문에 오늘날보다 훨씬 짧았다. 근대 시대 이전의 선진국들, 그러니까 아시아의 중국과 인도, 유럽의 영국과 독일의 평균수명은 오늘날 선진국 평균수명의 절반 수준인 30세에서 40세 정도에 불과했다. 물론 그 원인은 전적으로 높은 유아 사망률 때문이었다. 여자들은 아이를 많이 출산했지만 그 중 15세가 넘을 때까지 절반 정도만 생존해도 굉장히 운이 좋은 편이었다. 일단 어린 시절에 질병으로 사망할 고비만 넘기면 대부분은 60세까지 살아갈 수 있었다. 하지만 그것도 농업 여건이 좋아 식량이 부족하지 않다는 전제가 따라야만 가능했다.

정부와 지주들의 착취

1400년대를 살았던 사람들에게 식량 부족, 기근, 기아는 모두 생존과 직결되는 중요한 문제였다. 이런 재난은 단순히 자연적 원인에서 기인한다고 쉽게 치부할 수 있다. 그러나 당시 세계의 80-90퍼센트는 방대한 농촌 사회로 이루어졌고 농민들은 사회를 위해 식량과 물자를 생산하면서도 해마다 일정한 양을 국가에 세금의 형태로 납부하고 지주들에게는 소작료와 노동력의 형태로 지불해야 했다. 유라시아 대륙에서 가장 인구 밀도가 높은 지역들(중국, 유럽, 인도)에서 농가들은 수확량의 절반가량을 국가와 지주들에게 바쳤다.

  농업 여건이 좋거나 규모를 확장한 시기에는 농가들이 안정된 생활을 누릴 수 있었다. 그런 상황에서는 생계에 필요한 식량도 비축하고 세금과 소작료도 납부하면서 잉여 작물을 시장에 내다팔 수 있었기 때문이다. 하지만 수확량이 줄어드는 시기에는 과연 어떤 상황이 벌어질까? 현명한 정부나 지주라면 평년과 같은 세금과 소작료가 농가들을 최저 생활수준 이하로 떨어뜨릴 거라는 사실을 인식하고 흉년에는 세금과 소작료를 경감하거나 부과하지 않을 것이다. 그러나 지주들의 가혹한 착취는 결코 멈추지 않았다. 실제로 18세기 일본의 지주들은 농민들을 그저 참기름을 짜는 참깨 정도로 여겼다. 무조건 더 많이 쥐어짤수록 더 많은 참기름을 얻을 수 있다는 식이었다.

  결국 농민 사회의 기아는 자연 현상이라기보다 오히려 사회 현상에 가까웠다. 이 사실을 이해하는 것은 대단히 중요하다. 왜냐하면 바로 이런 맥락에서 농민 계층이 자신들의 사회적 권리를 인식하고 어떤 상황에서 그 권리를 주장할 수 있는지 판단했기 때문이다. 따라서 농업 세계는 상류층 지배 계급에 의해 탄생된 것이 아니라 명시적이든 암묵적이든 국가와 지주, 농민 계층 간의 이해와 동의와 상호 교류를 통해 성립된 것이다.

■ 1400년대 유럽의 교회는 농민들에게도 십일조를 부과해 그들이 수확한 것을 획득했다.

결국, 농민 반란!

이처럼 기아를 유발하는 상황을 농민들이 그냥 받아들일 것인지 아니면 반란을 일으킬 것인지의 여부는 크게 두 가지 요소에 의해 결정되었다. 먼저 농민들은 자신들의 삶을 위협하는 국가나 지주들의 가혹한 처사에 아무리 분노할지라도 정부나 지주들이 언제든지 막강한 무력을 행사할 수 있다면 자신들은 그저 참고 견디거나 아예 도망치는 것 밖에는 별다른 선택의 여지가 없다고 여기는 것이다. 그 다음은 농민 사회의 응집력과 관계가 있다. 비록 정부나 지주 측이 행사하는 무력이 농민들의 실질적인 행동을 저지할 수 없더라도 농민들이 집단행동을 실행할 능력이 없다면 그저 침묵하며 고통에 시달리거나 기나긴 겨울을 견디지 못한 채 죽는 수밖에 없었다.

이 두 가지는 구제도의 질서에 반발하는 수많은 농민 반란과 다른 형태의 저항 운동에서 매번 농민들을 부추겼다. 예를 들면, 일본에서는 1590년부터 1871년까지 그저 헛간에 불을 지르는 단순 방화에서 무기를 들고 투쟁하는 무력 봉기에 이르기까지 무려 3천 번도 넘는 농민 반란이 일어났다. 비록 그 횟수는 적었지만 중국에서도 1600년대 중반의 민란과 1800년대 중반의 태평천국운동太平天國運動처럼 대규모 농민 반란이 일어났다. 러시아 또한 수많은 대규모 농민 반란을 겪었는데 그 중에서도 1700년대 푸가초프Pugachev의 난이 가장 대표적인 사례였다. 농민 반란이 일어날 수 있는 전형적인 환경에 처했던 프랑스는 특히 1789년 프랑스 혁명과 더불어 여러 차례 농민 반란이 일어났다. 유럽의 영국과 독일, 이탈리아도 예외는 아니었다. 비록 그 결과가 사회의 운영 방식에 중대한 변화를 이끌어내진 못할지라도 농민들은 어떤 상황에서든 저항할 수 있는 방법을 찾아냈던 듯하다.

전염병

중국, 인도, 유럽, 심지어 메소아메리카 등 농민 계층으로 이루어진 세계의 80-90퍼센트는 정부를 비롯해 군사, 행정, 무역을 장악한 지배 계층을 먹여 살렸다. 어느 역사학자의 표현에 의하면, 농민 계층은 그들에게 의존하며 살아가는 다양한 형태의 〈거대한 인간 기생충〉들을 탄생시켰다. 더불어 그 당시 세계 인구는 모두 〈작은 기생충〉들이 옮기는 전염병에 무방비로 노출되어 있었다.

도시든 농촌이든 부유층은 빈민층이나 농민 계층보다 전염병에 감염되어 사망할 확률이 적었다. 그러나 전염병은 세계 인구 전체에 영향을 미칠 수 있었고 실제로도 세계 전역으로 확산되었다. 로마 제국과 중국 한 왕조가 붕괴된 직후 유럽의 전염병이던 천연두와 홍역이 중국에 전파되었던 것처럼 처음에는 천천히 확산되었다. 그러나 13세기 원거리 무역으로 세계가 더욱 긴밀하게 연결되면서 전염병은 유라시아 대륙 한쪽 끝에서 반대쪽 끝까지 급속도로 전파되었다. 흑사병은 중국에서 유럽까지 불과 몇 년 만에 확산되었는데, 1347년부터 1350년까지 단 3년 만에 거의 유럽 전역을 휩쓸고 지나갔다. 흑사병이 중국에서 유럽까지 그처럼 빠르게 전파된 과정과 요인을 이해하기 위해서는 사실상 유라시아 전역을 연결하여 온갖 물자와 사상뿐만 아니라 병균까지도 대륙의 한쪽에서 반대쪽까지 이동할 수 있게 만든 무역망을 이해할 필요가 있다.

다양한 무역로가 탄생시킨 상업의 세계

14세기 동안 구세계(유라시아 대륙과 아프리카)는 세 개의 거대한 하위 체제 안에서 서로 연결된 8개의 무역 지대를 형성하고 있었다. 세 개의 하위 체제 중 먼저 〈아시아 체제〉는 중국과 적도에 인접한 동남아시아의 향료 제도(Spice Islands, 인도네시아 동부 술라웨시 섬과 뉴기니 섬 사이에 있는 섬들)를 인도와 연결했고, 〈중동-몽골 체제〉는 지중해 동부에서 중앙아시아와 인도까지 유라시아 대륙을 연결했다. 프랑스 샹파뉴의 거대한 시장과 제노바와 베네치아 같은 이탈리아 도시 국가들의 무역로를 중심으로 하는 〈유럽 체제〉는 유럽에서부터 중동과 인도양을 연결했다. 이런 체제들은 부분적으로 중복되었는데, 아프리카 북부와 서부는 유럽과 중동 체제에 연결되었고 아프리카 동부는 인도양 체제에 연결되었다. (지도 1-1 참고)

당시 3대 무역로는 모든 하위 체제를 연결했기 때문에 그에 따라 통합적인 무역 체제를 살펴볼 수 있다. 일단 모든 하위 체제는 지중해 동부가 종착점이었다. 〈북부의 무역로〉는 흑해를 지나서 몽골 제국을 거쳐 중국까지 이어졌다. 그러나 중국으로 향하는 길들은 모두 강력한 몽골 제국이 장악하고 있었다. 1200년대 후반 중국을 여행했던 마르코 폴로도 바로 이 경로를 이용했다. 〈중부의 무역로〉는 1258년 이후 몽골 제국이 장악한 바그다드를 지나서 페르시아 만을 거쳐 인도양으로 이어졌다. 따라서 동아시아와 동남아시아의 향료와 물자를 원하는 무역상들은 이 경로를 이용했다. 〈남부의 무역로〉는 맘루크Mamluk 제국이 지배했던 카이로에서 출발하여 육로로 홍해 남부를 지나서 역시 인도양까지 이어졌다.

13세기 아프리카와 유라시아 대륙의 대부분을 연결했던 이 무역 체제는 몇 가지 이유에서 대단히 주목할 만하다. 첫째, 이 무역 체제의 존재는 특정한 지역에만 관심을 집중했던 역사학자들에게 상당한 충격을 주고 있다. 최근까지 역사학자들은 현재의 국가를 분석의 단위로 여기면서 세계적인 접근법을 채택하지 않았다. 심지어 1500년대 이후의 시기에 대해 처음으로 세계적인 관점을 적용하며 〈세계 체제〉라는 용어를 도입했던 역사학자들조차도 이 세계 체제가 콜럼버스와 바스코 다 가마의 항해 직후 비로소 성립된 것으로, 그 이전에는 거대한 제국들이 서로 거의 접촉하지 않으면서 세계를 장악했다고 주장했다. 그들은 비록 이 제국들 간에 교역이 이루어졌

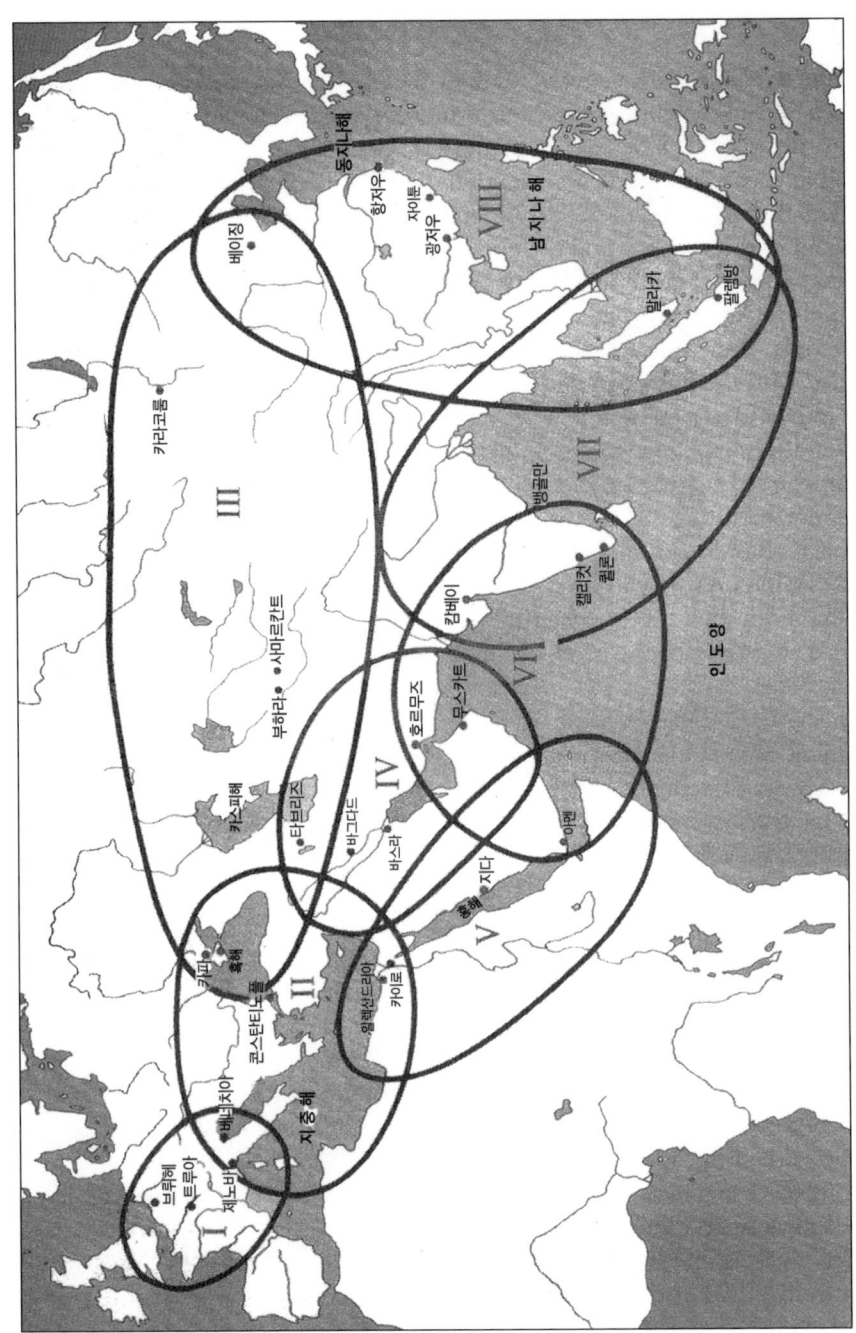

■ 지도 1-1: 13세기 세계 체제의 8개 무역 지대(순회로)

을지라도 그것은 소수의 지배 계층을 위한 희귀한 물품들에 국한된 것이었다고 말한다. 하지만 이제 많은 역사학자들은 13세기 세계 체제와 1500년대 이후에 발전된 세계 체제의 관계에 대해 의문을 제기하기 시작했다. 1500년대 이후의 세계 체제는 최초로 탄생한 새로운 체제일까, 아니면 그 이전의 다른 체제에서 발전된 것일까? 여기에 대해서는 다음 장에서 자세히 밝히겠지만 나는 후자로 해석하려고 한다.

13세기 세계 체제에서 주목할 만한 또 다른 사항은 그것이 어떤 중심 세력도 없이 기능을 발휘했다는 사실이다. 근대 세계의 체제가 하나의 국가나 국가들의 집단이 주도하는 상황에서 성장했다고 생각하는 사람들에게 어떤 체제가 중심 세력 하나 없이 운영될 수 있다는 개념은 다소 생소한 것이다. 유럽 체제는 이탈리아, 중동 체제는 아랍, 동아시아 체제는 중국 등 13세기의 모든 무역 체제에는 저마다 주도 세력이 있었지만 그 누구도 세계 체제를 장악하지는 못했다. 비록 여러 지역의 지배자들이 자신들의 상인들과 무역선들을 보호했지만 결코 물자 교역을 위해 무력을 사용하지는 않았다. 실제로 당시 지배자들은 무역을 대단히 중요하게 생각했기 때문에 다른 지역에서 들어오는 상인들을 무력으로 공격하여 황금알을 낳는 거위를 죽이는 실수를 범하려고 하지 않았다.

따라서 14세기의 세계는 다중심적polycentric 체제였다. 당시 세계를 구성했던 몇몇 지역 체제regional system들은 저마다 인구 밀도가 높고 막대한 부를 축적한 〈중심부core〉와 그 근방에서 농산물과 산업 물자를 중심부에 공급하는 〈주변부periphery〉를 갖추고 있었다. 대부분의 지역 체제들은 무역망을 통해 느슨하게나마 서로 연계되어 있었다. 더욱이 세계는 유럽인들이 식민지 정책에 필요한 요소들을 갖추게 되는 1800년대 후반까지 이런 다중심적 체제를 유지했고 그 과정에서 고도로 발달된 중심부(본국)와 거의 발달되지 않은 주변부(식민지)로 이루어진 〈세계적 체제global system〉가 탄생했다. 그러나 일부 지역들, 특히 동아시아 국가들은 이런 식민지 정책에 완강하게 저항했다. 세계가 하나의 중심에 의해 지배되는 것이 아닌 다중심적 체제를 통해 운영된다는 관점의 중요성은 앞으로 살펴볼 내용들에서 보다 명확히 드러날 것이다. 여기서는 이 세계가 그저 유럽 한 지역이 아닌 여러 지역에서 비롯되었다고 말하는 것으로 충분할 듯하다. 요컨대 이는 세계사를 해석하는 비유럽 중심적 관점의 가장 핵심적인 부분이다.

마지막으로 1300년대에 아프리카-유라시아 체제는 세계 체제로 불렸는데, 그 이유는 그들이 세계 전체를 아울렀기 때문이 아니라 단순히 다른 어떤 체제들보다도 규모가 컸기 때문이었다. 실제로 아프리카-유라시아 체제는 사실상 모든 면에서 세계 체제나 다름없었다. 그 체제에는 다른 지역들과 무역을 하면서 서로에 대한 지식을 지닌 사람들이 모두 속해 있었기 때문이다. 하지만 그때까지 독립된 제국이 존재했던 아메리카 대륙이나 오스트레일리아, 태평양의 수많은 섬들과는 전혀 교류가 없었다.

내가 세계를 설명하는 방식은 여러 지역 체제들의 연계에 초점을 맞추기 때문에 나는 그런 관계를 강화했던 무역과 상인들의 역할을 강조한다. 세계 체제의 탄생에서 무역과 상인들의 역할은 대단히 중요했다. 무역이 세계의 여러 지역들에서 가장 우수한 상품의 판매와 구입을 가능하게 했을 뿐만 아니라 상인들이 온갖 물자와 사상, 서

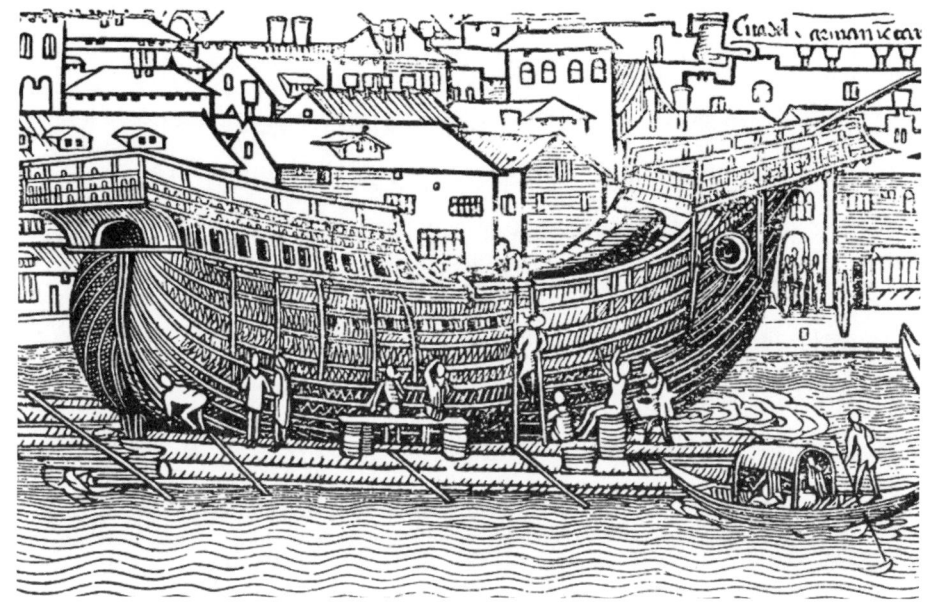

■ 1400년대 스페인이 교역을 위해 배를 만드는 모습. 콜럼버스 이전 시대에도 세계는 다양한 교역로를 통한 상업 활동을 해왔다.

적, 행동양식은 물론 문화적, 기술적 교류의 중개자 역할을 했다는 자세한 내용은 다음 장에서 다루겠다. 한편 전염병과 전쟁도 무역로를 따라 이동하며 수많은 사람들의 목숨을 앗아갔다. 그렇다면 이제 1300년대 중반에 발병하여 유럽 전역을 휩쓸었던 흑사병에 대해 살펴보자.

무역로를 따라 흑사병도 전파되다

1300년대 중반부터 후반까지 세계사에는 심각한 위기가 찾아왔다.

그 한 가지는 유라시아 대륙의 전역을 연결했던 몽골 제국의 멸망이었고, 다른 하나는 흔히 페스트란 명칭으로 불리는 지독한 전염병으로 1300년대 중반 수천만 명에 달하는 사람들을 죽음으로 몰아갔던 무시무시한 흑사병이었다. 이 흑사병이 발생한 시기와 확산된 과정은 흑사병이 미친 영향만큼이나 대단히 복잡하다.

페스트는 간상균을 통해 감염되는 전염병으로 중국 남서부에 서식하는 설치류(쥐과)에 널리 퍼져 있었다. 이 병균은 사람에게 전염되지 않고 설치류의 체내에서만 기생할 수도 있지만 일단 벼룩을 통해 인체에 감염되면 그 사람은 보통 며칠 안에 사망했다. 페스트에 감염된 설치류의 서식지 근처에 거주하는 사람들은 벼룩이나 설치류로부터 안전한 거리를 유지하도록 금기 사항을 마련했다. 그러나 페스트에 감염된 지역으로 이동하는 이방인들이나 이주민들은 이런 사실을 전혀 알지 못했는데, 1330년대 중국 남서부에서 실제로 그런 불행한 상황이 발생했다. 그 지역 원정을 나선 몽골 군대가 벼룩이나 페스트에 감염된 설치류와 함께 인구 밀도가 높은 지역으로 이동했던 것이다. 그리고 바로 이듬해인 1331년, 마침내 무서운 흑사병이 확산되기 시작했고 일부 지역에서는 무려 인구의 3분의 2가 사망했다는 기록까지 전해진다.

만약 다음과 같은 몇몇 상황들이 발생하지 않았다면 흑사병은 중국만의 문제로 끝나고 세계사에서 그토록 중요한 비중을 차지하지는 못했을 것이다. 우선 유럽에서는 설치류가 증가하면서 인간과 더불어 살아가게 되었고 당시 유럽인들의 다락방과 천장에는 수많은 검은 쥐들이 서식했다. 또 11세기부터 유럽의 인구가 급격히 증가하면서 14세기 무렵에는 식량을 재배할 토지와 땔감을 구할 숲이 현저히 부족해졌다. 그러자 추운 겨울이 길어지고 따뜻한 계절이 짧아지면서 기후가 악화되었고 사람들은 극심한 스트레스에 시달리게 되었다. 결국 유럽에는 엄청난 재난이 몰아닥칠 상황이 임박했던 것이다. 비록 그 재난이 무엇인지 확실하지 않았고 언제 어디서 일어날지도 알 수 없었지만 단 한 차례의 불꽃만으로도 순식간에 엄청난 폭발이 일어날 채비가 갖추어졌다는 것만은 분명했다. 그런데 그것이 바로 흑사병이었고 아래에 언급하는 또 다른 세 가지 요인에 힘입어 엄청난 속도로 확산되었다.

첫째, 거의 유라시아 대륙 전체를 장악했던 몽골 제국은 나무가 없어 빠른 말들로 이동하기 쉬운 방대한 초원이 펼쳐진 북쪽 경로를 최대한 활용했다. 그러나 유라시아 대륙 초원의 생태계는 땅속에 거대한 도시를 이루고 서식하는 설치류에게는 더없이 적합했기 때문에 페스트균이 번식할 가능성도 상당히 높았다. 1331년 중국에서 흑사병이 발발한 직후 서쪽을 향해 말을 타고 달린 몽골인들은 이 방대한 초원의 설치류에게 병균을 옮기며 유라시아 대륙 전역에 흑사병을 전파했다.

둘째, 유럽인들은 이탈리아의 도시 국가인 제노바와 베네치아 상인들이 구축한 지역적인 무역망을 활용했다. 만약 제3의 상황이 발생하지 않았다면 유럽까지 흑사병이 확산되지는 않았을 것이다. 흑해에 위치한 무역 도시 카파Caffa는 유라시아 대륙 무역로를 연결하는 거점으로, 중국의 대상大商들에게는 서부의 종착점이었고 베네치아와 제노바의 상선商船들에게는 동부의 종착점이었다. 1346년 12월 그곳에는 두 지역의 상인들이 모두 머물고 있었다. 그 당시 카파는 몽골 군대에 포위되어 있었다. 때마침 몽골 진영에서 발발한 흑사병으로 대부분의 병사들이 죽고 퇴각하지 않았다면 아마도 이 무역 도시는 함락되고 말았을 것이다. 다행히 몽골 군대 대부분이 흑사병으로 사망하면서 퇴각한 덕분에 그나마 무역거점으로 유지될 수 있었다. 따라서 중국과 이탈리아의 상인들이 카파에서 자유롭게 교류할 수 있었고 페스트균 또한 전염될 수 있었다. 만약 병균에 감염된 이탈리아 상인들이 벼룩과 설치류와 함께 고향으로 향하는 선박에 오르지 않았다면 흑사병은 더 이상 확산되지 않고 그곳에서 끝났을 것이다. 하지만 그들이 이탈리아에 도착하자 흑사병은 기존의 무역로, 특히 해상로를 따라 순식간에 다른 지역으로 확산되었다. 이제 흑사병은 유럽인들의 집에 서식하는 검은 쥐들을 통해 전파되었을 뿐만 아니라 사람들의 기침을 통해서도 직접 감염될 수 있었다. 이 끔찍한 전염병은 결국 유럽 전역을 휩쓸고 지나갔는데 1350년에는 스웨덴으로 전파되었고 그해 겨울에는 모스크바까지 확산되었다.

앞서 살펴본 기아와 마찬가지로 전염병도 전적으로 자연 현상은 아니었다. 전염병이 세계사에 이토록 중대한 영향을 미치는 것은 그것이 여러 상황들의 〈상호작용〉을 통해 발생했기 때문이다. 유럽의 인구는 불과 몇 년 사이에 8천만 명에서 6천만 명으로 감소했다. 중국에서는 흑사병이 1350년대와 1360년대에 일어난 내란과 함께 발병했던 탓에 1200년대 1억 2천만 명에 달했던 인구가 1393년에는 8천5백만 명으로 급감했다. 비록 정확히 확인할 수 있는 기록은 거의 남아 있지 않지만 아마도 흑사병은 이슬람 세계와 인도, 그리고 방대한 초원에서 유목 생활을 하던 일부 몽골인들까지도 두려움에 떨게 했을 것이다.

■ 흑사병은 유럽의 아주 작은 시골 마을에도 전파되어 수레로 시체를 실어 옮겨야 할 정도였다.

　흑사병으로 인한 사망자들의 수는 거의 상상을 초월한 수치였다. 이 처참한 상황은 살아남은 사람들에게는 영원히 사라지지 않는 기억으로 선명히 새겨졌다. 그러나 비록 마을마다 산더미처럼 쌓인 시체들을 수레로 옮겨 매장하거나 뗏목에 싣고 불태워서 바다로 흘려보내고 50년이 지난 1400년대에 세계 여러 지역들에서 이루어지는 무역의 속도 또한 현저히 느려졌지만, 그럼에도 살아남은 사람들은 더 비옥한 토지와 더 많은 연료와 더 풍부한 자원의 혜택을 누리게 되었다. 14세기에 발생했던 흑사병은 전염병이 인간과 세계사에 미치는 영향을 입증할 뿐만 아니라 초창기 세계 여러 지역들, 특히 유럽과 동아시아의 상호관계를 나타내고 있다. 결국 무역로를 따라 물자와 사람, 사상뿐만 아니라 끔찍한 전염병까지 전파되었던 것이다.

생물학적 한계에 갇힌 세계
—

이처럼 사람들이 〈거대한 기생충〉(정부나 지주)과 〈작은 기생충〉(병원균)과 싸우다가 죽으면서 균형을 맞추는 형태, 즉 지배 계층은 농민 계층을 핍박하며 살아가고, 여러 문명들은 유목민 침략자들과 싸우거나 패배하고, 병균은 드러나지 않는 곳에서 번식하다가 유목민들과 시민들 모두 죽음으로 몰아넣는 형태를 우리는 〈생물학적 앙시앵레짐〉 혹은 〈생물학적 구제도〉라고 불러왔다. 이 세계에서 인간은 전적으로 환경에 의존하며 살아가기 때문에 환경이 인간의 행위에 허용하는 기회와 한계를 명심해야만 했다. 그 결과 인구는 후일 새로운 가능성을 열었던 발전이 일어날 때까지를 제외하고는 사회의 존속을 위한 환경 기준을 위협할 정도로 급증하지는 않았다.

농업은 사회 전체에 식량을 공급했을 뿐만 아니라 모든 산업, 특히 의복 제조에 필요한 섬유 산업 등에서 필요로 하는 천연자원까지 조달했다. 중국과 인도에서는 비단과 면이 최고의 품목이었고 유럽 북서부에서는 양모가 최고로 손꼽혔는데 그것들은 모두 농장에서 생산되었다. 또 거주지의 난방과 천연자원의 가공에 필요한 연료는 숲에서 얻었다. 이런 맥락에서 생물학적 구제도는 유기적 체제였다. 이는 식량으로 사용할 곡식과 연료로 사용할 나무의 생산을 태양에너지에 의존한다는 것이다. 따라서 생물학적 구제도는 인간과 세계사에 한계를 규정했다. 모든 인간의 활동은 일년 주기로 태양이 공급하는 에너지원에 의해 갱신되기 때문이다.

모든 생명체는 생존을 위한 에너지로 식량을 필요로 하며 더 많은 인구를 부양하기 위해 식량과 에너지 모두를 확충했다. 농업을 통해 인간은 자연 과정, 즉 에너지 순환 과정을 포착하여 그 에너지를 사용하는 방법을 터득했다. 생물학적 구제도에서 농업은 인간이 환경을 개선하고 특정 형태의 생태계(예를 들면, 숲이나 초원 등)를 다른 형태(농장이나 양식장 등)로 전환하여 인간에게 필요한 에너지를 더욱 편하게 얻을 수 있도록 만드는 주요한 수단이었다. 결국 인구는 가용 토지와 그 토지에서 에너지를 확보할 수 있는 인간의 능력에 따라 제한되었다.

1300년대 구세계의 인구가 환경의 한계를 위협했는지의 여부와는 관계없이 흑사병은 세계 인구, 특히 중국과 유럽의 인구를 대폭적으로 감소시켰다. 그 후 1400년대부터 세계 인구는 점차 증가하기 시작하여 350년 후에는 다시금 생물학적 구제도가 허용하는 한계에 도달했다. 1750년대 세계 인구는 중세 시대였던 1300년대 3억 6천만 명에서 2배나 증가하여 약 7억 5천만 명에 이르렀다.

이처럼 과거에 비해 2배나 증가한 인구를 부양하기 위해서는 인구와 토지의 면적 및 그 토지에 대한 효율적인 활용 능력 간의 관계에도 변화가 따라야만 했다. 이에 대한 대안으로 유럽인들은 먼저 새로운 세계인 아메리카 대륙을 발견했다. 1400년대에 이미 신세계에는 수많은 아메리카 원주민들이 거주하고 있었지만 대규모 생물학적 변화가 이런 관계를 급격히 변화시켰고 결국 1600년대에 이르러 아메리카는 토지는 넓고 상대적으로 인구는 적은 지역이 되었다. 다른 한편으로는 세계 무역이 재확립되어 전반적으로 생산량과 생산성이 증대되었고, 다양한 특화는 한 지역의 무역망을 활용하는 사람들에게 저마다 환경에 가장 적합한 작물을 생산하여 시장을 통해 다른 지역 사람들과 거래하도록 이끌었다. 시장의 특화가 확산되면서 세계 전역의 경제는 그 어느 때보다 많은 물자를 생산하게 되었다. 그렇다면 이제 세계의 무역망이 재확립된 과정을 알아보자.

제2장

/

평화로운 항해 시대의 종말을 고하다

1400년대 후반

역사학자들은 1492년 크리스토퍼 콜럼버스의 대서양 횡단 항해와 1498년 바스코 다 가마의 아프리카 희망봉을 경유한 인도양 항해가 근대 세계의 부상에 중요한 역할을 담당했다는 데 동의한다. 실제로도 두 사건은 대단히 중요했다. 그러나 역사학자들은 그 두 항해가 얼마나 중요한지에 대해서는 이견을 보인다. 유럽 중심적 해석은 두 항해를 필연적인 서구의 부상에서 핵심 단계로 간주하는 성향이 있다. 그러나 나를 포함한 다른 학자들은 1500년대 세계의 부와 권력의 실제적인 구조라는 광범위한 세계적인 맥락에서 그것을 중요한 발견이라고 생각한다. 이런 관점에서 인도양은 당시의 세계적인 교류에서 가장 중요한 교차점이라고 할 수 있다. 그곳에서 중국을 비롯해 인도와 근동 및 중동의 이슬람 국가들이 활발한 교역을 펼쳤고, 유럽은 아시아에서 생산되는 부의 원천에 접근하기 위해 끊임없이 그 주위를 맴돌았다. 따라서 이 장은 중국을 필두로 아시아에서 출발하기로 한다.

중국,
드넓은 해상으로 세력을 확장하다
—

1398년 명 왕조의 태조가 사망했을 때 그 뒤를 이은 후계자는 그의 아들이 아닌 손자였다. 애초에 태조는 장자 승계의 원칙이 후대에도 지켜지도록 하기 위해 장남에게 제위를 물려주려고 했다. 그러나 불행히도 장남이 먼저 세상을 떠났고 결국 장손을 후계자로 임명했다. 하지만 이 결정은 태조가 세상을 떠난 지 불과 18개월 만에 황제가 된 조카를 폐위하기 위해 반란을 일으킨 다섯째 아들 연왕에 의해 허사로 끝나고 말았다. 1399년 후반부터 1402년 중반까지 이어진 내란에서 연왕은 조카의 군대를 격파하고 마침내 제위를 찬탈하는 데 성공했다. 이때 그의 조카는 불타는 궁전에서 가까스로 빠져나와 도망쳤다는 소문이 나돌았다.

 새로운 황제가 된 연왕은 스스로 영락제永樂帝라 칭하고 중국의 권위와 세력을 사방으로 확장하려는 정책을 펼쳤다. 그는 북서쪽으로 몽골을 정벌하기 위한 원정에 나섰다. 한때 중국을 통치했던 몽골인들을 초원 지대까지 몰아내어 다시는 중국을 위협하지 못하도록 하려는 시도였다. 영락제는 이 정책의 일환으로 수도를 양쯔 강 유역의 난징(남부의 수도)에서 몽골의 침략에 대비한 최후 방어선인 만리장성에서 불과 160킬로미터가량 떨어진 북쪽의 베이징(북부의 수도)으로 옮겼다. 그는 또 멀리 중앙아시아까지 칙사들을 파견하여 중국의 황제들에게 조공을 바칠 것을 요구했고 남쪽으로는 베트남의 진조를 병합했다. 또 세계사에서 전례를 찾아볼 수 없었던 대규모의 남해(인도양) 원정까지도 감행했다.

정화의 남해 원정(1405-1433년)

1405년 가을, 사상 초유의 대규모 선단이 중국 동부 해안의 양쯔 강 어귀에 집결하기 시작했다. 총 3백 척이 넘는 선박에 무려 2만 7천 명의 선원들은 인도네시아를 지나 서쪽으로 말라카 해협 너머 인도양까지 자신들을 이끌어줄 겨울 계절풍이 불어오기만을 기다렸다. 그들의 목적지는 인도 서부 해안에 위치한 무역 도시인 캘리컷 Calicut이었다.

명나라 수군 제독 정화鄭和가 이끄는 이 함대는 황제로부터 세 가지 임무를 부여받았다. 우선 황제는 지난 정변에서 도망친 조카를 추적하라는 지시를 내렸다. 또한 세계의 다른 나라들에 중국의 깃발을 드높이며 국위를 떨치기를 원했다. 중국이 세계에서 가장 부유하고 강력한 문명이라고 확신했던 영락제는 그것을 입증하고 싶어 했던 것이다. 마지막으로 황제는 해외 무역을 적극적으로 장려했다.

이런 측면에서 영락제는 해외 무역을 장려했던 과거 왕조, 특히 당과 송 왕조, 심지어 그가 증오하는 몽골이 중국을 점령하고 세웠던 원 왕조의 황제들과 마찬가지로 국가와 사회를 위해 창출될 수 있는 부의 중요성에 대해 너무나 잘 알고 있었다. 반면 그의 아버지인 태조와 그의 조카는 지극히 보수적인 공자 사상에 기반을 둔 농경 문화를 찬양하며 그 체제로 회귀하기 위해 노력했다.

그러나 정작 영락제가 제위에 올랐을 때 중국은 경제난에 시달리고 있었다. 태조의 농본 정책은 농민들이 토지를 개간하여 자신들과 제국을 부양할 식량을 생산하면서 어느 정도 성공을 거두었다. 또한 과거 중국은 지폐에 기반을 둔 통화 정책을 실시했지만 몽골의 멸망과 함께 통화 정책도 붕괴되고 말았다. 초창기에 명 왕조는 지폐를 대량으로 발행했다. 그 결과 극심한 인플레이션과 더불어 통화에 대한 대중의 불신만이 증폭되었다. 결국 정부는 지폐 발행을 완전히 포기했고 그로 인해 엄청난 통화 부족 현상이 일어났다.

처음에는 과거에 통용되던 동전을 사용했다. 그러나 이 제도 때문에 은광의 채굴이 재개되면서 화폐로 주조되지 않은 은괴가 사적인 거래에 이용되었다. 더욱이 중국은 국내에서 생산되는 은의 물량으로는 그 수요를 감당할 수 없게 되어 일본에서 대량으로 은을 수입하기 시작했다. 덕분에 일부 지역들에서는 충분한 양의 은이 유통되자 정부는 그 지역들에서 기존의 특산물(곡물, 비단 등)로 거두던 세금을 은으로 대체했다. 그러자 중국의 은 수요는 더욱더 엄청난 규모로 폭증했다. 이 내용은 3장에서 보다 자세히 다룰 것이다. 여기서는 일단 1300년대 중반 몽골 제국의 몰락이 유라시아 대륙의 동서를 연결하는 무역로의 일시적 단절로 이어졌다는 것과, 영락제가 펼친 공격적인 외교 정책으로 몽골을 북쪽으로 몰아내고 중국이 인도양까지 탐험했다는 사실을 전달하는 것으로 마치겠다.

대규모로 남해 원정을 준비하면서 중국은 가공할 조선造船 능력을 과시했다. 1404년부터 1407년까지 무려 1,681척의 선박이 건조되었는데, 그 중 가장 큰 선박은 정화의 거대한 기함 보물선이었는데 돛대가 총 9개였고 길이 122미터에 폭 49미터로 오늘날의 축구장보

■ 중국 교역선의 모습. 중국은 가는 곳마다 무역 거래를 하면서 인도양에서 점차 우위적인 위치를 점하게 되었다.

다도 큰 규모였다. 다른 배들은 그 크기와 기능에서 저마다 차이가 있었다. 수많은 선원들을 비롯해 교역할 물자, 보급품, 말, 물통 등을 운반할 수송선들도 있었고 대포로 중무장한 전함들도 있었다. 이 대규모 함대를 건조하는 데는 엄청난 양의 나무가 필요했기 때문에 해안 근처의 숲은 대부분 황폐화되었고 다른 지역들에서 벌목한 목재도 양쯔 강을 따라 멀리 해안에 위치한 조선소로 운반되었다.

1405년 가을, 정화의 지휘 하에 첫 번째 함대가 구성되었을 때 그 모습은 틀림없이 대단한 장관을 이루었을 것이다. 온통 화려한 색깔로 장식된 수백 척에 달하는 배들이 선홍색 비단 돛을 펄럭이며 위용을 과시했다. 1405년부터 1433년까지 중국은 매번 2년씩(처음 출발할 때와 마찬가지로 귀환할 때도 계절풍을 기다려야 했다.) 총 일곱 차례에 걸쳐 원정을 시도했다. 그 기간 동안 중국 함대는 동남아시아의 향료 제도를 지나 인도양을 순회했고 페르시아 만을 거쳐 머나먼 아프리카 동부 해안의 모잠비크까지 항해했다. 그들은 대규모 선단을 이끌고 미지의 바다에서 낯선 항구들에 정박하여 그곳의 통치자들과 무역을 시도했다. 또 희귀한 보석과 기린과 같은 온갖 신기한 물건과 생물들도 수집했을 뿐만 아니라 일부 지역에서는 내정에도 간섭하여 중국에 우호적인 인물을 통치자로 임명하기까지 했다. (지도 2-1 참고)

아라비아의 항구 도시인 호르무즈와 페르시아 만을 향한 네 번째 원정(1413-1415년)에서 정화는 이슬람계 중국인으로 아랍어와 중국어 모두 능통한 마환馬歡을 대동하고 떠났다. 그 당시 이슬람계 중국인은 결코 드물지만은 않았다. 이 함대를 지휘하던 제독 정화도 이슬람계 중국인으로 그의 아버지 하지는 메카로 성지 순례까지 다녀온 이슬람교도였다. 앞선 원정들에서도 항해사는 모두 아랍어를 구사할 수 있는 사람들이었다. 아프리카에서 동남아시아의 향료 제도에 이르기까지 인도양 무역에서 통용되던 언어는 모두 아랍어였기 때문에 중국인들은 그곳에서 거래를 시도하려면 아랍어를 구사할 수 있는 안내자들이 필요했다. 따라서 이슬람 세계와 외교관계를 수립하기 위해 떠나는 이 네 번째 원정에서 황제와 정화는 통역관으로 마환을 선발했던 것이다. 이 원정의 결과로 동아프리카를 포함한 수많은 이슬람 국가들의 외교사절이 중국의 수도에 입성했고, 홍해로 떠났던 일곱 번째 원정(1431-1433년)에서 정화는 아라비아 반도의 메카에서 가까운 항구 도시인 제다로 그를 초청한 이집트의 술탄을 만났다. 이로써 이제 중국은 20개국이 넘는 많은 국가들과 공식적인 외교관계를 맺게 되었다.

1435년에 이르러 중국은 유라시아 대륙과 인도와 아프리카를 연결하는 해상로를 개척하고 세계의 해상 무역을 주도하면서 인도양에서 막강한 세력을 구축하는 듯했다. 그러나 일곱 번째 원정을 마지막으로 중국은 급격히 모든 해상권을 잃기 시작했다. 더욱이 1500년대에는 인도양뿐만 아니라 근해에서조차 중국의 전함을 찾아볼 수 없게 되었다. 다행히 인도양은 중국의 상인들에게 가장 안전한 해상 무역로였다. 따라서 중국의 함대가 철수한 후에도 그들은 꾸준히 무역을 할 수 있었다.

앞으로 살펴보겠지만, 중국이 막강한 해군력을 인도양에서 철수한 것은 세계사에서 대단히 중요한 사건이었다. 이제 우리는 중국이 인도양을 포기했던 이유에 대해 질문을 던져야만 한다. 아주 짧게 대답하자면 그 이유는 중국 국내의 정치적인 분쟁 때문이었다. 당시 궁정에서는 해상 원정을 지속해야 한다는 파벌과 북방에서 위협하는 몽골에 맞서는 데 국력을 집중해야 한다는 파벌 간에 분쟁이 치열하게 벌어졌다. 그러나 결국 1435년 황제가 세상을 떠나면서 북방 정책을 주장했던 파벌의 승리로 끝났다. 바로 그 시점부터 중국은 해상권을 포기하고 농업 경제를 통해 더 많은 인구를 부양할 수 있는 방법에 관심을 두면서 북방의 초원 지대를 누비던 유목 민족들을 가장 위험한 적으로 간주했다. 중국의 황제들에게 만리장성의 재

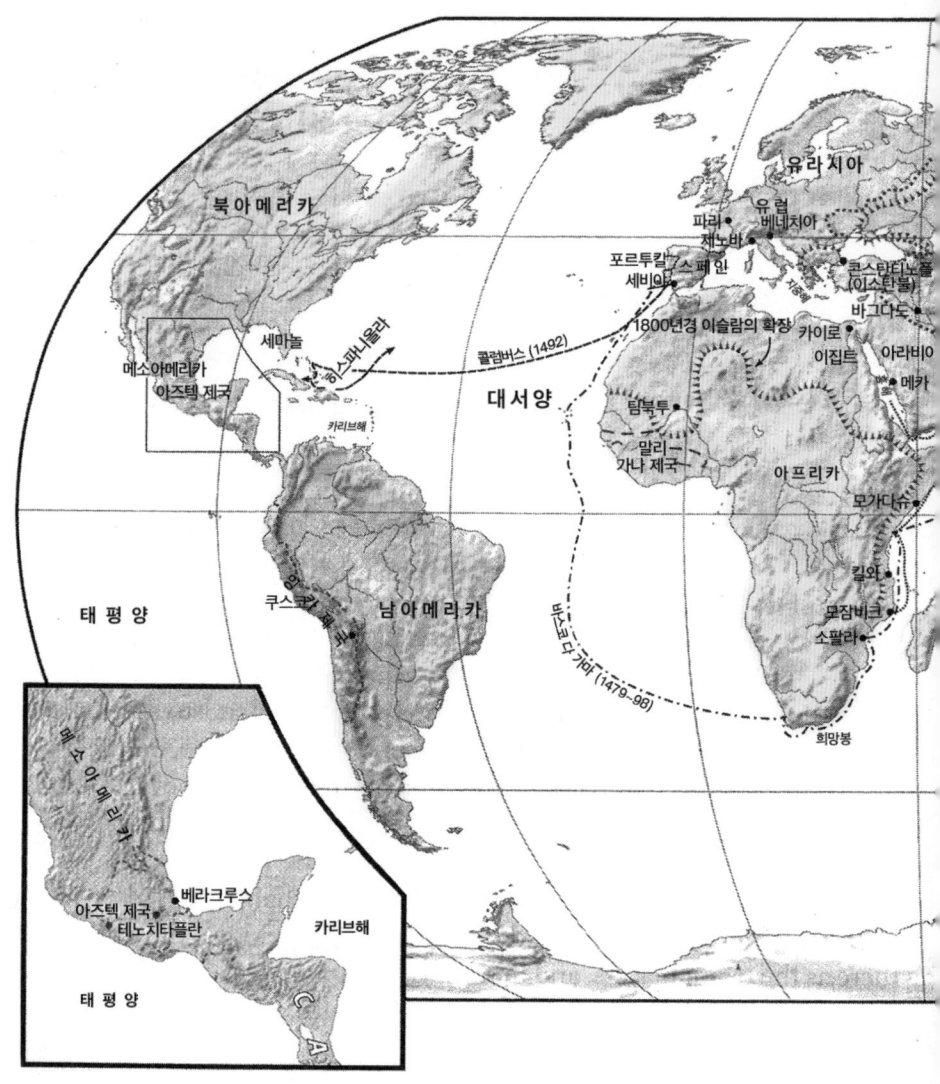

■ 지도 2-1 : 1400-1500년의 세계 지도

건과 증축은 보물선을 앞세운 해상 원정보다 훨씬 중요했던 것이다. 우리 시대로 비유하자면 미국이 달에 유인 탐사를 시도하다가 엄청난 비용을 감당할 수 없게 되면서 계획을 포기한 것과 같다. 그러나

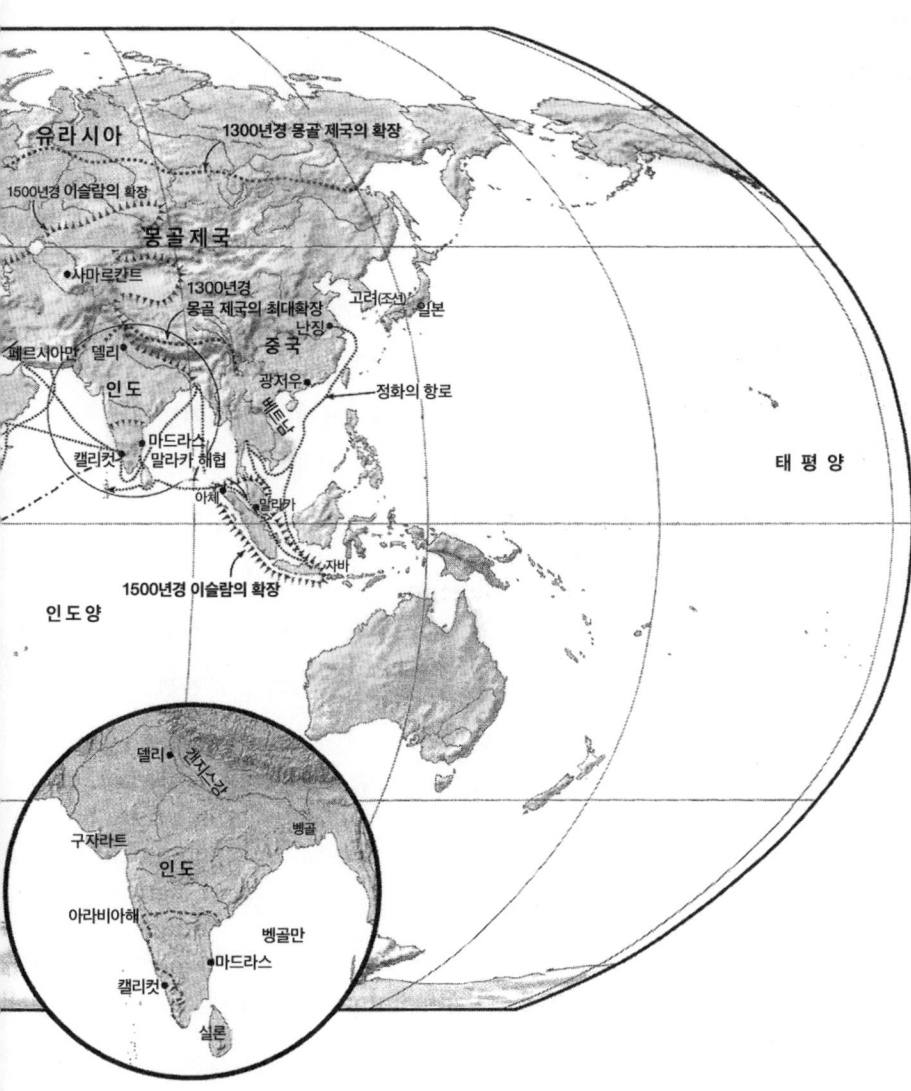

해군력의 포기가 무역 항해의 중단을 의미하는 것은 아니었다. 오히려 중국은 더욱 활발한 해상 무역을 시도했다. 세계에서 가장 중요한 무역 교차점이 바로 〈인도양〉이었기 때문이다.

평화로운 항해 시대의 종말을 고하다   73

인도양,
모두가 눈독 들인 무역의 중심지

—

몽골 제국이 점령했던 유라시아 대륙의 동서를 연결하는 무역로는 결코 유일한 무역로도, 또한 가장 중요한 무역로도 아니었다. 몽골 제국의 붕괴와 흑사병의 확산은 14세기 중반 유라시아 대륙 전역을 심각한 위기에 빠뜨렸지만 그렇다고 당시 인도양에서 이루어지던 무역이 쇠퇴했다는 증거는 거의 존재하지 않는다. 실제로 인도양은 세계의 무역 체제를 연결하는 가장 중요한 경로였을 뿐만 아니라 엄청난 부의 근원지였다. 인도양에 위치한 주요 무역 도시들에 집결한 상인들은 사치품과 향신료를 비롯한 온갖 물자들을 구할 수 있었다. 따라서 중국이 인도양의 중요성을 인식하고 그곳에 함대를 파견했던 것은 절대로 잘못된 선택이 아니었다.

사실 중국의 해상 원정은 650년대 이슬람 세계의 확장과 중국 당 왕조의 등장으로 시작되어 1750년대 산업혁명 직전에 이루어진 영국의 인도 식민지화로 끝난 기나긴 인도양의 역사에서 고작 하나의 일화에 불과했다. 그 1100년의 기간 동안 인도양은 세계에서 가장 중요한 무역 교차점이었고 세계 전역의 상인들에게는 엄청난 욕망의 대상이었다. 그렇다면 이 인도양의 역사를 세 시기로 구분하여 살펴보자.

650년부터 1000년까지가 그 첫 번째 시기로, 당시 아라비아 상인들과 뱃사람들은 근동 지역에서 동남아시아와 중국까지 온갖 문물과 사상을 전파했다. 또 그들은 동아프리카에서 인도네시아에 이르는 방대한 지역에 아랍어와 이슬람교를 전파하면서 그 지역을 왕래하는 사람들에게 공용어와 주류 문화로 정착시켰다. 일례로 9세기 중국 남부에 위치한 광저우에는 무려 10만 명이 넘는 아랍인과 페르시아인, 유대인들이 거주했고 그곳에 세워진 이슬람 사원은 항구에 진입하는 선박들에게 등대 역할을 해주었다. 그 후 두 번째 시기인 1000년부터 1500년까지는 중국 상인들이 무역을 통해 이윤을 추구할 수 있다고 확신하며 정부의 후원 여부와 관계없이 인도양으로 진출하여 아라비아 상인들과 경쟁했다.

이처럼 중국이 해상으로 진출하면서 인도양 무역은 겨울 계절풍의 영향에 따라 세 무역 지대로 구분되었다. 아라비아 상인들은 인도양에서 여전히 중요한 비중을 차지했지만 더 이상 그곳을 왕래하는 유일한 존재는 아니었다. 아라비아 상인들은 동아프리카에서 홍해와 페르시아 만을 거쳐 인도의 동부 해안에 이르는 〈서부 지대〉에서 가장 활발히 무역을 펼쳤지만 인도 상인들도 상당한 활약을 보였다. 실론 섬에서 벵골 만과 동남아시아를 아우르는 〈중앙 지대〉는 인도 상인들이 장악했는데 아라비아와 다른 이슬람 국가들의 상인들도 활발히 왕래했다. 중국 상인들은 중국에서 인도네시아와 말라카 해협에 이르는 〈남지나해〉 일대를 장악했다.

이 세 무역 지대에서 차츰 거대한 무역 도시들이 생겨나면서 수많은 상인들을 수용하기 시작했다. 서부 지대에서는 아덴, 호르무즈, 캄베이, 캘리컷, 아프리카 동부 해안에 위치한 모가디슈와 킬와가 가장 대표적인 항구 도시들이었다. 인도양의 중부와 동부를 연결하는 항구 도시 말라카는 계절풍이 바뀌는 전략적인 해협으로, 상인들이 다음 항해를 준비하며 휴식을 취할 수 있는 안락한 기항지가 되었다. 바로 이것이 말라카의 부상을 설명할 수 있는 유일한 근거였다. 1400년대 중국과 1500년대 포르투갈도 이 도시가 지닌 경제적, 전략적 중요성을 결코 놓치지 않았다.

처음 두 시기에(650년부터 1500년까지) 인도양 무역은 자체적인 규제 능력을 갖춘 듯했다. 어떤 정치 세력도 세 무역 지대를 연결하는 무역 체제를 장악하지 않았고 그런 시도조차 하지 않았다. 이런 상태는 정화가 이끄는 중국 함대의 원정 기간에도 지속되었다. 아라비아와 인도의 상인들은 특별히 중국인들에게 방해를 받거나 중국 상인들에게 내쫓기지 않고 꾸준히 교역할 수 있었다. 인도양 무역에서 주목할 만한 또 다른 특징은 대체로 무력武力에 의존하지 않고 무역이 이루어졌다는 사실이다. 아프리카의 다우선, 중국의 정크선, 인도와 아라비아의 상선은 모두 해군의 호위를 받지 않고 항해에 나섰다. 아덴부터 호르무즈, 캘리컷, 푸리, 아체, 말라카에 이르기까지 모든 항구 도시들은 성벽도 쌓지 않았고 요새를 건설하지도 않았다. 방대한 지역에서 무역이 이루어졌지만 군사력은 선박을 보호하거나 거래를 성사하는 데 그다지 필요가 없었던 듯하다.

인도양 역사의 세 번째 시기인 1500년부터 1750년까지 포르투갈을 필두로 네덜란드, 영국, 프랑스가 〈군사력을 동원한 무역〉을 시작하면서 인도양 무역은 엄청난 변화를 맞이하게 되었다. 따라서 이미 인도양에서 활동하고 있던 상인들은 방어를 위해 무장하거나 새로운 침입자들에게 무사히 보호해주는 대가를 지불해야 했다. 유럽인들은 인도양에서 대규모로 이루어지는 수익성이 큰 무역에 가담하기 위해 사실상 수단과 방법을 가리지 않았다. 그들은 무력을 동원하여 여러 항로와 항구 도시들을 장악했고 심지어 유럽에서 큰 수익을 거둘 수 있는 물자들을 독점하기까지 했다. 유럽인들이 이처럼 무력이라는 새로운 요소를 도입하긴 했지만 인도양 무역은 그 규모가 워낙 방대했기 때문에 1800년대 후반 증기선이 개발되어 아라비아를 비롯해 인도와 중국 상선들과의 경쟁에서 우위를 점할 때까지 유럽은 인도양을 장악하지 못했다.

막대한 경제력을 갖춘 4대 문명, 즉 근동과 중동(이슬람교), 인도(힌두교), 중국, 인도네시아, 혹은 향료 제도는 인도양 무역에 활력을 공급했다. 말라카에서 중국인들은 비단, 도자기, 철물, 동제품을 팔고 향료, 식료품, 진주, 면제품, 은을 사들였다. 인도 상인들은 면직물을 판매하고 향료를 구입했다. 인도 상인들은 또한 중동과 동아프리카에도 면직물을 비롯해 다른 제조품들을 수출했는데 인도산 면직물은 서아프리카까지 유통되었다. 또 아프리카와 아라비아에서는 팜유, 코코아, 땅콩, 귀금속을 수입했다. 전반적으로 금, 은을 비롯한 천연자원과 1차 생산물은 중국과 인도로 유입되었고 이 두 나라는 다른 지역들에 제조품, 특히 직물(인도는 면, 중국은 비단)을 수출했다.

이 방대한 세계 무역의 원동력은 주로 중국과 인도에서 비롯되었다. 15세기의 한 역사학자는 이런 기록을 남겼다.

"중국은 여전히 세계에서 가장 막강한 경제력을 과시했다. 중국은 무려 1억 명이 넘는 인구에 엄청난 생산력을 지닌 농업 분야와 방대하고 복잡한 무역망, 그리고 유라시아 대륙에서 가장 뛰어난 수공업 분야를 갖추고 있었다. 일례로 15세기 초반 유럽의 한 외교 사절은 중앙아시아에 위치한 정치와 상업의 중심지 사마르칸트를 방문한 후 그곳에 수입된 다른 어떤 제품들보다 중국산 제품이 품질도 뛰어나고 값도 비쌌다고 언급했다. 그 이유는 중국의 장인들이 전 세계 어느 나라의 장인들보다 훨씬 뛰어난 기술을 지녔다는 찬사를 받고 있었기 때문이다."

비록 일부 천연자원을 비롯해 말, 은, 귀중품들은 수입해야 했지만 거대한 농업 제국인 중국은 국내에서 필요한 물자의 대부분을 자체적으로 생산했다. 대부분의 중국 통치자들은 국가의 부를 추가적으로 증가시키거나 중국 소비자의 수요를 만족시키기 위한 후추를 비롯해 제비집이나 해삼과 같은 이국적인 요리에 필요한 재료를 수입하는 한도에서 해외 무역을 유익한 것으로 간주했다. 하지만 그들은 이런 물자의 교역을 바람직하다고 여기면서도 중국 상인들과 해외 상인들 간에 벌어질 수 있는 잠재적인 문제들을 더욱 심각하게 받아들였다. 그 결과 중국 정부는 대부분의 기간 동안 무역을 독점해 세금을 부과하여 막대한 수익을 거두었다. 그러나 1400년대 초반 중국은 은 수요가 폭증하면서 국내 은광에서 생산되는 것만으로는 도저히 가속화된 경제의 흐름을 감당할 수 없게 되었다. 결국 부족한 은을 충당하기 위해 무역에 의존할 수밖에 없었다. 처음에는 대부분을 일본에서 수입했지만 1500년대 이르러서는 점차 유럽에서 더 많은 양을 수입하게 되었다.

인도, 고도로 발전된 경제
인도는 서부 해안의 구자라트, 남부의 마드라스, 북부의 벵골까지 방대한 섬유 제조지로 유명한 지역이 세 곳이나 있었다. 면직물은 사전에 상인들이 원료를 제공하면 장인들이 직접 집에서 실을 짜서

■ 유럽보다 훨씬 앞선 경제 체제를 이룬 인도는 아시아를 대표하는 경제 대국이었다. 그림은 15세기 인도 봄베이 시장의 모습이다.

옷감으로 만들었고 그 실과 옷감을 다시 상인들이 수거하여 염색하고 무늬를 넣은 후 시장에 내다 팔았다. 이처럼 인도에서 생산되는 면직물은 대부분 인도 국내의 수요를 충당했지만 수출하기 위해 생산되는 면직물도 상당히 많았다. 일부는 아프리카나 중국뿐만 아니라 머나먼 폴란드와 지중해까지 수출되기도 했다. 인도는 면직물에 대한 국내외의 수요를 모두 충당하기 위해 목화를 재배하고 옷감을 만드는 모든 과정을 일괄적으로 처리할 수 있는 제조 시스템을 개발했다. 그 결과 인도 경제는 상업화가 진척되었고 더불어 생산력과 생산성이 동시에 증대되었다. 앞선 중국과 마찬가지로 이제 인도도 고도로 경제가 발전했고 구세계에서 필요로 하는 일부 핵심적인 제조품들을 생산하는 중심지가 되었다.

그러나 중국과 달리 인도는 통일 제국이 아니었다. 역사적으로 인도는 외부 세력에 의해 정치적 통일이 좌우되었다. 비록 독특한 지리적 형상 때문에 통일 국가처럼 보이지만 인도는 1500년대 중반까지 단 한 번도 정치적 통일을 이루지 못했다. 그나마 그 통일 국가도 오래 지속되지 못하고 1700년대 중반에 분열되고 말았다. 인도 문명의 중심지는 북부의 인더스 강 유역이었다. 이 지역은 농업에 적합한 비옥한 평야였지만 카이베르 고개를 넘나드는 침략자들에게 정복당하기 쉬웠다. 6세기에 훈족이 최초로 이 고개를 넘어 침략하면서 인도는 수많은 전쟁으로 얼룩지기 시작했다.

8세기에 이슬람교를 전파하던 아랍인들은 인도 북부를 침략했고 10세기 후반에 재차 같은 지역을 침략했다. 12세기 후반 인도 북부는 다시금 이슬람교를 신봉하는 투르크 족의 침략을 받았다. 그들은 델리에 새로운 왕국을 건설하고 약 2백 년 동안 통치했다. 이슬람 세력은 오늘날 파키스탄에 해당하는 인도 북서부에 거점을 마련하고 술탄의 권력이 미치는 곳이면 어디라도 이슬람 사원을 세웠다. 이 델리 술탄국은 1398년 티무르가 인도 북부를 침략하여 델리를 점령할 때까지 지속되었다. 한편 고유한 언어인 타밀어를 사용하던 인도 남부는 쉽사리 외부 세력에 정복당하지 않았다. 정치적 분열에도 불구하고 7세기와 8세기에 힌두교 사상은 인도 남부에 전파되었고 정치 지도자들은 힌두교가 통치에 유용하다는 사실을 깨달았다. 따라서 인도는 정치적으로 분열되었을 뿐만 아니라 종교적으로도 이슬람교와 힌두교로 분열되었다.

인도의 통치자들은 대부분 무역을 후원했기 때문에 정치와 종교의 분열은 경제 활동에 장애가 되지 않았다. 따라서 중국의 정화가 인도의 여러 항구를 방문했을 때도 많은 거래가 이루어졌다. 아랍어를 구사했던 이슬람 상인들은 동아프리카에서 홍해와 페르시아 만을 거쳐 아체와 말라카에 이르는 언어권에서 자유로이 무역 활동에 종사할 수 있었다. 이슬람교도들은 지금까지 이 책에서 상당히 중요한 부분을 차지했다. 그러면 이제 이슬람교의 기원과 이슬람교가 아라비아 반도에서 다른 지역으로 전파된 과정에 대해 살펴보자.

이슬람 세계, 유럽을 차단시킨 유일한 세력

1325년 이븐 바투타(Ibn Battuta, 1304-1368년)라는 스물한 살의 젊은 이슬람교도는 고향인 아프리카 북부 해안의 탕헤르를 떠나 이슬람의 성지인 메카로 향했다. 육로를 따라 여행하던 그는 카이로를 지나서 다마스쿠스와 메디나를 방문한 후 1326년 10월 마침내 메카에 도착했다. 그러나 그는 고향으로 돌아가지 않고 더 넓은 세상을 둘러보기로 결심하고 무려 29년에 걸쳐 총 11만 7천5백 킬로미터, 즉 지구를 거의 3바퀴가량 횡단할 수 있는 거리를 여행했다. 이븐 바투타는 이라크와 페르시아를 거쳐 아프리카 동부 해안을 지나서 아나톨리아(터키)와 중앙아시아를 가로지른 후 인도양을 횡단하면서 실론 섬과 몰디브를 방문했고, 인도 북부와 남부는 물론 중국 남부를 거쳐 다시 아프리카 북부로 돌아와 지브롤터 해협을 지나서 그라나

다를 방문하고 사하라 사막을 횡단하여 아프리카 서부의 왕국 말리까지 여행했다.

이븐 바투타의 여행이 중요한 이유는 사실상 그가 1300년대 중반 이슬람 세계의 모든 지역 혹은 사람들이 코란의 언어인 아랍어를 말하고 가르치는 모든 지역을 여행했기 때문이다. 그는 마치 오늘날 북아메리카의 미국인이 서구 유럽을 여행할 때 느끼는 것처럼 어느 곳을 가더라도 친숙한 문화와 언어를 접할 수 있었다. 그런데 그가 아주 방대한 지역을 여행하긴 했지만 그것이 이슬람 세계의 전부는 아니었다. 이슬람 문화는 인도네시아와 동남아시아 일부 지역까지 전파되었기 때문이다.

이슬람교는 7세기 초반에 등장했는데 예언자 모하메드의 사망(632년) 이후 이슬람 군대는 아라비아 반도를 통일하고 페르시아 대부분을 장악했으며 메소포타미아와 예루살렘까지 포함한 팔레스타인, 이집트와 북아프리카까지 점령했다. 하지만 유라시아 대륙의 다른 모든 정치 세력들이 극도로 쇠약해지긴 했어도 서부의 비잔티움(동방정교회의 수도 콘스탄티노플이 있었다.)과 동부의 중국은 여전히 이슬람 세력의 진출을 저지할 수 있는 막강한 무력을 보유하고 있었다. 그럼에도 이슬람 기병대는 북아프리카를 장악했을 뿐만 아니라 불과 7년 만에 이베리아 반도 대부분을 점령하고 인도 북부까지 침략했다. 마침내 750년에 이르러 거대한 이슬람 제국이 유라시아 대륙의 중앙에 새로이 탄생했다.

세계사에서 이슬람 세력의 확장은 대단히 중요한 의미를 지닌다. 우선, 이슬람 세력의 확장은 구세계의 대부분을 공통의 언어와 관습으로 아우르면서 그 안에서 무역과 사상과 문화가 발전할 수 있는 영역을 탄생시켰다. 다행히 이슬람 세계는 책과 도서관을 대단히 소중히 여겼는데, 실제로 8세기부터 15세기까지 세계에서 가장 큰 도서관들은 모두 이슬람 영역에 있었다. 당시 세계에서 가장 큰 도서관은 아마도 이집트의 알렉산드리아 도서관이었을 것이다. 그 도서관들에는 이슬람 세계의 보물들뿐만 아니라 고대 그리스와 로마의 고전들도 보관되어 있었다. 지중해 연안에서 이루어진 이슬람 제국의 확장은 수세기 동안 유럽이 세계 무역의 중심지인 인도양으로 진출하는 것을 차단했다. 심지어 이슬람교도들이 지중해를 장악하는 동안 유럽인들 사이에서는 "그곳에서는 작은 통나무조차 띄울 수가 없다."라는 말까지 나돌았을 정도였다. 이런 맥락에서 이슬람 세력의 번영은 유럽의 무역을 위축시키고 유럽의 암울한 시기를 초래하는 데 결정적인 역할을 했다.

그러나 이슬람 제국의 중앙 집권 통치는 곧 무너지기 시작했다. 그 결과 수많은 지역들이 독립했지만 덕분에 오히려 한층 안정된 새로운 이슬람 왕조가 탄생했는데, 바그다드를 수도로 삼은 아바스 Abbasid 왕조가 핵심 지역을 효율적으로 통치하면서 이슬람 세계의 정치적 중심으로 자리 잡은 것이다. 그처럼 독립한 지역들은 중앙 통치에서 벗어났다고는 해도 이베리아 반도에 위치한 코르도바 수장국과 마찬가지로 여전히 이슬람교를 신봉했다. 하지만 1258년 몽골 제국이 바그다드를 점령하고 아바스 왕조의 마지막 칼리프를 살해하면서 이슬람 세계에 심각한 위기가 찾아왔다. 이처럼 혼란한 상황에서 세 지역에서 새로운 이슬람 제국이 등장했다. 이슬람 세계 서부의 대부분을 물려받은 오스만 제국, 1500년대 초반 페르시아를 통치했던 사파비 왕조, 그리고 인도의 대부분을 정복했던 무굴 왕조가 바로 그들이었다.

오스만 제국은 13세기 후반 오스만 1세가 이끌던 투르크 유목민들이 오늘날의 터키인 아나톨리아 반도를 통일하면서 시작되었다. 14세기에 오스만 1세의 후계자들은 화약을 이용한 강력한 무기를 개발하고 노예들로 구성된 막강한 부대인 예니체리를 동원하여 이집트에서 맘루크 족을 몰아냈다. 전 국민이 이교도와 싸우는 종교 전사가 되기를 갈망했던 오스만 제국은 비잔틴 제국이 발칸 반도에 세운 기독교 왕국과 치열한 전투를 벌이면서 1389년에 세르비아를 정복하고 1400년에는 다뉴브 강까지 진출했다.

그러나 가장 큰 수확은 비록 로마 가톨릭 교회가 아닌 동방정교회였지만 기독교 왕국의 동부 최전선이자 비잔틴 제국의 수도인 콘스탄티노플을 점령한 것이었다. 보스포루스 해협에 위치한 콘스탄티노플은 지중해 동부와 흑해의 무역을 장악하고 있었다. 수세기에 걸쳐 동방정교회와 비잔틴 제국은 오스만 제국과 이슬람 세력의 서부 진출을 견제해 왔다. 그러나 15세기 중반 오스만 제국은 콘스탄티노플을 공격하기 시작했고, 1453년 마침내 이 기독교 왕국의 수도를 함락시켰다. 그들은 콘스탄티노플을 새로운 수도로 정하면서 이스탄불로 개명했고 성 소피아 성당을 이슬람 사원으로 개조했다. 오스만 제국은 그곳을 거점으로 삼아 그리스와 알바니아를 포함한 발칸 반도를 정복했고 에게 해의 크레타 섬과 흑해의 항구 도시 제노바를 장악한 후 로마까지 침략할 계획을 세웠다.

1453년 오스만 제국의 콘스탄티노플 함락은 유럽의 기독교 세계에 엄청난 타격이었다. 지중해 기독교 세계의 동부 최전방인 콘스탄티노플은 지중해 연안 국가들에 대한 십자군 원정의 교두보였을

■ 콘스탄티노플 전경. 중세시대에 콘스탄티노플은 유럽에서 가장 크고 가장 부유한 도시로 알려졌다. 그렇기 때문에 오스만 제국의 콘스탄티노플 점령은 유럽의 역사에서도, 기독교의 역사에서도 엄청난 사건이었다.

뿐만 아니라 궁극적으로 팔레스타인과 예루살렘의 수복을 고대하는 수많은 기독교도들의 희망이었다. 그러나 오스만 제국의 콘스탄티노플 점령은 이슬람 세력이 여전히 막강하다는 사실과 더불어 유럽이 자칫 세계의 주류에서 탈락할 수도 있다는 가능성을 제기했다. 오스만 제국이 지중해 동부로 이르는 경로를 봉쇄하면서 유럽은 중국과 인도양에 이르는 무역로를 잃었다. 결국 유럽인들은 아시아의 부에 접근할 수 있는 다른 경로를 찾아야만 했다.

아프리카, 거대 제국들의 대륙

이븐 바투타의 여행은 초기 근대 세계에서 이슬람 제국이 아프리카에까지 세력을 미쳤다는 사실을 보여주는 것이다. 실제로 북아프리카, 사하라 사막 남부, 동아프리카 일대가 이슬람 세계에 포함되었다. 이븐 바투타가 아프리카를 여행할 당시에 그곳은 단순한 이슬람 세계가 아닌 고도로 발달된 문명지였다. 당시 아프리카에는 여러 도시들이 형성되었고 농업도 상당히 발달했을 뿐만 아니라 지배 계층과 피지배 계층이 구분되었다. 또 지역적인 무역 체제도 확립되었고 주철 산업을 비롯한 광업도 활기를 띠었다. 이미 500년대에는 아프리카 전역에 사회적, 경제적, 문화적으로 복잡한 특성을 지닌 문명인들이 거주하고 있었다. 그 후 여러 지역들에서 점차 거대한 제국들이 탄생하기 시작했는데 가장 대표적인 경우가 아프리카 서부에서 번성했던 가나 왕국이었다. 사바나 기후, 열대우림 기후, 사하라 사막 등 세 가지 다른 생태계가 교차하는 지점에 위치한 가나 왕국은 그런 다양한 환경에서 생산되는 모든 작물을 활용할 수 있었다. 따라서 이슬람 세력이 북아프리카에 도착했을 때 가나는 전략적으로 가장 중요한 지역이었다. 7세기에 이슬람 세력이 지중해 너머로 확장을 시작한 이후 10세기부터 12세기까지 사하라 사막 북쪽으로 무역을 시도했던 아프리카의 제국들은 모두 이슬람교로 개종했다.

이슬람교로 개종한 후 가나 왕국은 꾸준히 세력을 확장했다. 가나는 자국 내에서 황금을 생산했지만 이슬람교도들이 상당한 양의 황금을 원했기 때문에 서부 아프리카에서 필요로 하는 물자, 즉 인도산 옷감을 비롯해 말, 보석, 거울, 그리고 가장 중요한 물자로 아프리카에서 생산되지 않는 소금 등을 들여와 황금과 교환했다. 그 결과 이미 무역으로 번성했던 가나 왕국의 수도 코움비 살레에는 엄청난 양의 황금이 유입되었다.

그러나 가나 왕국보다 훨씬 더 강대했던 말리 제국이 새로운 무역의 중심지로 등장했다. 1200년대부터 1400년대 초반까지 말리 제국은 사실상 서부 아프리카의 모든 무역을 장악하고 세금으로 상당한 수입을 거두었다. 무려 2만 5천 마리에 달하는 낙타를 대동한 대규모의 대상들이 황금과 노예, 인도산 면직물을 싣고 수 킬로미터에 이르는 대열을 이루며 황량한 사막을 가로질러 말리 제국으로 들어왔다. 이제 말리 제국은 수도 니아니뿐만 아니라 다른 도시들까지 크게 번성했다. 번창한 상업은 팀북투를 대도시로 변모시켰는데 수많은 학자들을 비롯해 건축가들, 시인들, 천문학자들이 그곳의 대학으로 몰려들었다. 게다가 이슬람교 신학자들이 코란을 연구하기 위해 설립한 학교가 무려 1백 개도 넘었다.

말리 제국은 만사 무사Mansa Musa가 통치하던 시기(1312-1337년)에 전성기를 맞이했다. 그는 이슬람교도로 1324년부터 1325년까지 엄청난 양의 황금을 싣고 메카로 성지 순례를 다녀왔다. 그가 카이로에 머물면서 만나는 사람들 모두에게 황금을 나눠준 탓에 황금의 가치가 25퍼센트나 폭락했다고 한다. 아프리카에서 수출되는 대부분의 황금은 아시아와 지중해 및 북부 유럽과 연결되는 거대한 무역 도시인 카이로를 거쳐야만 했다. 그곳에서 황금은 인도로 실려 가거나 이탈리아의 도시 국가인 베네치아와 제노바를 경유하여 북부 유럽까지 운반되었다. 14세기와 15세기에 아프리카의 황금은 유럽인들에게 대단히 중요한 자원이었다. 어느 학자는 황금이 지중해 경제의 통화 정책과 인도와의 국제수지를 유지하기 위한 절대적인 요소라고 주장했다.

이슬람 세력이 아프리카로 이동하는 또 다른 경로는 남쪽에서 해상을 통해 카이로에서 홍해를 거쳐 동아프리카의 무역 도시인 모가디슈, 말린디, 몸바사, 킬와, 소팔라로 진입하는 것이었다. 고대 그리스와 로마 시대에도 많은 선박들이 아프리카 동부 해안의 여러 항구들에 정박하곤 했기 때문에 이슬람 상인들의 출현은 이 도시들에서 그다지 큰 반향을 일으키지 못했다. 그나마 유일한 변화라면 그들이 이슬람교를 전파하면서 동아프리카가 점차 이슬람교로 개종하기 시작했다는 것이다. 이들 도시들은 아프리카를 비롯해 아라비아, 페르시아, 남아시아, 말레이시아와 인도네시아, 심지어 중국의 상인들도 왕래하는 국제적인 도시였기 때문에 다양한 민족들이 서로 결혼하면서 새로운 해안 문화와 더불어 아랍어의 영향을 많이 받은 스와힐리어가 탄생했다. 서아프리카와 마찬가지로 동아프리카도 세계 경제에서 중요한 비중을 차지하는 물자들, 특히 상아, 가죽, 황금, 노예 등이 거래되는 거대한 근원지였다.

하지만 아프리카에 이처럼 거대한 제국들이 군림했다고 해서 아프리카 전역에 수많은 정치 세력들이 산재했다는 중요한 사실을 간과해서는 안 된다. 예를 들면, 서아프리카만 해도 면적이 고작 4백 평방마일 미만에 인구도 겨우 3천에서 5천 명에 불과한 군소 국가들이 헤아릴 수 없이 많았다. 이런 군소 국가들보다 규모가 10배가량 큰 국가들도 더러 있긴 했지만 지극히 소수에 불과했다. 아프리카 국가들 간에 벌어지는 전쟁에서 주변 국가를 정복하며 영토를 확장하는 경우는 그다지 많지 않았다. 역사학자 존 손턴John Thornton에 의하면, 그 이유는 아프리카에서 토지는 개인의 재산으로도, 부의 원천으로도 여겨지지 않았기 때문이다. 앞서 살펴본 중국, 인도, 유럽과 극명한 대조를 이루지만 아프리카에서는 〈노동력〉이 부의 원천이었다. 바로 이런 맥락에서 우리는 아프리카 노예제도를 반드시 이해해야만 한다.

노예제도

노예들은 이 책에서 지금까지 언급했던 모든 사회들에 존재했다. 중국, 인도, 유럽, 이슬람 제국은 모두 노예제도를 운영했다. 노예들은 주로 부유층과 권력층의 가정에서 하인으로 일했지만 노예의 신분은 피부색과는 전혀 관계가 없었다. 실제로 노예의 최대 공급원은 유럽 동부 지역으로, 특히 흑해 연안에 거주하던 슬라브 족이 가장 대표적이었다. 오늘날 우리가 사용하는 노예slave라는 단어도 바로 이 슬라브Slav 족이라는 명칭에서 유래한 것이다. 베네치아 상인들이 이집트 맘루크 제국에서 거래하던 가장 중요한 상품에도 슬라브 족 노예들이 포함되었다. 카이로 시장에서 그들은 향료나 황금과 거래되었다. 요컨대 당시에는 세계적인 노예 시장이 존재했고 유럽과 이슬람 상인들이 가장 적극적으로 노예를 공급하는 역할을 담당했다.

아프리카에도 노예제도는 존재했다. 토지에 대한 사적인 소유가 허용되지 않아 토지가 부와 권력의 원천이 될 수 없었기 때문에 대체로 정치 지도자들과 부유한 상인들이었던 아프리카의 상류층은 노동력, 즉 노예들을 보유하게 되었다. 토지를 사유재산으로 만들 수 없는 상황은 결국 아프리카에서 노예제도가 확산되는 원인이 되었다. 노예들은 가정에서 하인으로 일하면서 주로 농업에 종사했지만 일부 국가들에서는 군대의 병력과 상업에서 막대한 비중을 차지했다. 하지만 그들이 항상 사회에서 가장 천대받거나 가장 고된 일만을 하는 것은 아니었다. 비록 소유주의 자녀들에게 상속될 수도 있었지만 대체로 노예들은 영원한 자녀로 간주되었다. 이런 까닭에 아프리카에는 거대한 노예 시장이 형성되었고 노예들은 대부분 국가들 간의 전쟁을 통해 확보되었다. 학자들은 750년부터 1500년까지 아프리카에서는 해마다 1만 명의 사람들이 노예로 전락했고 그 750년의 기간 동안 생겨난 노예는 총 5백만 명에서 1천만 명에 달할 것이라고 추산했다. 물론 아프리카 노예제도의 역사는 유럽의 대서양 노예 무역과 밀접한 관련을 맺었는데 이 내용은 다음 장에서 살펴보겠다.

  아프리카에 대해 우리가 알아야 할 흥미롭고 중요한 사실들은 대단히 많지만 여기서는 가장 중요한 두 가지 사항을 말하겠다. 첫째, 15세기에 유럽인들이 도착하기 오래전에 이미 아프리카에는 여러 거대한 제국들이 성공적으로 운영되고 있었다. 그들은 자체적으로 방대한 무역망을 구축했고 특히 광업과 제련업 같은 산업과 농업이 고도로 발달했다. 둘째, 아프리카는 황금과 노예를 수출하고 주로 인도의 화려한 옷감과 중국의 도자기 같은 아시아의 제조품들을 수입하면서 세계 무역 체제의 일부를 담당했다. 그러나 중국, 인도, 유럽과 달리 아프리카는 세계 경제를 주도하는 세력은 아니었다.

유럽,
화약과 대포로 무장하다

지금까지 나는 〈유럽〉과 〈중국〉이란 용어를 마치 유사한 비교 단위처럼 사용했는데 사실 이 두 지역은 정치적으로 전혀 유사하지 않았다. 오랜 제국의 역사를 지닌 중국은 단일 왕조에 의해 통치되는 거대한 제국으로, 1400년대에 이미 오늘날 미국에 버금가는 방대한 영토를 지배하면서 약 8천5백만에서 1억 명에 달하는 엄청난 인구를 유지했다. 반면 유럽은 그저 유라시아 대륙의 서반구를 간단히 지칭하기 위한 약어에 불과했다. 나는 유럽을 마치 단일체인 것처럼 언급했지만 사실은 베네치아, 제노바 같은 도시 국가부터 왕국, 공국, 공작령, 교구, 심지어 이베리아 반도의 칼리프조에 이르기까지 수많은 정치적 단위들로 분열되어 있었다. 그들은 서로를 경계하며 끊임없이 전쟁을 벌였고 항상 적국의 침략에 대비하여 군대를 양성했다.

끊이지 않는 유럽의 전쟁

이처럼 극도로 분열된 유럽의 정치 체제는 6세기 후반 로마 제국의 멸망과 8세기 이슬람 세력의 확장으로 인한 결과였다. 로마 제국의 몰락과 지중해 무역의 차단은 유럽을 폐쇄적인 형태의 사회로 퇴화시켰다. 유럽의 귀족들은 침략자들과 약탈자들에 대비해 높은 성을 쌓았고 자신들의 영지에 종속된 농노들한테는 세금을 거두었다. 또한 외부 침략자들을 비롯해 다른 귀족들과 권력을 노리는 부하들, 반란을 꾀하는 농노들을 진압하기 위해 군사력을 동원했다. 또 이슬

■ 유럽 곳곳에 세워진 성의 모습. 돌로 쌓은 성들은 공격을 막기 위한 방책이었다.

람교도가 점령한 성지를 탈환하기 위한 십자군 원정에 군대를 파견하기도 했다. 이 세계에서 토지, 그리고 농노들이 생산하는 농산물은 가장 중요한 목표였고 높은 성은 그 토지를 지키기 위한 핵심적인 수단이었다.

중세 유럽에서 비옥한 계곡이 내려다보이는 높은 언덕에 돌로 쌓은 성은 당시 가장 강력한 무기로 손꼽히던 칼, 창, 활만 갖추면 그 안에서 충분히 방어할 수 있었다. 11세기에 이르러 유럽 전역에서 이처럼 방어를 목적으로 세운 성들이 증가했던 사실로 미루어 보면 그 효용성은 충분히 입증되었다. 그 후 3세기 동안 전쟁의 승리는 적군이 주둔하는 성을 함락한다는 것을 의미했다. 그러나 이런 승리는 대체로 장기간에 걸친 포위 공격이 수반되었다. 한편 수많은 도시들도 방어를 위해 성벽을 구축해야 했는데 가장 대표적인 사례가 북부와 중부 이탈리아의 도시 국가들이었다.

끊임없는 전쟁으로 높은 성과 요새를 갖춘 도시가 증가하는 상황이 이어지면서 14세기 후반에는 마침내 새로운 무기, 즉 화약을 이용한 대포가 등장했다. 유럽에서 대포가 사용된 정확한 시기는 알 수 없지만 대포가 유럽으로 유입된 과정은 확실했다. 몽골인들이 유럽에 전파한 것은 1347년 유럽 전역을 휩쓸고 지나간 무시무시한 흑사병이 전부가 아니었다. 그 이전에 유럽인들은 그들에게서 대포를 제작하는 방법을 배웠던 것이 분명했다. 1327년 유럽에서 사용된 초창기 대포의 모습을 묘사한 그림이 그 사실을 입증한다.

화약과 대포는 11세기에 중국에서 발명되었다. 당시 중국 문헌들에는 불창을 비롯해 폭탄, 폭탄 발사기, 화염 투척기, 지뢰, 독가스와 같은 무기들이 언급되었다. 그러나 불행하게도 몽골인들이 이런 신무기들을 개량하여 대포를 제작했고 13세기 후반 중국을 침략하면서 바로 그 대포를 사용했다. 또 몽골은 13세기에 유럽을 공격할 때도 대포를 사용했는데 그 위력에 놀란 일부 유럽인들이 몽골 진영에서 대포를 훔치거나 사들였던 것이다.

대포는 먼 거리까지 포탄을 정확히 발사할 수 있는 무기는 아니었다. 실제로 초창기 대포는 주로 말들을 위협하는 용도로 사용되었다. 그러나 유럽인들은 재빠르게 대포의 성능을 개선하기 시작했다. 처음에 그들은 포탄을 둥근 돌로 제조했지만 점차 철을 주조하여 제작했다. 유럽에는 교회에서 사용하는 거대한 종을 주조할 수 있는 유능한 장인들이 많았다. 그 기술은 본질적으로 대포를 제작하는 기술과 동일했고 결국 장인들은 부단한 노력 끝에 작고 가볍고 강력한 위력을 지닌 대포를 제작했다. 마침내 한층 이동성이 개선된 대포가 탄생된 것이다. 끊임없이 전쟁이 벌어지던 유럽에서 이 새로운 기술은 군사적으로 대단히 유용하게 사용되었다.

11세기부터 16세기까지 유럽에서는 전쟁이 끊이지 않았다. 이런 상황에서 대포가 도입되었고 점차 전쟁 비용이 늘어남에 따라 유럽 국가들은 하나의 공통적인 형태를 지향하게 되었다. 그들은 마을과 도시에서 상당한 부를 창출하고 군대를 유지할 수 있는 만큼 많은 인구를 보유했다. 네덜란드처럼 영토는 작지만 부유한 국가들은 용병을 고용할 수 있었고 폴란드처럼 영토는 크지만 가난한 국가들은 농민을 징병할 수 있었다. 그러나 가장 성공적인 방식은 도시에서 창출되는 부로 전쟁 비용을 충당하고 농촌의 청년들로 전쟁을 수행하게 하는 조합이었다. 이런 강력한 무기를 지닌 사람들은 그들의 영토에서 주권을 행사할 수 있었고 심지어 무력을 동원하여 주변 지역까지 정복하기도 했다. 따라서 15세기 정치 세력의 합병은, 비록 유럽에 국한되는 현상은 아니었지만, 대포의 발전과 더불어 진행되었다.

1453년 오스만 투르크는 강력한 대포를 앞세워 콘스탄티노플을 점령했고, 같은 해에 프랑스 왕도 대포를 이용해 영국군을 영국 해협 너머로 쫓아내면서 기나긴 백년전쟁에 종지부를 찍었다. 1453년 대포는 유럽 전역의 정치 지도자들에게 그 위력을 충분히 입증했다. 그 후 스페인의 왕 페르난도와 이사벨라는 무려 180문의 대포를 이끌고 공성포열을 갖추어 이베리아 반도에서 이슬람 세력 최후의 거

■ 대포를 이용해 콘스탄티노플을 공격하는 오스만 제국 병사들.

점인 그라나다를 함락하는 데 성공했다.

 유럽은 극심한 정치적 분열을 겪었기 때문에 어떤 지도자도 새로운 무기를 독점하거나 그것을 활용하여 제국을 구축할 수는 없었다. 비록 1400년대 끝 즈음에 아주 잠시나마 그런 상황이 벌어질 뻔했지만 이탈리아의 탁월한 방어 전술 때문에 실현되지는 못했다. 프랑스의 국왕들은 막강한 군사력을 바탕으로 부르고뉴와 브르타뉴 지역을 합병하고 1494년 이탈리아를 침략하며 영토 확장에 나섰다. 당시 이탈리아의 도시 국가들은 오랜 기간 서로 전쟁을 벌이고 있었다. 1500년에 막강한 대포를 갖추고 피사를 공격했던 피렌체는 돌로 세운 요새 뒤에 흙으로 쌓은 또 하나의 벽을 발견했다. 하지만 피렌체 군대가 발사한 포탄은 이 흙벽에 아무런 타격도 입히지 못했고 결국 피사의 요새는 함락되지 않았다. 이 소식은 곧 유럽 전역으로 퍼져나갔고 포위 공격은 다시금 전쟁의 주요한 전술로 활용되었다. 이제 프랑스의 국왕도, 신성로마제국의 황제도, 스페인의 페르난도와 이사벨라 왕도 유럽의 수많은 군소 국가들을 제압하여 하나의 제국으로 통일할 수 없었다. 그러나 오래지 않아 유럽을 통일하려는 시도는 다시 한 번 이루어졌다.

무력을 동원한 지중해 무역

유럽에서 전쟁이 끊이지 않은 이유는 부와 권력을 차지하고, 유지하고, 강화하기 위해서였다. 부와 권력에 대한 이해는 시대와 장소에 따라 달라지지만 대부분의 지배자들은 부의 축적을 중요하게 생각했다. 15세기에 유럽인들이 직면한 문제는 그들의 세계가 상대적으로 빈곤하다는 것이었다. 한 지역의 지배자는 무력으로 인근 지역을 점령할 수 있었지만 그 지역의 주민들은 대부분 인근 주변 지역의 주민들과 마찬가지로 가난했다. 토지에 비해 인구가 적었던 탓에 대부분의 토지는 목초지로 사용되었고 척박한 토지를 개간하기 위해 말을 사육했다. 유럽의 농민들은 다양한 문제들로 고심했지만, 특히 겨울에 가축을 먹일 사료가 부족했기 때문에 부득이 많은 가축들을 도살해야만 했다. 그래서 유럽인들은 고기가 상하지 않도록 저장할 수 있는 방법을 찾아야만 했는데 이때 가장 중요한 것이 바로 소금과 후추였다. 소금은 유럽에서도 구할 수 있었지만 후추는 오직 아시아에서 수입해야만 했기 때문에 대단히 값비쌌다. 더욱이 유럽에는 후추와 거래할 만한 것이 거의 없었다.

유럽인들은 아시아의 향신료를 구할 수 있는 위치에 있는 곳, 특히 이탈리아 북부의 도시 국가이며 항구를 보유하고 있는 베네치아와 제노바를 점령하기 위해 끊임없이 전쟁을 벌였다. 수세기에 걸쳐 베네치아와 제노바는 유럽에서 거래할 수 있는 아시아의 물자를 서로 확보하기 위해 끊임없이 경쟁을 벌였다. 그들은 경제적인 측면뿐만 아니라 군사적인 측면에서도 경쟁을 벌였다. 또한 서로 치열하게 싸우면서 북아프리카 해적으로부터 자신들의 상선을 호위해 줄 수 있는 전함을 개발하기 시작했다. 그때부터 전함의 호위를 받지 않고서는 단 한 척의 배도 항구를 떠나지 않았다. 두 국가의 정부는 그 비용을 충당하기 위해 공채를 발행했고 모든 선원들은 어쩔 수 없이 전투에 참여해야 했다. 결국 지중해 무역은 무력을 동원한 무역이 되고 말았다.

13세기와 14세기를 거치면서 베네치아는 점차 지중해에서 우위를 점했고 15세기에 이르러 베네치아 상인들은 아시아의 향신료와 직물에 대한 무역을 사실상 독점하게 되었다. 베네치아의 무력을 동원한 무역 장악으로 제노바뿐만 아니라 다른 유럽 국가들도 지중해에 접근할 수가 없었다. 그러나 항해에 능숙한 유럽인들은 오래전부터 이슬람 세력을 따돌리고 베네치아를 피해서 곧장 아시아에 도착할 수 있는 항로에 대한 환상을 품어왔다. 그들은 한동안은 몽골 제국이 장악한 육로를 이용했지만 1300년대 후반 몽골 제국이 멸망하면서 그마저도 차단되었다. 1400년대에 유럽이 아시아와 접촉할 수 있는 경로는 오직 하나뿐이었다. 바로 베네치아가 활용하던 이집트를 경유한 무역이었다.

■ 15세기 전함의 모습.

아시아 항로에 대한 집착

이슬람 세계는 유럽이 아시아의 향신료와 제조품에 접근하는 것을 원천봉쇄했다. 유일한 예외가 있다면 이집트와 거래하던 베네치아뿐이었다. 대서양 연안에 위치한 포르투갈의 선원들은 항해왕으로 유명한 포르투갈의 엔히크Henrique 휘하에서 이런 장애물을 우회하여 아시아에 이르는 또 다른 항로를 찾기 위해 대서양 남쪽을 탐험하기 시작했다. 엔히크는 지브롤터 해협에서 이슬람 해군이 순찰한다는 사실과 아랍인들이 아프리카의 최남단을 지나면 곧장 인도양으로 이어진다고 믿고 있다는 사실을 알고 있었다. 그는 베네치아와 이집트를 제치고 아시아에 대한 직접 무역을 확립할 수 있을 뿐만 아니라 지중해와 성지에서 이슬람 세력을 몰아내는 십자군 원정을 지속할 수 있는 거점을 마련하기 위해서 그 항로를 찾기로 결심했다.

1415년 엔히크는 이슬람 세계에 대한 공격을 개시하면서 해마다 아프리카로 탐험대를 파견했다. 1460년 그가 사망했을 때, 포르투갈의 탐험대는 적도 인근에 위치한 시에라리온에 도착하여 아프리카와 무역을 시작했다. 포르투갈 사람들은 아프리카에서 면직물과 대포를 팔고 황금과 노예를 사들였다. 하지만 그들의 가장 큰 목표는 인도양을 경유한 아시아 항로를 개척하는 것이었고 끊임없이 남쪽으로 항해한 끝에 1488년 바르톨로메우 디아스가 마침내 희망봉에 도착했다. 이제 아시아 항로는 거의 포르투갈의 차지나 다름없게 되었다. 이런 까닭에 제노바 출신의 탐험가 크리스토퍼 콜럼버스는 포르투갈 국왕에게 대서양 서쪽으로 항해하면 아시아에 도달할 수 있다고 제안했다가 거절당하고 말았다. 그러나 스페인의 통치자 페르난도와 이사벨라는 콜럼버스의 제안을 수락했다. 1493년 콜럼버스의 성공적인 항해 소식이 전해졌을 때 포르투갈은 희망봉을 경유한 인도양 항해에 더 많은 노력을 기울이며 1497년 바스코 다 가마가 이끄는 선단을 파견했다. (지도 2-1 참고)

1415년 항해왕 엔히크가 항해를 시작할 무렵 중국의 정화는 이미 인도양을 장악하고 있었다. 만약 중국이 희망봉을 지나 아프리카 해안을 따라 북쪽으로 항해했다면 아마도 1420년대에 아프리카 해안을 따라 남쪽으로 항해하던 포르투갈 선단과 접촉했을 수도 있을 것이다. 그들은 상당한 기술과 아프리카 해안의 바람을 파악할 수 있는 능력이 있었기 때문에 충분히 실현될 가능성이 있었다. 당시 포르투갈 선단은 중국 함대에 위협적인 존재가 될 수 없었다. 따라서 아시아와 유럽을 직접 연결하는 항로를 확립하는 것은 포르투갈이 아닌 중국이 되었을 터였고, 결국 유럽은 외부로 진출하지 못하고 중국은 무역을 통해 막대한 이익을 거두었을 것이다. 그러나 현실에서 중국은 해군을 철수시키고 인도양을 평화로운 무역 지대로 방치했다. 덕분에 1498년 포르투갈은 막강한 중국 해군과 충돌하지 않고 인도양까지 항해하여 전함도 거의 없고 방어도 허술한 항구들에 무사히 입성했다.

평화로운 항해 시대의 종말

1498년 바스코 다 가마는 희망봉을 지나면서 아랍어를 구사하는 항해사를 구했다. 그는 인도 서부 해안에 위치한 캘리컷(앞선 중국의 정화와 목적지가 같았다.)으로 향했고 5월 18일 마침내 목적지에 닻을 내렸다. 그리고 1499년 바스코 다 가마가 포르투갈의 수도 리스본으로 귀환했을 때, 포르투갈 국왕은 아시아의 엄청난 부를 확보할 수 있는 항로를 개척했다는 사실을 깨달았다. 그는 즉시 알바레스 카브랄Alvares Cabral이 이끄는 새로운 원정대를 파견했다. 대포로 무장한 이 함대의 지휘관인 카브랄은 캘리컷에서 이슬람 세력을 몰아내라는 명령을 받고 이틀 동안 아라비아 상선을 집중적으로 공격했다. 아랍 연대기에 의하면, 1502년부터 1503년까지 포르투갈 함대는 인도와 호르무즈를 비롯한 항구들로 이어지는 항로에 나타났다. 그들은 7척의 배를 공격하여 선원들을 죽이거나 포로로 잡아갔다. 이것이 그들의 첫 번째 행동이었다.

포르투갈은 인도양에 무력을 동원한 무역을 도입했다. 한 역사학자의 말에 의하면, 이 지역의 가장 큰 특징이었던 〈평화로운 항해 시대〉가 순식간에 끝나고 만 것이다. 1515년에 포르투갈은 말라카와 호르무즈를 비롯한 7개의 무역 도시를 무력으로 점령했다. 또 인도양 항로를 확실히 장악하기 위해 홍해를 봉쇄하고 그것을 돌파하려는 이집트와 인도의 연합 함대도 물리쳤다. 비록 인구가 적어 방대한 영토를 통치할 수는 없었지만 그들은 일단 무력으로 해상로를 장악하고 인도양을 왕래하는 무역상들에게 통행세를 거두었다. 인도양 무역을 장악하거나 독점하지는 못했을지라도 포르투갈은 무력을 사용하여 인도양에서 막강한 영향력을 과시했다.

말라카를 점령한 포르투갈은 이후 중국의 광저우에서 무역을 할 수 있는 권리를 확보하기 위해 남지나해로 향했다. 그들은 중국 최남단에 위치한 마카오의 토지 사용권을 차지했다. 포르투갈은 당시 중국과 무역이 금지되었던 일본과 교역하면서 상당한 이익을 거두었다. 그들은 일본에서 금과 은을 수입하여 중국에서 비단과 거래했다. 1494년 세계는 스페인과 포르투갈이 양분한다는 교황의 선언에 힘입어 포르투갈은 16세기 전반에 걸쳐 인도양을 장악하기 위해 노력했다. 그러나 유럽의 향신료 무역을 독점하려는 그들의 목표는 여전히 실현되지 않았다.

무력을 동원한 유럽의 무역 방식에 충격을 받은 아시아 일부 무역 도시의 통치자들은 성벽을 쌓고 대포와 총을 사들였다. 특히 향료 제도 내의 이슬람 통치자들이 이런 식으로 대처했는데, 가장 대표적인 경우가 수마트라 북서쪽에 위치한 아체Acheh였다. 1500년대 초반 그곳의 이슬람 통치자는 포르투갈의 해상 봉쇄를 깨뜨리고 그들의 선박과 무기를 빼앗기 위한 목적으로 막강한 해군을 양성했다. 1500년대 후반 아체는 오스만 제국과 접촉하면서 성능이 우수한 대포를 대량으로 수입했다. 그 위력은 단지 포르투갈의 공격에 대비하기 위한 정도가 아니라 포르투갈이 통치하던 말라카를 위협할 수 있을 정도였다. 무력을 동원한 포르투갈의 무역은 인도양에 큰 변화를 일으켰지만 이슬람 세계는 지속적으로 유럽의 활동을 제한했다.

결국, 아시아행 열차에 오르다

아메리카와 남아프리카, 오세아니아를 제외하면 15세기의 세계는 무역을 통해 폭넓고 체계적인 관계를 맺었다. 이 초창기 근대 세계의 체제는 세 가지 요소를 바탕으로 성립될 수 있었다. 첫째, 중국과 인도는 다른 지역들에 비해 〈기술적인 우위〉를 점했기 때문에 값싸고 우수한 품질의 제품을 생산할 수 있었다. 중국은 비단과 도자기로, 인도는 면직물로 유명했다. 둘째, 〈기후와 지리적 환경〉은 일부 천연작물의 생산지를 제한했다. 예를 들면 향신료는 인도네시아 군도, 상아는 아프리카, 향은 중동, 금은 아프리카, 은은 일본에서 주로 생산되었다. 셋째, 〈소비자의 취향과 사회적 전통〉은 비단, 향신료, 진주, 보석 등의 사치품과 점차 대량으로 거래되던 품목인 면직물, 그리고 통화 제도의 근간이 되는 귀금속(중국의 화폐로 사용되었던 은)의 수요를 불러일으켰다. 세계의 대부분을 연결하는 무역망은 이 세 요소의 복잡한 상호작용을 통해 부상하게 되었다.

더욱이 이런 〈상호관계〉는 대체로 서로가 인정하는 평화적인 관계였다. 특히 인도양의 경우가 가장 두드러졌다. 비록 7세기와 8세기 이슬람 세력의 확장으로 수많은 사람들이 이슬람교로 개종한 적이 있었지만 당시에는 그 어떤 세력도 체제 전체를 공격하거나 장악하려는 시도를 벌이지는 않았다. 15세기 정화의 남해 원정이 잠시나마 인도양에서 중국의 영향력을 증대했을 뿐이었다. 세계는 각각 중국, 인도, 이슬람 세계를 중심으로 운영되는 다중심적 체제로 전환되었고 다른 세력들은 이 근대 세계의 중심 세력과 연계하게 되었다.

대체로 한 사회는 다른 사회들에서 필요로 하는 물자를 생산하고 교역하면서 세계 체제에 참여할 수 있었다. 그러나 유럽은 양모와 무기를 제외하면 다른 세계와 교역할 수 있을 만한 물자가 거의 없었다. 그래서 포르투갈을 필두로 네덜란드, 영국, 프랑스까지 유럽의 국가들은 평화롭던 인도양에서 무력을 동원한 무역을 시작했다. 아프리카의 희망봉을 지나고 대서양을 횡단하면서 유럽인들은 육지가 보이지 않아도 멀리 항해할 수 있는 진정한 뱃사람으로 거듭났다. 이것이 바로 그들이 인도양에서 우위를 점할 수 있었던 원동력이었다. 또 유럽인들은 아메리카에서 엄청난 양의 은이 매장된 광맥을 발견했는데, 어느 학자는 "그것으로 그들이 아시아행 열차에 오를 수 있는 차표를 구입했다."라고 지적했다.

제3장

/

세계 경제를 장악한 동양 vs. 내부 전쟁에 시달리는 유럽

1500-1750년

1500년부터 1775년 사이에 세계가 조직되는 방식은 큰 폭으로 변하기 시작했다. 그 첫 번째 변화는 우선, 세계의 대부분 지역들이 서로 정기적이고 지속적으로 접촉하기 시작했다는 것이다. 이런 현상은 가장 중요한 변화로 과거에는 전혀 찾아볼 수 없었던 것이다. 그때까지 세계에는 몇몇 지역들, 이를 테면 중국 지역, 인도양 지역, 지중해 지역, 아직 유럽에는 알려지지 않았지만 아메리카, 아시아, 아프리카 지역 등이 존재했지만 1500년대 이후 등장한 두 개의 새로운 경로가 최초로 지구 전역을 하나의 세계로 통합시켰다. 1492년 크리스토퍼 콜럼버스의 항해로 신세계가 발견되면서 아메리카와 유럽과 아프리카를 연결하는 새로운 항로가 확립되었다. 이 대서양 항로만큼 잘 알려지지는 않았지만 1571년 스페인이 필리핀에 식민지를 건설한 후 신세계와 중국을 연결하는 태평양 항로도 확립되었다.

이 새로운 두 항로는 세계 전역에 인구, 물자, 사상, 식량, 질병 등의 활발한 교류를 이끌었고 그 과정에서 구세계(아프리카–유라시아 체제)와 전혀 다른 고유한 신세계를 탄생시켰다. 따라서 우리는 16세기에 일어난 이런 변화를 〈최초의 세계화〉라고 쉽게 짐작할 수 있다.

두 번째 변화는 유라시아 대륙 전역에 걸쳐 여러 제국들이 꾸준히 성장했다는 것이다. 16세기의 제국은 가장 보편적인 정치적 단위로, 당시 지구상에서 인간이 통제하는 영역의 대부분을 차지했다. 그때까지 인간이 토지를 개간하여 식량을 생산하고 인구를 늘리기 위해 개발한 수많은 정치적, 경제적 체제들 가운데 가장 성공적인 형태가 바로 〈제국〉이었다. 이런 까닭에 오늘날 우리가 제국이 아닌 민족 국가nation-states에 살고 있는 이유는 아주 진지하게 연구해볼 만한 사항이다. 그 이유는 새로운 국가 체제가 서구 유럽에서 개발되었기 때문이다. 초창기 신세계의 대부분을 장악했던 스페인은 엄청난 자원을 기반으로 제국을 건설하려고 했지만 다른 유럽 국가들의 거센 반발로 무산되고 말았다. 그 결과 유럽에 제국을 건설할 수 있는 기회는 사라졌고 새로운 형태의 국제적인 정치 질서가 정립되기 시작한 것이다.

세 번째 변화는 유럽에서 독립 국가 체제가 발전하기 시작했고 그 과정에서 끊임없이 전쟁이 발발했다는 것이다. 아시아의 제국들과 비교하면 유럽의 국가들은 규모도 작고 구조도 취약해서 도저히 거대한 제국과 경쟁할 수 없는 듯했다. 그들은 너무나 가난했기 때문에 군대를 유지하기 위해 항상 자금을 빌려야만 했다. 영토 또한 너무나 협소했던 탓에 자국 내에서 생산되는 자원은 턱없이 부족했다. 만약 스페인이 유럽에 제국을 건설하는 데 성공했다면 이런 독립 국가들은 결코 성장할 수 없었을 것이다. 결국 16세기와 17세기에 급속도로 발전한 영국과 프랑스는 유럽 국가들 간의 전쟁에서 우위를 점했고, 그 결과 이 두 국가는 18세기 전반에 걸쳐 치열한 전쟁을 벌이게 되었다.

18세기 후반 영국은 유럽의 최대 강국으로 부상했다. 한편 아시아에서는 중국이 강대해지고 인도가 쇠약해졌다. 세계적 관점에서 18세기 후반은 전혀 다른 방식으로 조직된 두 세계가 정면으로 대립했다고 말해도 결코 과언은 아니었다. 그 두 세계는 바로 중국을 중심으로 한 〈동아시아 체제〉와 영국을 중심으로 한 〈유럽-아메리카 체제〉였다. 그러나 19세기에 이르러 마침내 세력의 균형은 영국으로 기울었는데 그 내용은 4장과 5장에서 자세히 다룰 것이다. 여기서는 지금까지 언급했던 1500년부터 1750년 사이에 일어난 세 가지 변화부터 하나씩 살펴보겠다.

제국의 탄생과 소멸
—

1500년대 이후 유라시아 대륙에는 다섯 개의 제국이 급속도로 확장하며 정치적 경계를 재정립했지만 모두 유목민들에게 멸망하고 말았다. 동부의 중국, 중앙의 러시아, 남부의 인도 무굴 제국, 남서부의 이란 사파비 왕조, 서부의 오스만 제국이 그들이었다. 비록 확장한 시기와 규모도 달랐고 결국에는 저마다 쇠퇴기를 맞이하긴 했지만 그들은 엄청난 규모로 확장해 1775년에 이르러서는 서부 유럽을 제외한 유라시아 대륙 전역이 사실상 이 거대한 다섯 제국의 세력으로 분할되었다.

확장일로의 러시아와 중국

가장 극적으로 확장한 두 제국은 러시아와 중국이었다. 1500년부터 1800년까지 러시아는 무려 4배 이상 영토를 확장했고 중국도 2배가 넘게 확장했다. 러시아는 1300년대에 크렘린이라 불리는 고작 수천 제곱킬로미터에 이르는 요새에 불과했던 모스크바 공국에서 시작되었다. 그 후 150년 동안 모스크바의 통치자들은 러시아어를 사용하는 다른 공국들을 차례로 정복하며 확장을 시작했다. 러시아는 1500년대 모스크바 대공인 이반 4세(1533-1584년)가 동쪽으로 우랄 산맥, 북쪽으로 발트 해, 남쪽으로 카스피 해까지 확장하면서 절정기를 맞았다. 1600년대의 혼돈기에는 새로운 로마노프 왕조(1917년까지 지배)가 동쪽으로 시베리아를 지나서 태평양 연안까지 영토를 확장했다. 18세기에는 표트르 대제(1682-1725년)와 예카테리나 여제(1762-1796년)가 발트 해 연안 국가들을 점령하고 폴란드의 일부를 분할했으며 우크라이나와 크리미아에서 러시아의 반대 세력을 진압했다.

세계에서 가장 오랜 제국의 역사를 지닌 중국은 기원전 2세기부터 20세기 초반까지 제국을 형성하고 있었다. 비록 이따금 극심한 분열에 시달리고 간혹 외세에 정복되기도 했지만 중국은 오랜 세월 제국의 전통을 유지했다. 1500년대 중국은 1368년에 건국된 명 왕조가 통치했다. 이후 1600년대 중반 중국을 정복한 만주족은 청 왕조를 수립하고 곧바로 여러 차례 원정을 시도했다. 특히 건륭제(1736-1795년)는 북서부와 서부로 원정을 나서며 이슬람계 위구르와 티베트를 정복하고 그들의 영토를 중국에 복속시켰다. 1770년대 그가 원정을 끝마쳤을 무렵 중국은 티베트와 몽골을 비롯한 여러 국가들을 합병하여 영토가 2배로 확장되었다. 그러나 새로운 영토는 대부분 인구 밀도가 낮은 초원과 사막, 산악 지역이었다.

중국은 공식적으로 제국에 합병되지 않은 여러 지역들을 포함하여 동아시아 대부분을 아우르는 조공 무역의 중심지였다. 주변에 국가를 이루지 못한 수많은 민족들은 정기적으로 베이징에 사절을 파견하여 중국의 황제에게 온갖 방식으로 경의를 표했다. 중국의 황제들은 베트남, 조선, 인도네시아, 일본과 같은 주변 국가들도 속국으로 간주하고 그들도 마땅히 조공을 바쳐야 한다고 생각했다. 조공 사절단은 동아시아에서 중국의 우월한 지위를 나타냈을 뿐만 아니라 중국과 속국들을 연결하는 공식적, 비공식적 무역 경로를 형성하기도 했다. 따라서 중국은 동남아시아 대부분 지역을 동아시아 조공 무역 체제로 흡수하여 자신들이 직접 통치하는 영역보다 훨씬 방대한 영역에 직간접적으로 막강한 영향력을 행사했다.

무굴 제국, 사파비 왕조, 오스만 제국

유라시아 대륙의 남부와 남서부를 장악했던 무굴 제국, 사파비 왕조, 오스만 제국은 많은 공통점을 지니고 있었다. 우선 그들은 모두 투르크계 왕조였다. 투르크 족은 중앙아시아의 유목 민족으로 막강한 군대를 양성하여 인구가 많고 농업이 발달한 인도 북부, 페르시아 반도, 아나톨리아 고지대를 정복했다. 오스만 제국의 기원은 앞서 2장에서 살펴보았기 때문에 여기서는 1453년 콘스탄티노플을 점령한 후 그리스와 발칸 반도, 지중해 연안의 시리아, 레바논, 팔레스타인, 그리고 이집트에서 알제리에 이르는 아프리카 서부 해안 전역까지 영토를 확장했다는 설명으로 충분할 것 같다. 1500년대 초반 투르크 족은 페르시아를 정복하여 사파비 왕조를 수립했고 인도를 침략하여 무굴 제국을 세웠다.

두 번째 공통점은 이 세 왕조 모두 다른 이슬람 종파를 수용했다는 것이다. 오스만 제국은 수니파였고, 사파비 왕조는 시아파였으며, 페르시아 어로 〈몽골〉이라는 의미인 무굴 제국은 처음에는 이슬람교 종파들뿐만 아니라 힌두교까지 수용했다. 이 세 제국은 8세기에 탄생한 최초의 거대한 이슬람 제국의 후계자들이었다. 그러나 수니파의 오스만 제국과 시아파의 사파비 왕조는 교리를 두고 극심한 갈등을 빚어 결국 무력으로 충돌하고 말았다. 1514년 찰디란 전투Battle of Chaldiran를 시작으로 두 제국은 2백 년 동안 여러 차례에 걸쳐 치열한 전투를 벌였다.

마지막 공통점으로, 이 이슬람 제국들은 정치적, 경제적으로 유사한 구조를 지녔다. 중국과 마찬가지로 세 제국을 세운 통치자들은 자신들의 사후에 아들이 왕위를 계승하는 방식을 채택했다. 또 지역마다 황제에게 충성을 맹세한 관리를 파견하여 방대한 영역을 통치하는 방식도 중국과 유사했다. 이들 세 제국은 모두 농업 경제에 의존했기 때문에 황제는 농민들과 지주들로부터 잉여 작물을 세금으로 거둘 수 있었다.

제국의 역학관계

비록 저마다 온갖 고난과 시련(특히 역사학자들이 〈17세기 중반의 위기〉라 칭하는 난관을 극복했다.)에 직면했지만, 이 제국들은 모두 1500년부터 1775년까지 꾸준히 영토를 확장하면서 방대한 영토를 효과적

■ 인도 무굴 제국의 타지 마할. 인도의 대표적인 이슬람 건축으로 무굴 제국의 황제 샤 자한이 왕비를 추모하여 세운 것이다.

으로 통치할 수 있는 정치적, 경제적 형태를 조직했다. 그들은 권력을 강화하고 증대할 수 있도록 자원을 효율적으로 운영하여 새로운 시대로 이끌었다. 실제로 1700년대 유라시아 대륙의 대부분은 여러 제국들이 장악하고 있었다. 그러나 한 가지 역설적인 사실이 있었다. 이 제국들은 러시아를 제외하곤 모두 초원 지대의 유목민 출신 정복자들이 건설했기 때문에 그들은 다른 유목민들을 철저히 통제하여 자신들의 제국을 위협하는 요소를 제거했다. 19세기에 이런 유목민들은 반란을 일으켜 심각한 위기를 유발했지만 거대한 제국의 세력은 그들을 거뜬히 압도했다. 따라서 과거 제국들의 역학관계 가운데 한 가지였던 유목 민족의 침략으로 인한 쇠퇴와 멸망은 사라지게 되었다.

그러나 특정 제국들과 관련된 또 다른 역학관계들을 통해 제국의 탄생과 소멸에 대해 살펴볼 수도 있다. 인도의 무굴 제국은 아우랑제브(1658-1707년, 인도 무굴 제국의 제6대 황제) 시대에 전성기를 맞이했다. 하지만 그가 사망한 직후 여러 군주들이 무굴 제국에 대항하여 독립하기 시작했다. 그 결과 극심한 정치적 분열이 일어나면서 유럽이 인도에 진출할 수 있는 빌미를 제공하고 말았다. 중국은 18세기에 막강한 권력을 유지하는 듯했다. 그러나 부정부패가 극에 달하면서 정치적 분열이 시작되었고 인구 증가와 경제적 불황까지 겹치면서 18세기 후반에 발생하게 되는 대규모 반란의 기폭제가 되었다. 중국은 백련교도의 난(명나라, 청나라 때 백련교도들이 주동하여 일으킨 농민 반란)을 진압했지만 19세기 초반에는 또 다른 문제들이 나타나기 시작했다.

1500년부터 1800년까지 유라시아 대륙에는 여러 제국들이 세력을 떨치며 번성했다. 비록 저마다 고유한 역사와 문화를 지니고 있었지만 그들은 몇 가지 공통점 또한 지니고 있었다. 대체로 제국의 정치 체제는 한 명의 통치자(보통 황제라고 칭한다.)가 방대한 영역에 대한 주권을 행사하는 방식이었다. 제국은 보통 영토가 방대하고 서로 다른 언어를 구사하는 수많은 사람들을 아우르고 있기 때문에 황제들은 모든 지역을 통치할 관리를 직접 임명하지 않고 지역마다 자체적으로 선출된 군주를 통해 간접적으로 통치했다(예외적으로 중국은 지역을 통치하는 관리를 황제가 직접 임명했다). 이처럼 제국은 대단히 효율적인 통치 체제였기 때문에 다른 세계들에서도 이런 체제가 발전되었다는 사실은 그다지 놀라운 일이 아니었다. 특히 아프리카 서부와 콜럼버스 이전 시대의 아메리카에도 제국이 존재했고 심지어 한때 유럽도 통일 제국을 꿈꾸었다. 앞서 2장에서 아프리카 서부의 제국들에 대해 언급했으므로 여기서는 아메리카와 유럽을 살펴보자.

유럽인들이 도착하기 전 아메리카 대륙은 기원전 15,000년 그곳에 최초로 인간이 거주한 이래로 사냥 및 채집 사회에서 고도로 발달된 농업 사회에 이르기까지 다양한 사회적, 경제적 체제를 이룬 사람들이 거주하고 있었다. 따라서 그들이 생물학적 구제도에서 가장 발달된 정치 체제인 제국을 구축했다는 사실은 결코 놀랍지 않다. 그 중 멕시코 중부의 아즈텍과 오늘날 페루와 칠레에 해당하는 잉카를 중점적으로 살펴보자.

공포 정치를 펼친 아즈텍

기원전 1,500년경 올멕Olmec을 시작으로 멕시코 중부의 계곡에는 오랜 세월 화려한 문명들이 번창했다. 유카탄 반도에서 마야 족은 도시와 피라미드를 갖춘 거대한 문명을 세웠다. 이 문명은 고도로 발달된 농업을 기반으로 서기 600년부터 900년 사이에 전성기를 누렸지만 그 후 수많은 부족 사회로 분열되었다. 1100년대 멕시코 계곡은 계곡의 북부에 위치한 툴라를 수도로 삼은 톨텍 족이 장악했다. 토지도 비옥하고 주변 산맥에서 발원한 강물도 풍부했던 멕시코 계곡은 농업에 적합한 환경을 갖추고 있어 북아메리카의 모든 부족들이 탐내던 지역이었다.

1350년대 멕시코 계곡으로 이주한 부족들 가운데는 아즈텍 족으로 알려진 멕시카 족Mexicas도 있었다. 이런 후발주자들은 문명 수준과 농업 수준이 낮았기 때문에 멕시카 족은 고작 늪과 호수가 전부인 형편없는 지역으로 밀려나고 말았다. 막강한 권력을 지닌 부족장의 딸을 죽이는 실수를 범한 멕시카 족은 텍스코코 호수에 있는 섬들로 쫓겨났다. 하지만 그들은 치남파Chinampa라는 작은 기구로 호수 바닥에서 기름진 흙을 끌어올려 텍스코코 호수의 한복판에 섬을 만들고 그 위에 도시를 건설하기 시작했다. 바로 이 도시가 오늘날 멕시코시티에 해당하는 테노치티틀란이다. 멕시카 족은 수많은 전투를 치르며 점차 뛰어난 전사가 되었다. 이따금 다른 부족을 위해 싸우기도 했지만 꾸준히 방어에 전념하며 자신들의 세력을 강화했다.

　1400년대 멕시코 계곡은 수많은 호전적인 도시 국가들로 가득했다. 그러나 몇몇 강력한 부족들이 세력을 주도했고 멕시카 족은 1428년 다른 두 부족과 동맹을 맺기 전까지 주로 용병으로 활약하는 약소 부족에 불과했다. 하지만 그 후 멕시카 족은 주변 부족들을 정복하고 그들에게 수도 테노치티틀란으로 조공을 바칠 것을 요구했다. 1400년대 중반 멕시카의 두 지배자 이츠코아틀과 몬테수마 1세는 주변과 동맹을 강화하여 멕시코 계곡 일대와 그 너머까지 영토를 확장했다. 1500년대 초반 전성기를 맞은 이 거대한 제국은 무려 489개 부족, 총 2천5백만 명에 달하는 엄청난 인구를 통치했다. 그들은 모두 멕시카의 수도 테노치티틀란에 조공을 바쳤다.

　멕시카의 통치자들은 이런 조공으로 엄청난 부를 축적했다. 식량, 직물, 보석, 모피, 고무, 금, 은에 이르기까지 수많은 물자가 테노치티틀란으로 유입되었다. 주변 부족들은 끔찍한 보복이 두려웠기 때

- 아즈텍 제국의 지배자 몬테수마 2세의 죽음. 호전적인 성향의 아즈텍 통치자들은 조공을 강요하는 공포 정치를 펼치면서 내부의 불만을 촉발시켰다.

문에 어쩔 수 없이 조공을 바쳐야만 했다. 멕시카는 관료 제도나 동화 정책이 아닌 공포 정치로 제국을 통치했다. 그들은 조금이라도 저항하는 기미가 있으면 전쟁의 빌미로 삼았고 전쟁에서 잡힌 포로들은 신들에게 제물로 바쳤다. 멕시카는 엄청난 조공과 끊임없는 전쟁, 날마다 제물로 희생되는 수백 명의 포로를 토대로 해서 세워진 거대한 제국이었다. 테노치티틀란은 아주 부유한 도시였지만 공포 정치에 의존하는 제국의 기반은 결코 튼튼하지 못했다.

정복으로 지탱하는 잉카

아메리카에 세워진 또 다른 제국인 잉카는 아즈텍과 차이가 있었다. 잉카 족은 문자를 개발하지 않았기 때문에 오늘날 우리가 알고 있는 사실들은 대부분 1500년대 초반 유럽의 정복자들이 수집한 자료에 근거한다. 그러나 잉카는 대단히 인상적인 제국이었다. 1200년대 중반 페루의 티티카카 호수 인근의 고지대에 정착한 잉카 족(잉카는 원래 황제를 일컫는 단어였지만 후일 유럽인들이 부족민 전체를 지칭하는 단어로 사용했다.)은 1400년대 군사 원정을 시작하여 북쪽으로 키토에서 남쪽으로 산티아고까지 무려 4천 킬로미터에 달하는 거대한 제국을 건설했다.

멕시카와 달리 잉카는 정복한 부족들을 자신들의 문화로 흡수하고 그들에게 공통어(케추아어)를 사용하도록 강요했다. 잉카 제국은 태평양과 마주한 남아메리카 해안 고지대의 대부분을 차지할 만큼 영토가 길다는 것 이외에도 수직적인 지형을 지녔다는 특색이 있다. 안데스 산맥이 해발 4천 미터에 달했기 때문에 잉카 제국의 일부 도시들은 해발 2천7백 미터의 고지대에 위치했고 모든 마을들 또한 높은 산과 계곡의 여기저기에 흩어져 있었다. 이처럼 수직적인 지형은 효율적인 통치뿐만 아니라 식량 재배도 곤란하게 만들었다. 고도에 따른 생태계의 극심한 변화로 지역마다 다른 작물을 재배할 수밖에 없었다. 결국 잉카 제국은 지형적인 단점을 해결하기 위해 험준한 산을 깎아 도로를 만들어 황제의 전령과 군대가 원활히 이동할 수 있게끔 했다.

하지만 놀랍게도 이처럼 거대한 제국을 이루었던 잉카는 문자 체계를 갖추지 못했다. 그들은 색깔을 입힌 매듭을 사용한 원시적인 체제를 개발하여 통치자들이 제국을 운영하는 데 필요한 중대한 정보(인구, 세금, 노역 등)를 파악할 수 있게 했다. 잉카 제국은 이주를 엄격히 금지했고 화폐 제도와 사적인 거래가 없었기 때문에 사유 재산과 부의 축적이 이루어지지 않았다. 그럼에도 잉카 제국은 무려 1천6백만 명에 달하는 인구를 통치할 수 있을 만큼 부유했다.

  그러나 아즈텍과 마찬가지로 잉카도 점차 내부의 불만이 쌓이기 시작했다. 잉카 족은 태양신이 내려와 통치자가 되기 때문에 사후에도 통치자를 숭배해야 한다고 믿었다. 그들은 태양신과의 연계를 유지하며 중요한 시기마다 신탁을 얻기 위해 통치자의 시신을 미라로 만들어 보존했다. 더욱이 미라가 된 통치자의 직계 후손들은 이런 임무를 수행하기 위해 그의 토지와 재산을 모두 물려받았다. 따라서 새로운 통치자는 제국이 가난했기 때문에 다른 영토를 정복해야만 했는데 오히려 이러한 관습은 잉카 제국이 확장에 어려움을 겪으면서 황족 내부의 갈등을 고조시키는 역할을 하게 된다. 그들은 안데스 산맥 동쪽으로 내려가 아마존의 우림지대로 진출을 시도했지만 실패하고 말았다. 마침내 1525년 황제가 사망하면서 두 명의 이부형제가 후계자 자리를 두고 치열한 내전을 벌였다.

  1500년경 아즈텍과 잉카는 모두 제국의 기반을 확립하고 막강한 권력을 행사했다. 아즈텍은 무력으로 정복하여 획득한 조공을 기반으로 제국을 건설했고, 잉카는 모든 황제가 새로운 영토를 정복해야만 하는 체제를 발전시켰다. 그러나 스페인 정복자들, 즉 1492년의 콜럼버스, 1519년의 에르난 코르테스와 1531년의 프란시스코 피사로가 도착하면서 모든 상황이 변하게 되었다.

유럽의 침략, 신세계의 비극

1500년 아즈텍의 수도 테노치티틀란은 무려 25만 명의 인구가 거주하는 세계적인 대도시였다. 이 도시는 피라미드를 비롯해 식물원, 운하, 동물원, 하수도 등을 갖추고 있었다. 한마디로 테노치티틀란은 대단히 인상적인 도시였다. 아즈텍의 전사들은 정복당한 부족들에게 공포의 대상이었기 때문에 제국의 수도에는 식량과 물자 같은 조공이 끊임없이 유입되었다. 그러나 이 거대하고 강력한 제국은 에르난 코르테스가 이끄는 고작 6백 명의 스페인 정복자들에게 무참히 패배했다. 심지어 잉카는 그보다도 훨씬 규모가 작은 프란시스코 피사로의 부대에게 정복당하고 말았다. 도대체 어떻게 이런 일이 벌어졌던 것일까?

1519년 오늘날의 베라크루스에 해당하는 멕시코 해안에 상륙한 코르테스는 내륙 지방에 엄청난 양의 황금이 있다는 소문과 함께 아즈텍에 정복당한 수많은 부족들이 자신에게 적극적으로 협조할 것이라는 소식을 들었다. 아즈텍의 황제 몬테수마 2세는 처음에 코르테스를 돌아온 전설의 신이라고 믿고 그에게 황금을 선물로 보냈다. 아즈텍의 황제는 그저 스페인 정복자가 조용히 돌아가기를 기대했던 것이다. 그러나 코르테스는 "오직 황금으로만 치유할 수 있는 마음의 병에 걸렸다."라고 말하며 테노치티틀란을 공격하기 위해 내륙 지방으로 이동하기 시작했다.

아즈텍에 정복당한 부족들의 증오심을 잘 알고 있었던 코르테스는 테노치티틀란까지 무사히 도착했고 아즈텍과 벌일 처절한 전투에서 그들의 도움을 적절히 활용했다. 비록 아즈텍에는 멕시코 계곡에서 위력을 발휘하는 많은 무기를 갖춘 막강한 전사들이 있었지만 스페인 정복자들은 기술적인 측면에서 월등한 우위를 점하고 있었다. 스페인 병사들은 철제 칼과 갑옷으로 무장했던 반면 아즈텍 전사들은 청동제 무기와 직물 갑옷으로 무장했다. 스페인은 강력한 대포를 지녔지만 아즈텍은 대포를 갖추지 못했다. 스페인 진영에는 수레와 말이 있었지만 아즈텍에는 그런 것들이 없었다. 스페인 병사들은 적을 죽이고 영토를 정복하기 위해 싸웠지만, 아즈텍 전사들은 정정당당하게 싸웠고 모든 적을 죽이지는 않았다. 마지막으로 스페인 병사들은 천연두 바이러스를 지니고 있었다. 1520년 여름, 이 무시무시한 질병은 테노치티틀란 인구의 절반을 죽음으로 몰아넣으며 아즈텍 전사들의 사기를 떨어뜨렸다. 스페인 병사들은 그 기회를 놓치지 않고 테노치티틀란을 공격했다.

잉카를 정복했던 프란시스코 피사로의 소규모 부대도 이와 유사한 상황을 겪었다. 그러나 잉카의 경우는 1531년 피사로가 도착하기 오래전인 1520년대에 이미 천연두가 페루부터 멕시코까지 확산되어 안데스 산맥의 인구가 현저히 감소된 상태였다. 피사로는 잉카 제국의 제위를 두고 후계자들이 대립하던 상황을 교묘히 이용했다. 애초에 그는 충분한 양의 황금을 차지할 때까지 한 명의 통치자는 살려두려고 했지만 함정에 빠뜨린 후에 모조리 죽여 버렸다.

우리는 16세기 아즈텍과 잉카의 멸망에 대해 〈정복〉이라는 단어를 사용하지만 스페인은 결코 완전히 승리한 것이 아니었다. 아메리카 원주민들은 유럽의 침략자들에 맞서 오랜 세월 동안 용감히 투쟁했기 때문이다. 잉카는 한 세기 동안 스페인에 맞서 저항했는데, 실제로 스페인은 플로리다에서 세미놀 족에게 몇 차례 패배를 당하기

■ 잉카인들보다 훨씬 뛰어난 무기를 지닌 피사로의 스페인 군대는 손쉽게 잉카 제국을 점령했지만 이는 완전한 승리라고 할 수는 없었다.

도 했다. 1990년대 멕시코의 치아파스에서 일어난 사건들에서 엿볼 수 있듯이 어떤 의미에서 아메리카 원주민들의 저항은 아직도 끝나지 않았다. 그러나 아메리카 원주민들이 끊임없이 저항하여 간신히 협상하거나 승리한다고 해도 결국 유럽인들과 아프리카인들이 아메리카 인구의 대부분을 차지하게 되었다. 이제부터는 그 내용에 대해 자세히 살펴보겠다.

식량의 이동, 질병의 전파

유럽의 아메리카 정복은 천연자원과 식량의 세계적인 교역을 이끌었다. 특히 신세계의 식량이 구세계의 농업 경제로 유입되었다. 옥수수, 감자, 토마토, 칠리를 비롯한 수많은 신세계 작물들이 유라시아 대륙 전역으로 급속히 확산되어 상류층과 평민층의 식단 모두를 풍성하게 만들었다. 일례로 1500년대 중반 고구마가 중국으로 유입되면서 중국 농민들은 자신들이 재배한 쌀을 먹지 않고 팔 수 있게 되었다. 신세계의 작물이 전파되면서 구세계의 인구는 식량 문제로 인한 기존의 한계를 초월하여 다시금 증가할 수 있었다.

그러나 콜럼버스의 교환은 상호교환이었지만 신세계의 원주민들은 패배자였던 듯하다. 신세계와 구세계의 접촉은 전혀 다른 두 개의 질병군을 혼합시켰기 때문이다. 아메리카 원주민의 선조들은 과거 알래스카와 시베리아가 육지로 연결되었던 빙하기에 아메리카 대륙으로 이주했다. 그 시기는 유라시아 대륙에 농업혁명이 일어나 사람과 가축이 어우러져 지내면서 천연두를 비롯해 수두, 감기와 같은 온갖 짐승의 병원균이 사람에게 옮겨지기 수천 년 전이었다. 유라시아 사람들은 오랜 세월에 걸쳐 이런 질병들과 접촉하면서 차츰 면역력을 지니게 되었다. 그러나 신세계 사람들은 그런 기회를 전혀 갖지 못했다. 그러다 마침내 빙하기가 끝나고 해수면이 높아지면서 베링 해협을 연결했던 육지마저 사라지고 말았다. 따라서 아메리카 원주민들은 이미 유라시아 대륙에서 일상생활의 일부가 된 이런 질병들로부터 완전히 격리되었다. 유럽인들이 수세기에 걸쳐 면역력을 키워왔던 질병들은 전혀 면역력을 갖추지 못한 아메리카인들에게는 치명적이었다.

신세계의 대참사

아즈텍과 잉카를 약화시켜 스페인이 두 제국을 정복할 수 있는 기반을 제공했던 천연두는 한 세기에 걸쳐 아메리카 원주민 인구를 거의 몰살시켰던 끔찍한 대참사의 서막에 불과했다. 1518년부터 1600년까지 신세계에서는 오늘날 아르헨티나 남부에서 미국의 텍사스와 캐롤라이나에 해당하는 지역까지 휩쓸고 지나갔던 대규모의 전염병이 무려 17차례나 발생했다는 기록이 남아 있다. 비단 천연두뿐만 아니라 홍역, 감기, 페스트, 콜레라, 수두, 백일해, 디프테리아, 말라리아에 이르기까지 온갖 전염병들이 발생하면서 아메리카의 인구는 대폭 감소했다. 그러나 이런 전염병이 스페인 정복 이후 아메리카 인구가 감소한 유일한 원인은 아니었다. 스페인 정복과 더불어 아메리카 원주민들 간의 전투, 정복자들의 박해, 인디언들의 강제 노동, 생존한 원주민 인구의 낮은 출산율 등이 상호작용하여 이런 비참한 재난이 발생했던 것이다.

멕시코의 경우만 해도 1519년 2천5백만 명에 달했던 인구가 불과 50년 만에 2백7십만 명으로 급감했고 다시 백 년 후에는 75만 명까지 감소했다. 비록 정도의 차이는 있었지만 잉카인들과 카리브 해의 부족들, 미국 동남부의 인디언들도 멕시코와 비슷한 운명이었다. 1600년대 이전 유럽인들의 질병이 아메리카 북서부와 미시시피 강 북부나 북서부에 심각한 피해를 입혔는지의 여부는 학자들 간에 논쟁의 대상이었지만 북아메리카에 유럽의 식민지가 확립된 이후에는 그런 질병이 분명히 원주민들에게도 영향을 미쳤다. 요컨대 유럽과 접촉하기 이전의 아메리카 인구를 정확히 파악할 순 없지만, 유럽이 신세계에 도착한 후 1세기 동안 방대한 지역에서 엄청난 인구 감

■ 신세계의 인디언들은 정복자들로부터 강제로 노동력을 착취당하며 살아야 했다.

소가 발생했고 결국 1500년대 이전 인구의 90퍼센트까지 감소했다. 실제로 당시 아메리카 대륙 전역에 걸쳐 수천만 명에 달하는 사람들이 목숨을 잃었던 듯하다.

인디언, 착취당하다

만약 이런 대참사가 없었다고 해도 스페인은 신세계에서 노동력 부족으로 고심했을 것이다. 스페인 정복자들은 스스로 힘겨운 노동을 할 의사가 전혀 없었고 인디언 원주민들을 자발적으로 노역에 참여시키기도 어려웠기 때문이다. 더욱이 인디언들이 영혼을 지녔는지의 여부에 대한 가톨릭 교회의 논쟁이 끝난 이후에는 인디언들을 노예로 부리는 것마저 금지되었다. 그래서 비록 노예의 신분은 아니었지만 인디언들은 식량과 숙소를 제공받는 대가로 스페인 정복자들을 위해 강제로 들판이나 광산에서 일을 해야만 했다. 기독교에서는 이 방식을 엥코미엔다encomienda라고 불렀다. 신세계 정복과 대참사가 일어난 이후 엥코미엔다는 레파티멘토(repartimento, 강제 노역 제도)를 통해 보완되었다. 인디언들은 그 숫자도 적었을 뿐만 아니라 곳곳에 흩어져 살았다. 그러나 레파티멘토가 실시되면서 그들은 강제로 조그만 마을을 이루어 살게 되었다. 이 두 제도의 조합으로 스페인 정복자들과 추종자들은 식량과 옷을 충당할 수 있었다.

유럽에는
제국이 들어설 자리가 없었다
—

아메리카의 발견은 우연한 사건이었다. 콜럼버스는 아시아로 항해하던 도중 전혀 예상치 못했던 거대한 대륙을 발견했다. 처음에 콜럼버스가 아시아로 향했던 이유는 그의 뒤를 이어 아메리카로 향했던 사람들과 같았다. 바로 부를 거머쥐기 위한 것이었다. 더욱이 스페인 정복자들은 아메리카 대륙뿐만 아니라 아즈텍과 잉카에 숨겨진 엄청난 양의 금과 은까지 발견했다. 아즈텍과 잉카는 막강한 권력으로 예술과 산업을 발전시켰지만 결국 스페인에게 정복당했고 스페인 정복자들은 소중한 보물을 모두 차지했다.

■ 신세계에 발을 내딛는 콜럼버스와 그 일행. 스페인은 제국을 건설하기 위한 막대한 비용 때문에 신세계의 대약탈을 시도했다.

스페인 정복자들이 테노치티틀란과 쿠스코에서 약탈한 금과 은을 모두 녹여 스페인 남부 항구 도시인 세비야까지 운송한 후에는 인디언 노동력의 부족은 전혀 문제가 되지 않았다. 결국 신세계의 〈대참사〉는 스페인의 〈대약탈〉로 이어졌는데, 그것은 신세계 정복 이후 몇 세기 동안 스페인이 신세계 경제에 적용한 대표적인 접근 방식이었다. 하지만 이 방식은 곧 과거 잉카 제국이었던 오늘날의 볼리비아 서부와 멕시코에서 거대한 은광이 발견되면서 변화하기 시작했다.

가장 큰 은광은 1545년에 발견된 포토시Potosi 광산으로, 해발 3천3백

미터에 이르는 고지대였음에도 엄청난 인파가 몰려들면서 1570년에는 인구 15만 명에 달하는 대규모 광산 도시로 성장했다. 그 후 1세기 동안 포토시에서는 수천 톤에 달하는 은이 채굴되었는데, 특히 수은 정제 공법이 도입되면서 채굴 작업은 더욱 활발해졌다. 인디언들은 주로 채굴과 정제 작업에 종사했다. 일부는 강제 노역에 동원된 인부였고 일부는 임금을 받는 노동자였다. 포토시는 스페인 정복자들에게는 엄청난 부의 근원지였지만, 인디언 노동자들에게는 〈지옥의 입구〉였다. 또 채굴 작업도 대단히 힘겨운 일이었지만 수은을 사용한 정제 작업은 그보다 더 치명적이었다. 3세기 동안 포토시에서는 무려 8백만 명에 달하는 인디언들이 사망한 것으로 추산되었다. 광산에서 작업한 인디언 10명 가운데 7명이 목숨을 잃은 셈이었다.

신세계에서 생산되는 엄청난 양의 은 가운데 무려 절반이 포토시에서 채굴되었다. 1503년부터 1660년까지 1천4백5십만 킬로그램의 은과 16만 킬로그램의 금이 수출되었다. 그러면 이 엄청난 양의 은은 도대체 어디로 간 것일까? 도대체 누가 이처럼 갑자기 생겨난 포토시의 엄청난 양의 은을 필요로 했던 것일까? 어째서 스페인 정복자들은 8백만 명에 달하는 인디언들의 목숨과 바꿔가면서까지 그것을 손에 넣으려고 했던 것일까? 정작 스페인 정복자들은 은보다는 황금을 더 원했다. 하지만 그들은 은을 채굴했다. 왜 그랬을까? 그 질문은 두 가지로 대답할 수 있다. 첫 번째는 스페인의 전쟁 비용을 충당하기 위해서였다.

파산하는 스페인

신세계에서 발견한 엄청난 부를 손쉽게 이용할 수 있었기 때문에 스페인 통치자들은 그것을 기반으로 해서 유럽 전역을 지배하려고 했다. 16세기까지 유럽에서는 제국에 대한 기대가 사라지지 않았다. 실제로 로마 제국 멸망 이후 일부 유럽인들은 기독교에 기반을 둔 보편적인 정치 질서의 재확립을 열망했다. 아주 오랜 세월 동안 지중해 동부에서 동방정교회의 수호자로 활약했던 비잔틴 제국은 이런 희망을 이어갔다. 그러나 1453년 오스만 투르크가 콘스탄티노플을 점령하고 그곳을 이슬람 도시로 만들면서 모든 희망은 사라졌다.

서구 유럽에서 제국에 대한 이상은 신성로마제국에게로 돌아갔다. 실제적인 기능보다 허울뿐인 명목에 가까운 이 명칭은 962년 사실상 야만인이나 다름없던 게르만 침략자가 이탈리아를 침략하여 교황으로부터 신성로마제국의 황제로 추대되면서 부활하게 되었다. 신성로마제국은 오스트리아와 독일에 국한된 것이었지만 그 명칭은 1806년까지 지속되었다. 그러나 정작 독일은 이탈리아보다 훨씬 더 심각한 정치적 분열에 시달렸다.

그러나 1500년대 초반 스페인은 유럽에 실질적인 제국을 건설하는 데 성공하는 듯했다. 페르난도와 이사벨라의 아들 카를 5세는 단지 스페인 왕위뿐만 아니라 유럽(오스트리아, 네덜란드, 시칠리아, 사르디니아)과 신세계(멕시코, 페루)를 아우르는 합스부르크 왕가의 영토까지 물려받았다. 스페인으로 유입되기 시작한 신세계의 부는 처음에는 아즈텍과 잉카에서 약탈한 전리품들에 불과했지만 포토시의 거대한 은광을 운영하면서 카를 5세와 그의 후계자 펠리페 2세는 그들의 영토를 통일하는 데 필요한 자금을 확보할 수 있었다. 하지만 이처럼 영토를 통일하려던 스페인 군주들은 프랑스, 네덜란드, 영국의 방해에 부딪쳤다.

■ 1588년 스페인 함대와 영국 함대의 해상전 모습.
해상으로 진출하여 무역을 장악하려는 스페인의 시도는 끝내 성공하지 못했다.

스페인은 프랑스와 벌인 전쟁과 네덜란드의 독립 전쟁으로 그 세력이 크게 약화되었다. 신세계에서 은이 대량으로 유입되었지만 연이은 전쟁으로 막대한 자금을 지출했던 스페인 왕가는 한 차례도 아닌 여러 차례에 걸쳐 파산을 선언했다. 1557년 최초로 파산하고 1560년 두 번째로 파산한 이후 수없이 파산했다. 1588년에 무적함대가 영국 함대에 패배한 후 스페인은 유럽(30년 전쟁, 1618-1648년)

에서뿐만 아니라 신세계에서도 패전을 거듭했고 결국 유럽의 제국을 건설하려는 야심을 포기하고 말았다. 새로운 체제가 시작되었지만 스페인은 그 중심에 자리 잡지 못했다. 수많은 역사학자들은 〈제국의 몰락〉과 〈민족 국가의 부상〉이 서구 유럽의 역사에서 가장 중요한 전환점이라고 평가한다. 그 내용은 이 장 후반부에서 다루겠고, 이제 신세계에서 그토록 많은 양의 은을 채굴했던 두 번째 이유에 대해 살펴보자.

아시아, 세계 경제를 지배하다

지중해 동부에서 아시아에 이르는 육로를 장악한 오스만 제국과 이슬람 세력을 피해 직접 아시아의 부에 접근할 수 있는 경로를 확보하기 위해 콜럼버스는 위험을 무릅쓰고 미지의 대서양을 횡단했고 바스코 다 가마는 희망봉을 경유하는 새로운 항로를 개척했다. 물론 콜럼버스는 궁극적으로 아시아에 도착하지 못했고, 포르투갈은 가난했기 때문에 인도양과 남지나해로 항해하면서도 아시아의 향신료와 제조품을 구입할 충분한 돈이 없었다. 따라서 그들은 무력을 동원한 무역을 시도하여 보호비를 구실로 물자를 착취했다. 그러나 신세계에서 엄청난 은광을 발견한 스페인은 아시아의 부에 접근할 수 있는 결정적인 요소를 확보하게 되었다.

스페인은 오랜 격언처럼 건강한 암소를 두고도 정작 우유를 마시지 못하는 문제로 고심했다. 실제로 세비야에는 신세계에서 생산되는 은이 대량으로 유입되었다. 그러나 스페인의 군주들, 특히 카를 5세와 펠리페 2세는 유럽을 통일하고 제국을 건설하기 위해 끊임없이 전쟁을 벌였다. 결국 스페인으로 유입된 은은 네덜란드의 무기 상인들과 영국과 이탈리아의 은행가들에게 넘어갔고, 그들은 이런 식으로 확보한 은을 중국과 인도양 무역에서 사용했다. 더욱이 포르투갈, 네덜란드, 영국, 프랑스는 아시아에 직접 이르는 경로를 장악했지만 스페인은 그 경로를 확보하지 못했다. 그러다 마침내 1571년 스페인은 필리핀 마닐라를 공략하여 그곳에 식민지를 건설한 후 아카풀코에서 은을 잔뜩 실은 갤리선들을 마닐라로 보냈다.

1500년부터 1800년까지 신세계에서 생산된 은 가운데 약 4분의 3가량은 중국으로 유입되었다. 그 이유는 중국이 통화 체제와 경제 성장을 위해 엄청난 양의 은을 필요로 했기 때문이다. 중국은 은의 가치를 높이 평가했기 때문에 중국에서는 은이 값비싼 물자였지만 아메리카에서 은은 아주 값싼 물자에 불과했다. 신세계 약탈이 끝난 후 은의 가격은 생산비와 비슷할 정도로 떨어졌는데 이는 무려 8백만에 달하는 인디언 광부들의 목숨을 감안하면 형편없이 낮은 수준이었다. 결국 신세계에서 유럽은 물론 태평양을 거쳐 필리핀으로 운송되던 은은 모두 중국으로 유입되었다. 당시 세계에서 가장 규모가 크고 생산성이 높은 경제를 유지했던 중국은 신세계에서 생산되는 엄청난 양의 은을 기반으로 초창기 근대 경제의 대부분을 주도하던 중추 세력이었다. 따라서 중국이 없었다면 은광 도시였던 포토시도 존재하지 않았을 거라는 말은 결코 과언이 아니다. 그리고 포토시가 없었다면 스페인 또한 유럽에 제국을 건설하려는 시도를 결코 할 수 없었을 것이다. 요컨대 어느 역사학자의 말처럼, 은은 세계를 돌면서 세계를 돌아가게 만들었다.

비록 새로운 현상이 유럽인들에 의해 신세계와 아시아에서 시작되고 있었지만, 1500년부터 1800년까지 아시아는 세계 인구와 경제 활동, 세계 무역에서 절대적인 비중을 차지했다. 실제로 세계 인구에서 아시아가 차지하는 비율은 1500년대에는 60퍼센트였지만 1750년에는 66퍼센트로 증가했고 1800년에는 67퍼센트까지 상승했다. 1800년까지 세계 인구의 3분의 2가 아시아에 거주했고 대부분은 중국과 인도에 집중되었다. 앞서 1장에서 살펴본 것처럼 생물학적 구제도에서 인구 증가는 더 많은 인구를 부양하기 위한 추가적인 자원을 개발하는 데 성공했다는 의미를 상징한다.

그러나 아시아는 단지 인구만 증가한 것이 아니라 경제 생산과 생산성도 증대되었다. 1775년 아시아는 세계 생산의 약 80퍼센트를 차지했는데 아마도 그 수치는 1500년보다도 증가했을 것이다. 다시 말해, 세계 인구의 3분의 2(아시아인들)가 세계 생산의 5분의 4를 담당했다는 것이다. 다른 관점에서 보면, 1775년 세계 인구의 5분의 1에 불과했던 유럽인들은 아프리카인들과 아메리카인들과 함께 세계 생산의 5분의 1을 공유했다는 의미다. 따라서 1500년 이후 3세기 동안 아시아는 세계에서 가장 생산성 높은 경제를 운영했다.

이것에 대한 증거는 신세계를 포함한 세계의 여러 지역들에서 찾아볼 수 있다. 1500년대의 중국은 유럽보다 훨씬 값싸고 뛰어난 품질의 제조품을 생산했기 때문에 스페인이 엄청난 이윤을 거두며 장악했던 시장을 순식간에 잠식할 수 있었다. 1594년 페루의 스페인 총독은 마드리드의 정부에 이런 불만을 토로했다.

"중국 상품들은 매우 값싸고 스페인 상품들은 너무 비싸기 때문에 이 지역에서 중국 상품이 팔리지 않도록 무역을 억제하기란 불가능할 것 같습니다. 이곳의 남편들은 고작 25페소면 아내들에게 중국산 비단을 선물할 수 있지만 무려 200페소나 하는 스페인 비단은 감히 엄두도 낼 수 없기 때문입니다."

페루의 리마에서 시민들은 중국산 비단을 입었고 멕시코시티 여성들도 중국산 옷을 입었다. 실제로 중국산 물품들은 품질도 우수하고 가격도 저렴했기 때문에 멕시코의 비단 산업을 몰락시켰지만 중국에서 값싼 비단실이 수입되었기 때문에 멕시코의 방직 산업은 오히려 발전했다.

영국도 값싸고 품질이 우수한 인도산 면직물이 수입되면서 17세기까지 수입 물량이 꾸준히 증가했다. 실제로 영국은 1700년까지 인도에서 완제품 면직물을 대량으로 수입한 나머지 영국의 제조업자들은 자국의 섬유 산업이 경쟁에서 밀릴 것이라는 위기의식을 느꼈다. 결국 그들은 품질 개선을 통해 인도와 경쟁하는 대신 정부에 압력을 행사하여 인도산 면제품의 수입을 금지시켰다. 프랑스 여성들도 밝은 빛깔의 인도산 옥양목을 너무나 좋아했기 때문에 1717년 프랑스 정부마저 자국의 산업을 보호하기 위해 인도산 면직물과 중국산 비단의 수입을 금지하는 법안을 통과시켰다. 심지어 파리의 한 상인은 거리에서 인도산 면직물을 입은 여성의 옷을 벗기는 사람들에게 500리브르를 지불하겠다고 제안했다.

산업화와 직물 산지에 대한 내용은 다음 장에서 자세히 다룰 것이니 여기서는 유럽이 신세계의 엄청난 부를 확보했음에도 18세기에 이를 때까지 세계 경제에서 아시아에 뒤처졌다는 사실을 이야기하는 것만으로도 충분할 것이다. 실제로 그 당시 세계적인 상황을 바라보는 한 가지 방식은 유럽이 아시아보다 상대적으로 빈곤했고 산업의 생산성도 열악했기 때문에 유럽이 아시아 시장에서 우위를 점하기 위해 내부적으로 치열한 경쟁을 벌였다는 것이다. 요컨대 유럽의 주변 상황은 유럽 내부의 치열한 경쟁을 유발하여 아시아가 장악한 세계에서 부와 권력을 축적할 수 있는 방법을 찾을 수 있게 만들었다. 이제 다시 신세계에 대해 좀 더 알아보자.

유럽, 플랜테이션 경제로 도약을 꿈꾸다

신세계 경제를 성립시키는 데에는 아프리카 노예를 활용한 플랜테이션plantation 제도의 확립과 성장이 크게 공헌했다. 이 제도는 처음에 사탕수수를 생산하기 위해 도입되었지만 17세기에는 담배, 18세기에는 목화를 재배하기 위한 용도로 활용되었다. 이 과정에서 포르투갈이 핵심적인 역할을 담당했는데, 그들은 이미 브라질 식민지에서 온갖 실험을 통해 최대한 자원을 착취할 수 있는 방법을 찾아냈던 것이다. 유럽에서 브라질로 이주하려는 사람들이 거의 없었던 탓에 포르투갈은 부득이 원주민들에게 의존할 수밖에 없었다. 하지만 그들은 농장에서 일하는 것보다 숲으로 도망치는 길을 선택했다. 더욱이 유럽에서 들어온 질병 때문에 원주민 인구가 감소하면서 그들을 노예로 활용하는 방법으로도 노동력 부족을 해소하지 못했다. 결

■ 아프리카 노예들의 노동력을 이용한 신세계의 사탕수수 플랜테이션 농장.

국 해결책은 〈아프리카 노예〉들을 활용하는 것뿐이었다.

포르투갈은 신세계를 발견하기 전부터 아프리카에서 노예에 기반을 둔 플랜테이션 제도를 운영했다. 아시아로 가는 해상로를 개척하는 과정에서 정복한 아프리카 내륙 지방에서 이 제도를 활용하여 사탕수수를 재배했던 것이다. 1420년부터 일어난 이러한 현상들은 후일 신세계에서 일어난 현상들에 대한 근거가 된다. 여기에는 울창한 열대우림을 사탕수수 플랜테이션으로 전환하면서 발생한 대규모 생태학적 변화, 원주민들의 몰살과 노예화, 사탕수수 플랜테이션에 필요한 아프리카 노예들의 수입 등이 포함되었다. 이런 현상들은 모두 콜럼버스의 아메리카 대륙 발견 이전에 일어난 것이지만, 이를 통해 포르투갈은 노예에 기반을 둔 플랜테이션을 시도하면서 인구가 적은 신세계에서도 즉시 그런 방식을 활용할 수 있었다. 1580년대에 노예제도와 플랜테이션은 브라질 경제의 두드러진 특징이었다.

이윽고 프랑스와 영국도 카리브 해에서 노예에 기반을 둔 사탕수수 플랜테이션을 구축했다. 영국은 1640년에 바르바도스를 점령한 직후 사탕수수를 재배하기 위해 토지를 개간하기 시작했고 1650년대에는 본국으로 사탕수수를 수출했다. 사탕수수 산업은 영국이 스페인으로부터 바르바도스보다 무려 30배나 면적이 큰 섬인 자메이카를 획득하면서 급속도로 팽창했다. 프랑스도 마르티니크를 시작으로 카리브 해에서 사탕수수 플랜테이션을 구축하고 본국으로 사탕수수를 수출했다. 그래서 17세기 후반에는 영국과 프랑스가 엄청난 양의 카리브 해 사탕수수를 본국으로 수출한 나머지 북부 유럽에서는 브라질산 사탕수수가 밀려나게 되었다. 하지만 영국과 프랑스가 카리브 해 일부 섬들의 울창한 숲을 훼손시킨 탓에 침식 작용이 일어나 비옥한 토지가 황폐해졌고 그 지역의 기후마저 변화되었다.

신세계 플랜테이션으로 끌려와 일했던 아프리카 노예들의 수는 상상을 초월할 만큼 엄청난 규모였다. 1800년대 노예 무역이 끝나던 시점에는 무려 9백만 명을 넘어섰다. 1650년에는 아프리카인들이 새롭게 등장한 대서양 세계에 거주하는 인구의 대다수를 차지했다. 하지만 초창기에는 포르투갈과 네덜란드가 주도했지만 결국에는 영국이 대부분을 장악한 유럽의 노예 상인들은 거의 3백 년 동안 해마다 수천 명의 아프리카 노예들을 아메리카에 팔아넘기면서 그 기간 동안 아프리카는 물론 아메리카 사회에도 큰 영향을 미쳤다. 비록 이런 현상은 역사적으로 대단히 중요하지만 여기서는 노예에 기반을 둔 플랜테이션 제도가 세계 경제에 도입된 과정을 중점적으로 살펴보겠다.

대서양 세계는 두 개의 삼각 무역 체제에 의해 연결되었다. 이 두 체제는 17세기에 형성되어 18세기에 완성되었다. 가장 잘 알려진 첫 번째 체제는 영국과 아프리카와 신세계를 연결했다. 일단 사탕수수뿐만 아니라 북아메리카의 목재와 생선도 포함된 아메리카의 물자들이 영국으로 수출되었고, 영국에서는 완제품들(점차 인도산 면직물의 비중이 커졌다.)이 아프리카로 수출되어 노예들과 교환되었고, 아프리카의 노예들은 아메리카로 수출되었다. 두 번째 체제는 무역의 진행 방향에 차이가 있었다. 먼저 북아메리카의 영국 식민지에서 럼을 아프리카로 수출했고, 아프리카에서는 럼과 교환한 노예들을 카리브 해로 수출했고, 카리브 해에서는 뉴잉글랜드로 당밀을 수출했고, 뉴잉글랜드에서는 더 많은 양의 럼을 제조했다.

이 모든 거래를 통해 유럽과 북아메리카 식민지 정부는 돈을 창출하고 부를 축적했다. 유럽이 노예에 기반을 둔 플랜테이션 경제로 얼마나 많은 혜택을 받았고 그 기반으로 세계 경제에서 얼마나 효과적으로 경쟁할 수 있었는지의 여부는 다음 장에서 자세히 살펴보겠다. 지금부터는 17세기와 18세기 유럽이 아시아가 장악했던 세계 경제에서뿐만 아니라 유럽 내부에서도 서로 경쟁했던 측면에 대해 중점적으로 살펴보겠다. 유럽에 제국을 건설하려던 스페인의 시도가 무산된 이후 유럽 국가들을 연결하는 새로운 체제가 탄생하면서 유럽 국가들의 발달과 국력의 성장을 이끌었다.

자신들끼리의 전쟁에 목숨 걸다

전쟁은 유럽 국가 체제state system의 부상을 규정하는 현상이었다. 17세기 중반까지 전쟁은 대체로 유럽에 제국을 건설하려던 스페인을 저지하거나 스페인의 가톨릭 군주에 저항하며 독립을 요구하던 프로테스탄트(네덜란드와 독일)를 지원하는 것이었다. 1648년 베스트팔렌 조약으로 스페인과 네덜란드의 30년 전쟁이 끝난 이후 거의 모든 전쟁에는 프랑스가 개입되었다. 당시 프랑스는 부를 축적하며 부상했고 스페인은 세력을 잃고 점차 쇠퇴했다. 그러나 1600년대 후반에는 주로 영국과 프랑스가 치열한 경쟁을 벌였다. 그 양상은 7년 전쟁(1756-1763년, 미국인들은 프랑스-인디언 전쟁이라고도 한다.)을 치르면서 절정에 달했고 결국 영국이 승리를 거두었다.

이 장에서 다루게 될 〈유럽 국가들의 전쟁〉에는 다음과 같은 역사적으로 중요한 사항이 대단히 많다.

첫째, 사실상 모든 유럽 국가들이 전쟁에 개입하면서 유럽은 하나의 체제로 연결되었는데, 특히 베스트팔렌 조약 이후 더욱 두드러지게 나타났다. 그런 현상은 역사학자 찰스 틸리Charles Tilly가 제안한 두 개의 도표(141쪽 〈표 3-1〉)에서 확실히 볼 수 있다. 두 도표는 각각 시대가 다른데 얇은 선은 한 차례의 전쟁을 나타내고 굵은 선은 두 차례 이상의 전쟁을 나타낸다. 1500년대에는 두 개의 하위 체제(표 3-1에는 두 개의 체제가 있는데 각각 서부 유럽과 동부 유럽을 나타낸다.)가 있지만 서부 체제는 주로 이탈리아에 치중되었고, 1650년대에는 유럽 국가들이 모두 전쟁에 개입하여 복잡한 관계를 이루었다.

둘째, 유럽은 전쟁을 통해 수많은 정치적 단위들이 합병되면서 가장 성공적인 형태로 민족 국가가 발달하기 시작했다. 여기에 대한 기본적인 자료 또한 〈표 3-1〉에 제시되어 있다. 11세기의 유럽에는 황제, 왕, 군주, 공작, 칼리프, 술탄과 같은 다양한 권력자가 통치하는 수많은 정치적 단위들에 약 3천만 명에 달하는 인구가 거주했다. 이런 다양한 칭호들은 유럽의 엄청난 정치적 분열을 여실히 드러내는 증거였다. 일례로 이탈리아에는 약 2백 개에서 3백 개에 달하는 도시 국가들이 난립했다. 약 5백 년 후인 1500년대에 이르면 유럽은 무려 8천만 명에 달하는 인구가 약 5백 개에 달하는 국가나 국가와 유사한 형태의 여러 단위들에 거주했다. 그때부터 근대에 이르기까지 끊임없는 전쟁으로 국가의 수가 감소하여 결국 약 30개국 정도만이 살아남았다.

스페인 합스부르크 제국은 지나치게 영토가 방대했고 영국과 프랑스에 비해 자원의 이동도 비효율적이었다. 반면 부유한 이탈리아의 도시 국가들은 군대에 동원할 인력이 부족했기 때문에 해외 원정

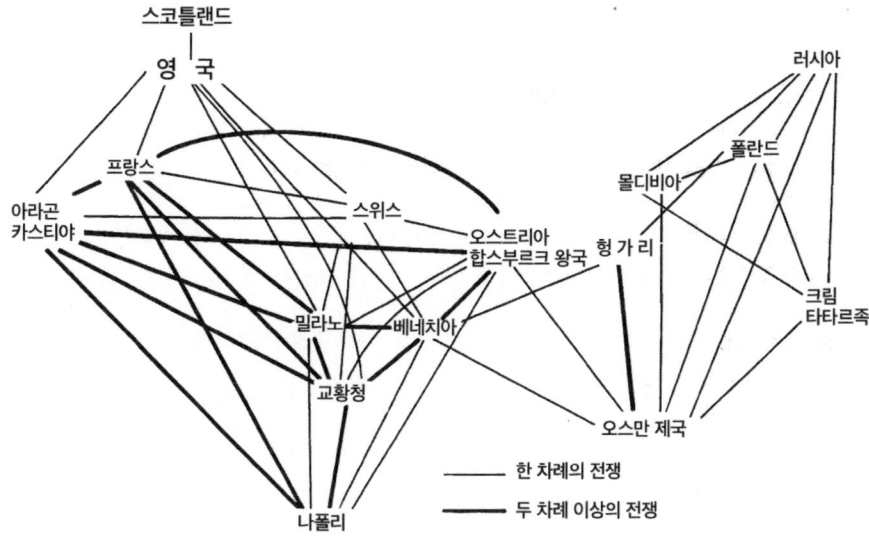

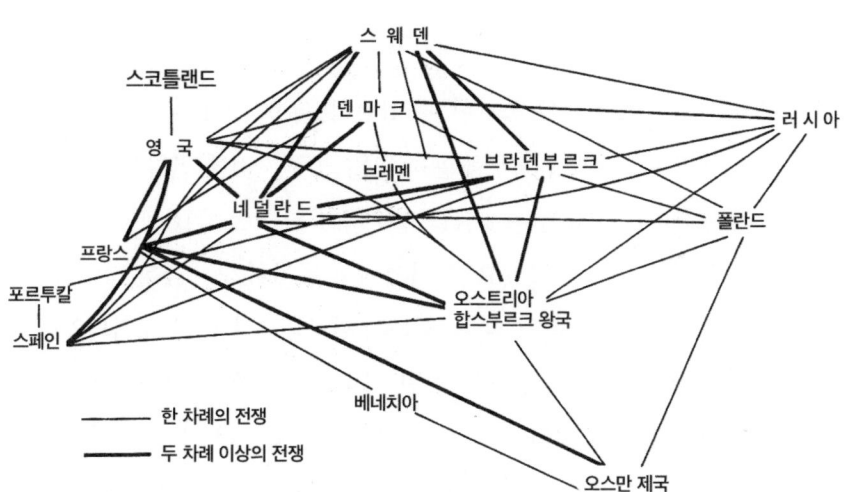

■ 표 3-1 : 유럽 국가들의 복잡한 전쟁 관계(1496-1514년, 1656-1674년)

에 나설 수 없었다. 마찬가지로 독일의 수많은 공국들도 자체적으로는 충분한 세력을 갖추었지만 그들의 정세에 간섭하는 다른 거대한 국가들에 대항하기에는 다소 역부족이었다. 17세기에 어느 정도의 자원을 바탕으로 국제적인 활약을 펼쳤던 스웨덴이나 네덜란드 같은 군소 국가들은 18세기에 접어들어 거대한 국가들이 유럽의 정치를 장악하면서 주변으로 밀려났다. 폴란드처럼 소수의 귀족 계층이 대다수의 농민 계층을 통치하던 일부 거대 국가들의 경우는 다른 국가들과의 경쟁에 필요한 병력을 충분히 확보할 수 없었다. 결국 18세기 후반 폴란드는 분할되고 말았다.

셋째, 이런 맥락에서 전쟁이 유럽 국가들의 내부적인 진화에 미친 영향은 대단히 흥미롭다. 그 과정에서 특정한 형태의 국가들만이 발전했기 때문이다. 유럽 국가들은 대부분 부유하지 않았지만 전쟁에는 항상 막대한 비용이 소요되었다. 하지만 유럽의 통치자들은 두 가지 방법으로 재원을 확보할 수 있었다. 우선 그들은 세금을 징수할 수 있었다. 그러나 지주들은 세금을 거두는 것에 반발했다. 따라서 대부분의 통치자들은 세금을 징수하기 위해 토지를 보유한 상류층과 협상할 수밖에 없었고 그 과정에서 통치자가 세금을 징수하거나 인상하기 전에 지주들과 협의하는 일종의 〈의회〉가 조직되었다. 이처럼 지주들로 구성된 의회뿐만 아니라 세금을 산정하고 징수하는 국가 기관도 설립되었다. 세금과 관련된 업무를 더 이상 사설 기관에 위탁하지 않았던 것이다. 1500년부터 1800년까지 많은 유럽 국가들은 이 두 가지 문제로 인해 극심한 정치적 갈등에 시달리게 되었다.

전쟁 재원을 마련할 수 있는 두 번째 방법으로 유럽의 통치자들은 부유한 은행가들이나 재력가들에게 대출을 받았다. 16세기 스페인 군주들은 전쟁을 치르기 위해 부득이 대출에 의존했는데 그 자금은 대부분 외국의 은행가들에게 빌린 것이었다. 유럽의 통치자들은 모두 전쟁에 필요한 자금을 조달하기 위해 장단기 대출에 의존해야 했기 때문에 자본을 지닌 재력가들을 자국의 도시에 거주시키기 위해 노력했다. 이런 면에서 영국과 네덜란드는 가장 큰 성공을 거두었다. 그들은 종교적으로 관대했기 때문에 가톨릭 세계에서 환영받지 못하던 프로테스탄트와 유대인 부호들을 적극적으로 수용했다. 그러나 국민에게서 받은 대출도 반드시 갚아야 하는 상황에서 1600년대 후반 영국은 국채를 제도화했는데 그것은 영국의 세력 확장을 이끌었던 매우 중요한 혁신이었다.

영국의 국채는 영국은행이 보장하는 장기 대출의 효력을 발휘했다. 다시 말해, 그것은 채권이었다. 유럽의 다른 통치자들은 이따금 재정난을 해결하기 위해 단기 대출을 장기 대출로 통합하려고 했지만 그것도 통치자가 지불할 능력이 있을 경우에만 가능했다. 1694년 영국에서 제정된 이 혁신적인 제도는 영국은행을 통해 채권을 발행하고 그것을 은행에서 출자한 자본으로 보장하는 방식이었다. 이런 국채는 전쟁에 필요한 현금을 조달했을 뿐만 아니라 투자자들에게도 비교적 안전한 투자 수단이었다. 따라서 영국은행에는 더 많은 자금이 몰려들었다.

요약하자면, 유럽 국가들의 전쟁은 아시아의 물자를 구입하고 남은 은의 잔고를 훨씬 초과하는 막대한 비용을 소모시켰다. 하지만 그 결과 항시 동원할 수 있는 군대와 해군이 갖춰졌고, 세금을 산정하고 징수하는 국가 기관이 탄생되었으며, 세금을 납부하는 지주들로 구성된 의회가 설립되었다. 이런 의회는 세금 징수, 공채, 국채 제도에 영향력을 행사할 수 있었다. 유럽의 절대군주들은 이 제도를 무시하거나 폐지하기 위해 온갖 수단을 동원했다. 결국 이 모든 현상은 〈국가〉 형성 과정의 일부였다.

강력한 국가의 등장

유럽의 통치자들은 전쟁에 필요한 자원을 확보하기 위해 무력에 의존했지만 근본적으로는 국민들이 자발적으로 국가에 기부하는 것이 바람직하다고 여겼다. 따라서 그들은 국민들이 마땅히 통치자에게 복종해야 한다는 견해에 합법성을 부여했다. 16세기와 17세기에는 종교적 논리에 근거하여 이런 주장을 합리화했다. 그들은 하느님이 자신들에게 통치할 수 있는 권리를 부여했다는 왕의 신권을 주장했다. 이런 종교적 사상은 유럽의 군주들, 특히 가톨릭 국가의 군주들에게 그들의 영토에서 비가톨릭 세력을 몰아내도록 이끌었다. 그로 인해 초창기 스페인의 페르난도와 이사벨라는 유대교도와 이슬람교도를 추방했고 17세기 후반 프랑스는 위그노교도를 처형했다. 스페인의 종교 재판도 유럽과 아메리카의 스페인 영토에서 모든 국민들을 충성스러운 가톨릭교도로 만들기 위한 과정의 일부였다.

하지만 17세기 후반과 18세기에 일어난 유럽의 계몽주의는 인권에 근거한 보다 민주적인 사상을 내세워 군주들의 신권에 도전하고 나섰다. 프랑스에서는 절대주의와 가톨릭 교회에 저항하는 과정에서 발전한 프랑스 철학에 크게 힘입어 국가는 피지배자, 즉 〈시민들〉의 동의를 통해 성립될 수 있다는 합법적인 기반이 마련되기 시작했다. 1789년 프랑스 혁명 이후 프랑스인들이 군주의 처형과 공화제의 성립을 정당화한 근거도 바로 이런 사상이었다.

서로 경쟁하며 끊임없이 전쟁을 벌이던 상황에서 일부 국가들은 특정한 조건, 즉 막대한 자본을 축적한 도시들과 군대를 유지할 수 있을 만큼 인구가 많은 농촌으로 이루어진 국가를 갖추어 결국 가장 성공적인 국가 체제로 발전했다. 11세기 이후 유럽의 도시들은 이탈리아 토스카나에서 북쪽으로 알프스를 가로질러 헨트, 브뤼헤, 런던까지 이어지는 지대를 형성하면서 발전하는 성향을 보였다. 물론 프랑스 파리도 성장했다. 오늘날에도 이 지대는 유럽에서 가장 도시화된 지역으로 손꼽힌다. 도시들은 국가의 통치자에게 도시와 농촌 사이에 이루어지는 무역에 대한 세금을 징수하고 은행에서 자금을 확보할 수 있는 기회를 제공하여 지방의 귀족들에게 의존하지 않고 자체적으로 세력을 강화할 수 있게 했다. 요컨대 여러 도시들을 거느린 통치자들은 열악한 상황에 처한 다른 경쟁자들보다 돈과 인력을 비롯한 모든 자원을 더 많이 확보할 수 있게 되었다. 특히 영국과 프랑스는 이런 체제를 구축할 수 있는 가장 유력한 국가였다. 이 두 국가의 통치자들은 각각 런던과 파리의 막대한 자금과 농촌의 풍부한 인력을 갖추고 있었다. 이처럼 강력한 국가로 성장한 영국과 프랑스는 17세기 후반까지 치열한 경쟁을 벌이게 된다.

영국은 경제 성장을 이루기 위해 국력을 집중했다. 17세기 중반 영국은 네덜란드와 경쟁하면서 신세계 식민지들에 대한 무역을 독점하기 위해 여러 차례 항해 조례를 제정했고 그 조례들을 시행하기 위해 무력까지 동원했다. 1688년 명예혁명이 일어나면서 영국은 프로테스탄트 군주들이 왕위에 올랐고 그들은 영국의 제조 산업 육성을 추구하는 의회를 적극적으로 지원했다. 1707년 의회는 영국의 제조업자들을 보호하고 면직물 산업의 발전을 장려하기 위해 인도산 면직물의 수입을 금지하는 법안을 통과시켰다. 영국의 한 역사학자는 1700년대 영국 정부는 경제 성장을 위해 모든 해외 정책을 조정할 태세를 갖추었다고 말했다. 영국은 상업적인 목적으로 전쟁을 벌였고 제조업자들의 압력으로 해외 정책을 전개했다.

은이 유출되는 것을 막아라!

영국과 마찬가지로 프랑스도 강력한 국가 체제를 구축하면서 17세기 후반 재무장관 장 바티스트 콜베르를 중심으로 이른바 중상주의로 알려진 경제 정책을 시행했다. 유럽의 통치자들은 늘 전쟁에 필요한 비용이 부족했다. 심지어 스페인조차 1580년대에는 인도에서 선단이 도착한 지 불과 한두 달 만에 모든 자금이 한 푼도 남지 않고 거덜 난다고 불평했다. 1620년대 영국의 한 사업가도 도무지 동전을 찾아볼 수 없다며 비슷한 불만을 토로했다. 그 이유는 1580년부터 1620년까지 유럽이 보유한 자금은 꾸준히 증가했지만, 1620년 이후 유럽의 은광이 고갈되고 아메리카의 은광도 줄어들었는데 오히려 아시아로 유출되는 은은 점차 증가했기 때문이다. 유럽의 국가들은 비단 전쟁터에서뿐만 아니라 가능한 많은 양의 금괴와 은괴를 확보하기 위해서도 치열하게 경쟁했다.

이런 치열한 경쟁 상황에서는 오직 다른 국가의 희생을 통해 자원을 확보할 수밖에 없었다. 유럽의 전쟁은 모든 국가들이 서로를 상대로 벌이는 경쟁이었기 때문에 최고의 자리를 차지하는 것은 절대적인 목표였다. 중상주의 이론에 의하면, 이 경쟁에서 우위를 점하기 위한 최고의 수단은 최대한 많은 양의 귀금속(초창기에는 은, 이후에는 금)을 지속적으로 확보하는 것이었다. 그 이유는 아주 간단했다. 전쟁에는 막대한 비용이 소요되기 때문이었다. 전쟁에 필수적인 무기는 다른 국가들에서 수입해야 할 경우가 많았고 해외 원정을 수행하려면 엄청난 양의 금이나 은이 필요했다. 이런 귀금속을 많이 보유하기 위해서는 해외에서 수입하는 물자 때문에 자금이 유출되는 것을 방지하는 경제 정책이 필수적이었다. 특히 전쟁에 필요한 물자가 아닌 일상적으로 소비하는 물자의 수입을 규제해야 했다.

따라서 유럽 국가들은 사실상 모든 수입품에 관세를 부과했다. 그들은 모든 물자를 자국의 선박을 통해 운송하고 신세계 식민지들에게는 오직 본국과만 무역할 것을 강요했지만 이런 정책은 밀수로 인해 다소 차질을 빚었다. 중상주의는 자국의 천연자원을 사용하여 모든 수입품들을 자체적으로 자국의 영토에서 제조하도록 장려하는 정책을 이끌었다. 1700년대 초반 영국이 인도산 면직물의 수입을 금지한 것이 바로 그런 경우였다. 중상주의가 유럽 국가들에서 산업이 확립되는 것을 이끌긴 했지만 그 목표는 결코 산업화 자체가 아니었다. 중상주의 정책은 국외로 금과 은이 유출되어 다른 국가들이 부유해지는 상황을 막기 위한 것이었다. 한 독일인이 "더 많은 양의 은을 확보하면 더 부유한 국가가 된다."라고 언급했던 것처럼 유럽 국가들은 지나치게 은에 집착하는 성향을 보였다.

이처럼 끊임없는 전쟁 속에서 여러 국가들의 흥망성쇠가 이어졌다. 16세기 후반 스페인은 점차 세력을 잃기 시작했고, 포르투갈도 유럽에서 프랑스나 스페인을 상대하거나 아시아의 해상에서 네덜란드에 도전하기에는 세력이 너무나 미약했다. 유럽에서 최초로 아시아와 아메리카를 모두 공략하기 위해 무역 회사에 막대한 자금을 투

■ 지도 3-1 : 1760년경 세계 지도

자한 네덜란드는 프랑스와 영국이 세력을 확장하기 시작했던 17세기에 엄청난 부를 축적하며 절정기를 맞이했다. 그러나 상비군을 유지할 만큼 충분한 인력을 갖추지 못했던 네덜란드는 결국 프랑스를

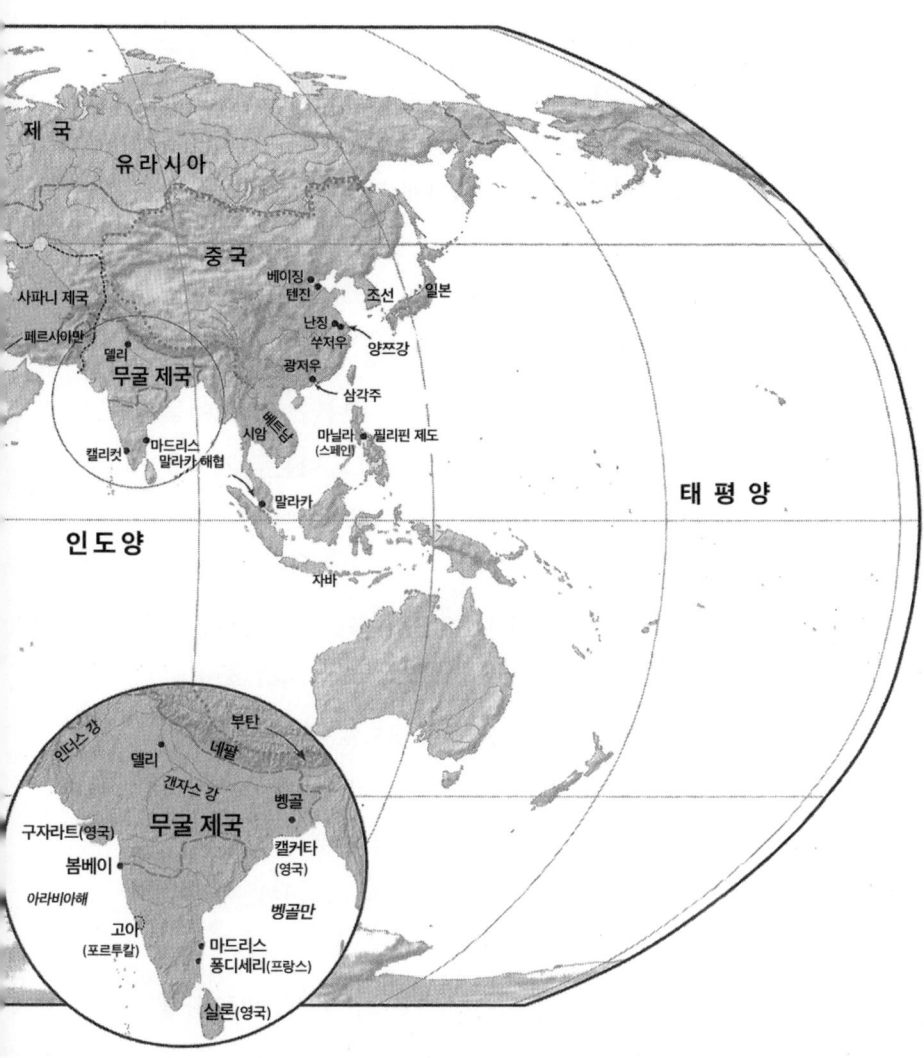

견제하기 위해 영국과 동맹을 맺었다. 18세기에 영국과 프랑스는 유럽에서 가장 막강한 세력을 구축한 두 국가였다. (지도 3-1 참고)

영국, 서서히 승기를 잡다

—

유럽에서 가장 강력한 국가였던 영국과 프랑스는 단지 유럽에서뿐만 아니라 아메리카와 아시아에서도 치열하게 경쟁했다. 1689년부터 1815년까지 영국과 프랑스는 다섯 차례에 걸쳐 전쟁을 벌였는데 단 한 차례를 제외하고는 모두 영국이 선제 공격을 감행했다. 이 두 국가는 다른 여러 국가들과 함께 스페인 왕위 계승 전쟁에 개입했지만 1713년 위트레흐트Utrecht 조약으로 전쟁이 끝나면서 유럽에는 세력 균형의 원칙이 확립되었다. 요컨대 어떤 국가도 다른 국가들을 지배할 수 없게 되었다. 그러나 이후에도 영국과 프랑스는 간헐적으로 전쟁을 벌였다.

이 두 국가가 벌인 가장 중요한 전쟁은 미국인들이 〈프랑스-인디언 전쟁〉으로 부르는 7년 전쟁이었다. 그 이유는 이 전쟁이 후일 미국의 독립 전쟁(1776-1783년)에 영향을 미친 것으로 해석되기 때문이다. 영국과 프랑스가 전쟁을 벌이게 된 불씨는 아메리카 식민지에서 비롯되었고 그 불씨에 불을 지핀 인물은 고작 22세에 불과한 조지 워싱턴이었다. 그러나 영국과 프랑스 군대가 아메리카 식민지, 캐나다, 아프리카, 인도, 유럽의 오지 등에서 전투를 벌이면서 전쟁은 세계적인 규모로 확산되었다. 어쩌면 진정한 의미에서 최초의 세계대전일 수도 있었던 이 전쟁은 결국 프랑스의 참패로 끝났다. 프랑스는 북아메리카와 인도의 식민지를 모두 잃었고 영국은 그 두 곳에서 한층 더 막강한 세력을 구축했다.

1775년경 유럽의 국가 형성 과정은 〈전쟁으로 규정되는 체제〉의 탄생을 끌어냈고 그 체제는 영국과 프랑스의 국가 형태에 가장 유

■ 프랑스-인디언 전쟁에 참전한 프랑스 군인과 장교의 모습.

리하게 작용했다. 그 후 통일 제국이 아닌 독립 국가들의 세력 균형이 확고한 원칙으로 성립되면서 영국은 〈유럽〉에서 가장 강력한 국가로 부상했다. 하지만 그 말은 영국이 〈세계〉에서 가장 강력하거나 부유한 국가라는 의미는 결코 아니다. 오히려 그와는 거리가 멀었다. 1700년대 초반 인도의 무굴 제국이 점차 세력을 잃으면서 영국은 그곳에 식민지 제국을 건설할 수 있게 되었다. 하지만 그때까지도 영국은 아시아 무역을 장악한 중국과 경쟁하기에는 턱없이 세력이 부족했다. 이후 영국은 서서히 중국과 교섭을 시도했는데, 1793년 매카트니 자작이 이끄는 사절단이 가장 대표적인 사례였다. 그 당시 중국 황제는 그들을 비난하며 돌려보냈지만 그에 대해 영국은 아무런 대응도 할 수 없었다. 그러나 영국은 산업혁명의 진원지였고 매카트니 자작이 런던으로 귀국할 무렵 이미 증기기관이 개발되었다. 그리고 영국이 산업혁명의 수단을 전쟁에 활용하는 방법을 터득했을 때, 마침내 중국과 영국이 이루었던 〈세계의 세력 균형〉은 영국으로 기울고 말았다.

제4장

/

왜 산업혁명은 동양이 아닌 영국에서 일어났는가

1750-1850년

1750년 전 세계 7억 5천만 명의 인구는 거주 지역이나 정치적, 경제적 체제와 관계없이 모두 생물학적 구제도에서 살고 있었다. 당시 모든 생활필수품, 즉 식량, 의복, 거주지, 연료 등은 토지에서 나왔다. 말하자면 태양이 지상으로 뿜어내는 에너지를 활용한 것이다. 면직물, 가죽, 건축과 같은 산업도 농업을 통한 생산물이나 숲에서 얻은 천연자원에 의존했다. 심지어 철강 제조에도 나무로 만든 숯이 사용되었기 때문에 생물학적 구제도의 범주에서 벗어날 수가 없었다. 이처럼 생물학적 구제도는 단지 인구의 규모뿐만 아니라 경제 생산성의 한계까지 규정했다.

  이런 상황은 1750년부터 1850년 사이에 사람들이 석탄을 가열하여 그 열 에너지로 증기기관을 사용하면서 점차 변화하기 시작했다. 석탄의 활용은 엄청난 〈혁신〉이었다. 그것을 계기로 인간 사회는 생물학적 구제도에서 벗어나 더 이상 태양 에너지의 제한을 받지 않는 새로운 시대로 진입했다. 석탄은 태양 에너지를 저장한 채 수억만 년 동안 땅속에 매장되어 있었다. 이런 석탄을 활용한 증기기관은 인간 사회를 생물학적 구제도에서 해방시키며 생산력과 인구를 기하급수적으로 상승시킬 수 있게 만들었다. 산업혁명은 바람과 물, 동물에 의존하던 산업용 장비들의 동력을 증기로 교체하면서 시작되었고 그런 점에서 아주 오래전에 일어난 농업혁명보다 역사적으로 훨씬 더 중요한 의미가 있다. 이처럼 산업혁명이 발생한 이유와 과정 및 그 결과는 세계사에서 대단히 중요하기 때문에 이 장에서는 그 부분에 대해서 중점적으로 살펴볼 것이다.

세계적으로 확대된 유럽 국가들의 갈등, 신세계 식민지들의 특수한 상황, 우연히 영국에 집중된 석탄 광산과 그 석탄의 활용 등이 상호작용하여 역사적 사태를 이끌었다. 따라서 먼저 면직물과 영국의 석탄 수요가 산업혁명의 탄생에 공헌한 과정에 대해 살펴보자.

영국의 면직물은
어떻게 인도를 물리치고 세계 시장을 장악했나
—

일반적으로 산업혁명은 18세기에 영국이 면직물 생산 과정을 기계화하면서 시작되었다고 여겨진다. 제니 방적기와 뮬mule 정방기(영국의 크럼프턴이 제니 방적기와 수력 방적기의 장점을 합쳐서 발명한 방적 기계)는 영국의 창조성을 입증하는 발명품으로, 서구의 부상이라는 유럽 중심적 관점이 성립되는 데 기여했다. 그러나 문제는 영국이 최초로 증기기관을 사용하여 면직물 제조에 혁명을 일으킨 국가라는 것은 분명한 사실이지만 그런 혁명이 일어난 과정과 이유는 오직 〈세계적인 관점〉에서 이해해야만 한다는 것이다.

17세기 후반 영국에서는 흔히 옥양목으로 알려진 인도산 면직물이 크게 유행했다. 당시 상황을 어떤 사람은 이렇게 말했다. "갑자기 모든 영국 여성들이 빈부를 막론하고 인도산 옥양목을 입기 시작했다. 그것은 화려할수록 더 좋은 것으로 여겨졌다." 또 다른 사람은 이렇게 불평했다. "인도산 옥양목은 우리가 사는 집과 옷장, 침실까지 파고들었다. 커튼부터 방석, 의자, 심지어 침대까지 모조리 옥양목이나 인도산 물건이 차지했다. 한마디로 여자들의 옷뿐만 아니라 집 안의 가구까지 양모나 비단으로 만든 거의 모든 물건들은 인도에서 수입된 것들이었다." 이런 현상은 몇 가지 흥미로운 질문을 제기한다. 왜 영국은 그토록 많은 인도산 면을 수입했던 것일까? 어떻게 영국은 그 많은 인도산 면을 구할 수 있었을까? 또 어떻게 영국은 면직물 산업을 산업화했던 것일까?

1700년대에 영국이 그토록 많은 인도산 면을 수입했던 이유는 무엇보다 영국에서 생산한 면보다 인도에서 생산한 면이 훨씬 값싸고 품질도 우수했기 때문이다. 인도산 면은 피부에 닿는 감촉도 좋았고 재질도 가벼워서 여름에 입기에 편했으며 밝은 색상으로 염색할 수도 있었다. 하지만 무엇보다 가장 중요한 것은 영국에서 생산되는 그 어떤 면직물보다 가격이 저렴했다. 실제로 1700년대 인도는 세계에서 가장 큰 면직물 수출 국가였고 단지 영국뿐만 아니라 세계 전역에 면직물을 공급했다. 동남아시아, 아프리카, 중동, 유럽이 주요 수출 시장이었고 인도 국내에도 거대한 내수 시장이 형성되어 있었다. 따라서 18세기에 들어서면서 인도산 면에 대한 수요가 인도에서 생산할 수 있는 양을 훨씬 초과했고, 1750년 인도가 전 세계 면 생산량의 4분의 1을 차지한 것은 결코 놀라운 일이 아니었다.

영국의 면직물 제조업자들은 특히 인도산 면직물의 저렴한 가격에 주목하며 상대적으로 높은 영국의 임금 때문에 도저히 인도산 면직물과 경쟁할 수 없다고 불평했다. 18세기의 인도는 월등한 경쟁력을 바탕으로 사실상 세계 시장에서 그 어떤 면직물보다 싼 가격으로 자국의 면직물을 판매할 수 있었다. 일부에서는 인도산 면직물의 가격이 싼 이유를 낮은 생활수준이나 대다수 인도 국민들의 저임금에서 기인한다고 여겼지만 이는 전혀 사실이 아니었다. 18세기 인도의 노동자들은 영국의 노동자들과 비슷한 높은 생활수준을 유지했다. 그렇다면 도대체 인도의 경쟁력은 어디서 비롯되었던 것일까?

그 해답은 농업에서 찾을 수 있었다. 인도의 농업은 대단히 생산성이 높았기 때문에 해마다 엄청난 양의 작물을 수확했고 농산물의 가격도 유럽에 비해 현저히 낮았다. 산업혁명 이전 시대에는 일반적인 노동자 가정의 경우 수입의 60-80퍼센트를 식량을 구입하는 데 지출했다. 따라서 식량의 가격은 실제 임금을 결정하는 가장 중요한 요소였다. 인도는 중국, 일본과 함께 작물의 수확량과 파종된 씨앗의 비율이 〈20 대 1〉이었지만 영국은 기껏해야 〈8 대 1〉이었다. 아시아의 농업은 영국, 더 나아가서 유럽보다 2배 이상 높은 생산성을 유지했고 그만큼 생활비의 대부분을 차지하는 식량의 가격은 유럽보다 저렴했다. 결국 명목상 임금은 인도가 낮았더라도 실제 임금, 즉 구매력은 인도가 높았던 것이다.

생산성 높은 농업은 아시아의 경쟁력이었다. 그것은 산업에서도 마찬가지였다. 일반적으로 인도의 연쇄 현상은 다음과 같았다.

- 높은 농업 생산성 ⇒ 낮은 식량 가격 ⇒ 상대적으로 낮은 임금 ⇒ 경쟁력의 우위

반면 영국의 연쇄 현상은 다음과 같았다.

- 낮은 농업 생산성 ⇒ 높은 식량 가격 ⇒ 상대적으로 높은 임금 ⇒ 경쟁력의 열세

그렇다면 영국은 어떻게 이런 경쟁력의 열세를 역전시킬 수 있었던 것일까?

앞서 3장에서 살펴보았던 것처럼 영국은 국내로 수입되는 인도산 면직물에 대해 관세를 부과했다. 즉, 〈보호 무역〉을 실시했던 것이다. 18세기 초반 영국이 이런 정책을 실시하지 않았다면 영국의 면직물 산업은 인도산 면직물과 경쟁할 만큼 크게 발전할 수 없었을 것이다. 그러나 영국은 아메리카에 식민지를 확보했고 인도에서 소중한 보석을 획득했다. 이 두 가지 사항은 영국 면직물 산업의 부상과 아주 긴밀하게 연결되었다.

인도를 획득한 7년 전쟁

1650년대의 영국은 해외에 제국을 건설할 수 있는 세력을 전혀 갖추지 못했지만 이후 동인도(인도)와 서인도(카리브 해)에서 포르투갈과 스페인을 약탈하고 그 두 지역에서 네덜란드와 경쟁하고 18세기에는 프랑스와 전쟁을 벌이면서 점차 세력을 확장하여 서서히 제국을 건설하기 시작했다. 그러나 이처럼 세계로 확대된 유럽 국가들의

분쟁을 주도한 최초의 세력은 놀랍게도 각 국가들의 정부가 아닌 개인 소유의 무역 회사들이었다. 네덜란드와 영국과 프랑스가 저마다 설립한 동인도회사가 바로 그 주인공들이었다.

이 세 회사는 각기 설립된 시기도 다르고 성격도 조금씩 차이가 있었지만 모두 자국의 정부로부터 아시아 무역에 대한 독점권을 허가받았고 초지일관 중상주의를 표방했던 개인 회사들이었다. 그들은 거래할 수 있는 자본과 물자를 끊임없이 형성하는 단순한 무역 확장에서도 차이를 보였고 그런 측면에서 이들 동인도회사들은 근대 기업의 시조라고 할 수 있다. 그들이 무역을 시도하여 더 많은 수익을 창출하는 데 성공한 것은 유럽의 산업에서 기업이 점차 중요한 역할을 담당했다는 것을 의미했다. 그러나 17세기와 18세기 그들의 목표는 아시아 무역에서 더 많은 수익을 거두는 것이었다.

스스로 네덜란드 프로테스탄트의 확장을 자처하며 스페인과 포르투갈의 가톨릭 세력과 극도로 대립했던 네덜란드 동인도회사는 무역과 전쟁을 긴밀하게 연계된 것으로 여겼다. 1614년 네덜란드 동인도회사의 총독은 이사회에 보내는 편지에 이런 내용을 적었다.

"이제까지의 경험에 의하면 아시아 무역에는 반드시 병력과 무기를 동원한 보호가 뒤따라야 합니다. 따라서 〈전쟁 없는 무역〉은 이루어질 수 없으며, 〈무역 없는 전쟁〉도 벌어지지 않습니다."

17세기 네덜란드는 이 전략을 효과적으로 실행하여 포르투갈로부터 말라카를 빼앗았고, 자바를 점령하여 사탕수수를 생산할 식민지로 만들었으며, 중국의 영토이던 대만에 식민지를 건설하려고 했다.

반면 초창기 영국 동인도회사는 전쟁보다 무역 자체에서 이윤을 창출하는 데 더 관심을 두었다. 1600년에 설립된 이후 1세기 동안 영국 동인도회사 이사회는 "우리의 사업은 전쟁이 아닌 무역이다."라고 강조했다. 그들은 충돌을 피하기 위해 인도에 대한 무역에 주력했는데, 특히 인도에서 가장 세력이 약하고 유럽 경쟁국들이 가장 적었던 벵골과 마드라스가 그들의 주요 활동 지역이었다. 그러나 17세기 후반 프랑스가 인근 지역들에 요새를 구축하면서 그들은 전략을 바꾸기 시작했다. 유럽에서 한창 전쟁을 벌이던 영국과 프랑스는 인도에서도 무력으로 충돌했다. 프랑스는 세포이sepoy로 알려진 인도 병사들을 정규군에 수용하여 전투 능력을 증대시키면서 영국보다 우위를 점했다. 1750년대 영국 동인도회사도 세포이를 수용했고 7년 전쟁이 벌어지기 전날 두 국가는 각각 1만 명에 달하는 무장한 병력을 인도 해안에 배치했다. 그 병력의 대부분은 인도인들이었다.

한편 무굴 제국의 정치적, 군사적 세력은 극도로 쇠퇴했다. 한때 약 1백만 명에 달하는 병력을 소집할 수 있었던 무굴 제국은 1707년 위대한 지도자 아우랑제브가 사망한 이후 여러 지역들의 지도자들이 독립을 선언하면서 점차 세력을 잃기 시작했다. 그 중에서 벵골의 나와브는 캘커타에 위치한 영국의 무역 항구를 장악하고 동인도회사에 그곳을 사용하는 특권의 대가로 더 많은 돈을 지불할 것을 요구했다.

영국은 그 요구를 거절하면서 1757년 로버트 클라이브가 지휘하는 2천 명의 병력과 함께 벵골 지역과 대립하던 인도의 다른 군대를 동원하여 플라시 전투에서 프랑스의 지원을 받던 나와브의 군대를 물리쳤다. 영국은 나와브를 처형한 후 새로운 통치자를 내세우면서

1765년 벵골 지역에서 엄청난 규모의 세금을 징수할 수 있는 권리를 획득했다. 7년 전쟁이 시작되면서 영국과 프랑스는 인도 해안에서 치열한 교전을 벌였지만 1760년 영국이 결정적인 승리를 거두면서 프랑스를 인도에서 철수시켰다. 이 승리를 기점으로 영국은 인도에 제국을 건설하기 시작했고 그 후 50년 동안 꾸준히 세력을 확장하여 1857년 인도를 공식적인 식민지로 합병했다.

7년 전쟁, 좀 더 정확히 말하자면 영국이 아메리카와 인도를 획득한 전쟁은 영국이 면직물 생산국으로 전환되는 과정에서 대단히 중요한 부분을 차지했다. 1707년 영국 정부는 맨체스터 인근 지역의 면직물 산업을 육성하기 위해 인도산 면직물의 수입을 금지했다. 그러나 인도의 날염 기술을 모방하기에는 아직 부족한 기술력과 국내의 높은 임금으로 인한 비싼 면직물 가격 때문에 맨체스터는 대부분 내수 시장에 주력할 수밖에 없었고 여전히 세계 시장은 영국 동인도회사가 거래하는 인도산 면직물이 장악했다. 결국 영국의 면직물 산업이 성장하려면 수출 시장이 필요했다. 때마침 신세계에는 노예제도와 플랜테이션, 그리고 중상주의에 따른 무역 통제라는 특수한 상황이 맞물리며 새로운 시장이 성장하고 있었다.

신세계라는 새로운 시장

유럽이 장악한 신세계의 농업은 처음부터 수출을 지향했다. 카리브해와 남아메리카 전역에서는 플랜테이션을 통해 사탕수수, 담배, 목화 등을 재배했다. 과거 신세계의 대참사로 원주민 인구가 급감하고 유럽인들이 신세계 이주를 꺼리던 탓에 플랜테이션 농장은 부족한 노동력을 아프리카 노예들로 해결했다. 인도와 중국의 농민들이

■ 신세계에서 아프리카의 노예들은 무역의 대상인 제품으로 취급되었다.

나 유럽의 농노들과 달리 아프리카 노예들은 대체로 식량으로 활용할 작물을 재배하지 않았다. 따라서 식량은, 특히 생선과 곡물은 대부분 북아메리카에서 수입해야만 했다. 인도산 면직물은 아프리카 서부로 수출되어 노예들과 거래되었고 아프리카 노예들은 다시 카리브 해로 수출되었다. 신세계의 생산물, 즉 사탕수수, 담배, 목화는 영국으로 수출되었다.

　대서양 삼각 무역의 세 지점에서 영국은 식민지 법령을 통해 신세계는 오직 천연자원만 생산하면서 영국의 공산품을 소비하도록 제한하여 막대한 이윤을 챙겼다. 온갖 수단을 동원한 밀수나 경쟁국들이 시도하는 무역이 끊이지 않았지만, 18세기 초반까지 식민지 무역은 거의 대부분 해상을 통해 이루어졌기 때문에 전체 거래량에서 밀수품이 차지하는 비중은 극히 일부에 불과했다. 물론 카리브 해와 북아메리카 두 지역에 식민지를 건설한 개척자들도 영국인들이었다. 따라서 그들은 네덜란드와 프랑스를 비롯한 다른 국가들이 영국의 식민지 무역에 개입하는 것을 차단하여 수익을 창출하려고 했다.

이처럼 노예 무역과 면직물 산업이 연계된 삼각 무역은 영국 해운 산업의 성장을 촉진시켰고 맨체스터를 면직물 산업의 중심지로 만들었다. 목화는 대부분 오스만 제국의 지중해 지역과 카리브 해의 영국 식민지에서 수입되었고 1780년대에 이르러서는 수력을 이용한 최신식 공장에서 수백 명의 노동자들이 실로 가공했다. 맨체스터의 공장들이 한층 효율적으로 운영되고 면직물 가격도 하락하면서 영국은 인도산 면직물 가격이 상승할 때마다 아프리카에 자국의 면직물을 수출까지 할 수 있는 수준에 이르렀다. 그러나 영국 면직물 산업의 진정한 황금기는 미국이 독립한 직후에 찾아왔다. 1793년 엘리 휘트니가 조면기를 발명하면서 아메리카 목화의 가격이 하락했기 때문이다. 덕분에 싼 값으로 목화를 수입할 수 있게 되었고 1815년부터 1840년 사이에 여러 차례 혁신을 통해 증기기관을 응용한 방적기와 방직기가 개발되면서 맨체스터 공장들은 다시금 생산성을 높였다. 마침내 영국의 면직물은 가격이 더욱 하락하면서 세계 시장에서 인도산 면직물과의 경쟁에서 우위를 점할 수 있는 능력을 갖추게 되었다.

이런 상황에 이르자 영국은 〈자유 무역〉을 옹호하면서 중상주의와 수입 관세를 모두 철폐했다. 실제로 19세기 세계 최강국으로 부상한 대영제국은 자유 무역을 이상적인 제도로 간주했다. 그나마 대서양 세계에서 통용되던 중상주의는 미국이 독립 전쟁에서 승리한 이후 쇠퇴하고 말았다. 영국의 입장에서는 한때 식민지였던 미국이 독립 후 외국으로 바뀌면서 자국이 제정한 항해 조례(영국이 자국의 산업을 보호하기 위해 제정했던 법)에 제한을 받게 되었다. 이 항해 조례는 목화의 수입을 억제하는 법령이었지만 오히려 이것이 영국 면직물 산업을 압박하면서 자유 무역의 필요성을 부각시켰다. 1783년 이후 영국의 제조 산업은 미국과 자유 무역을 하게 되면서 오직 식민지 시장의 독점을 통해서만 성장할 수 있다는 주장의 오류가 드러났고, 아프리카 노예들과 그 후손들의 노동력으로 운영되는 목화 플랜테이션 농장이 밀집한 미국의 남부 지방은 맨체스터 공장 지대의 주요한 목화 공급원이 되었다.

이처럼 영국이 면직물 산업에서 세계적인 강국으로 부상한 과정은 마치 유럽 중심적인 듯하지만 실제로는 전혀 그렇지 않다. 영국이 거둔 성공은 세계 여러 지역들에서 발생한 수많은 사건들의 〈우연한 상호작용〉을 통해 이루어진 것이다. 우선, 영국은 인도산 면직물과의 경쟁에서 열세에 있었고 몇몇 예외적인 경우를 제외하면 그 상태에서 벗어나지 못했다. 하지만 1688년 명예혁명으로 강력한 정부가 들어서면서 영국은 국내의 제조 산업을 보호하기 위해 국가의 권력을 사용했고, 유럽이 전파한 질병으로 인한 대참사와 식민지 법령으로 특수한 상황에 처한 주변부였던 신세계는 영국 제조품들의 거대한 시장이 되었다. 또한 영국은 석탄을 사용한 증기기관을 발명하여 면직물 산업에 혁명을 일으켰고 높은 생산성을 바탕으로 가격을 대폭적으로 낮추면서 아프리카뿐만 아니라 인도에도 낮은 가격으로 면직물을 수출할 수 있게 되었다. 이처럼 여러 요소들의 상호작용을 통해 영국은 면직물 산업에서 변화를 겪게 된 것이다. 그럼 이제 그 내용의 일부인 석탄과 증기기관의 발명으로 일어난 혁신에 대해 알아보자.

중국과 영국, 역전의 시작

1800년까지 면직물 산업은 대부분 생물학적 구제도의 영역에 머물러 있었다. 다시 말해, 인간이 매년 태양 에너지의 흐름을 포착하여 사용해야 하는 방식이었다. 초창기 영국의 공장들은 수력을 사용하기 시작했지만 그것만으로는 생산량을 증대하는 데 한계가 있었다. 실제로 생물학적 구제도에서 면직물 산업은 치명적인 한계에 부딪힐 수밖에 없었다. 만약 석탄과 증기기관, 강철이 없었다면 결코 산업혁명은 일어나지 않았을 것이고 영국은 생물학적 구제도의 한계에서 벗어나지 못했을 것이다. 결국 산업적 혁명이 아닌 경제적 파탄에 이르렀을 것이다. 나는 우선 생물학적 구제도에서 가장 발전한 경제에서 어떤 일이 일어났는지 자세히 알아보기 위해 중국과 영국을 차례로 살펴보겠다. 앞으로 살펴보게 될 내용은 구제도의 모든 경제가 산업적 혁명을 저해하는 극심한 생태학적 한계에 도전하기 시작하는 과정이라 할 수 있다. 일부 우연한 사건들과 방대한 세계적인 사태를 제외하면 우리는 여전히 생물학적 구제도에 살고 있는 것일지도 모른다.

유럽에서 일어난 산업혁명에 대한 가장 유력한 해석 두 가지는 〈인구 역학〉과 〈자유 시장 성장〉에 초점을 맞추고 있다. 다양한 기술과 관습(주로 만혼)으로 유럽의 가정들은 핵가족을 유지할 수 있었다. 이런 핵가족 관습은 전반적인 인구의 감소를 의미했다. 따라서 유럽의 가정들은 농업과 산업의 생산성을 증대하는 데 투자할 수 있는 잉여 자원을 더 많이 보유하게 되었다. 적은 인구가 투자에 필요한 잉여 자원을 늘리기 위해 더 열심히 일하면서(소위 〈근면 혁명〉이라고 불린다.) 점차 필연적으로 산업혁명이 일어날 수밖에 없는 분위기가 조성되었던 것이다.

시장이 주도하는 산업화는 물자, 토지, 노동력, 자본을 위한 시장의 확립과 성장이 유럽 제조업자들의 효율성을 높여 농업과 산업의 생산성을 개선하는 데 투자할 충분한 자본을 축적할 수 있게 만들었다는 것을 암시한다. 성공적인 시장의 필수 조건은 사유 재산권을 보호하거나 존중하는 국가였다. 근대 세계의 기원에 대한 유럽 중심적 관점에 의하면, 이 두 가지 상황의 조화도 필연적으로 산업혁명을 유발하는 요인으로 작용했다고 볼 수 있다.

물론 인구와 시장이 주도하는 산업화가 결코 모순이 없는 것은 아니지만 많은 역사학자들은 유럽이 산업적 혁명을 시도할 수 있는 고유한 능력을 갖게 된 근거를 설명하기 위해 그 두 가지를 조합했다. 그것을 입증하기 위해 역사학자들은 흔히 중국을 반대 사례로 지적한다. 당시 중국은 소위 산업화 이전의 인구학적 영역에 머물러 있었다. 즉, 중국은 어떤 방법으로도 인구 증가를 막을 수 없는 상태였다. 따라서 인구가 폭증하면서 잉여 자원을 모두 소비하여 생존 한계를 넘어서고 있었기 때문에 산업적 혁명에 필요한 투자는 불가능했다는 것이다. 이런 근거로 중국은 절망적이라고 간주되었다. 결국 중국에서 산업적 혁명이 일어날 가능성은 전혀 없다는 결론에 이르렀다.

하지만 중국의 상황에 대한 이 가설에는 한 가지 오류가 존재한다. 비록 유럽과 차이가 있었지만 중국의 가정들도 다양한 방식으로 가족의 규모를 제한했고 전체 인구도 생존 한계를 초과하지 않는 수준을 유지했다. 또 중국에는 온갖 종류의 시장이 존재했는데 오히려 유럽의 시장보다 기능과 효율성에서 더 우수했다. 만약 이 두 가지가 모두 사실이라면 산업혁명이 유럽에서 일어난 것에 대한 해석에는 다분히 문제의 소지가 있다. 왜 문제가 될 수 있는지 그 이유를 찾기 위해 중국에 대해 자세히 살펴보자.

중국, 높은 농업 생산성과 다양한 인구 억제책

이 장의 초반부에서 언급했던 것처럼 중국(일본을 비롯한 아시아의 다른 국가들도 마찬가지였다.)의 농업은 작물의 수확량과 파종된 씨앗의 비율이 〈20 대 1〉에 이를 정도로 대단히 생산성이 높았다. 특히 벼는 토지에서 직접 영양분을 섭취하지 않고 물에서 영양분을 섭취했기 때문에 유럽과 달리 토지가 비옥해질 때까지 휴경지로 만들 필요가 없었다. 더욱이 중국의 농부들은 수확량을 극대화하기 위해 토지를 갈고 물을 대고 비료를 주고 해충을 박멸하는 요령을 터득했다. 심지어 중국 남부 지방의 농부들은 일년에 이모작 혹은 삼모작까지 할 수 있었다. 18세기 초반 중국을 여행했던 유럽인들은 그 모습을 보고 깜짝 놀랐다. "도대체 어떤 기술로 그처럼 많은 인구를 부양할 수 있는 식량을 생산할 수 있단 말인가?" 1720년대 프랑스인 피에르 푀브르는 이런 질문을 던졌다.

"중국인들은 인류에게 필요한 식량을 증산할 수 있는 비결을 지니고 있는 것인가? 이런 의혹을 풀기 위해 나는 논을 가로질러 걸으며 농부들에게 나를 소개했다. 그들은 대체로 느긋하고 공손했으며 해박한 지식을 지녔다. 나는 그들이 작업하는 과정을 따라다니며 모두 살펴본 끝에 마침내 그 비결을 알아냈다. 그것은 아주 간단했다. 그들은 적당한 양의 비료를 주었고 땅을 상당히 깊이 갈았으며 적절한 시기에 씨앗을 뿌렸고 최대한 많은 양의 작물을 수확할 수 있도록 토지의 활용을 극대화했다. 하지만 무엇보다도 그들은 아주 다양한 재배법을 시도했다."

이처럼 놀라운 농업 생산성 덕분에 중국의 인구는 1650년에 1억 4천만 명에서 1750년에 2억 2천5백만 명으로 증가했고 1850년에는 무려 3억 8천만 명에 육박했다. 이런 엄청난 수치는 애덤 스미스와 토머스 맬서스 같은 학자들에게 중국은 결코 인구 증가를 통제할 수 없을 거라는 확신을 심어주었다. 시장과 인구에 대한 그들의 견해는 근대 세계를 바라보는 유럽 중심적 관점을 형성했다. 맬서스는 중국처럼 인구 증가를 통제하지 못하는 국가는 기아나 전쟁 같은 부정적 요인들이 발생하여 인구 감소가 일어날 때까지 인구가 토지의 한계를 초과한다고 믿었다. 반면 유럽은 인구 증가에 대한 예방 조건들을 갖추고 있어 그런 비참한 운명을 피할 수 있다고 확신했다.

맬서스는 유럽에 대해서는 올바른 견해를 제시했지만 중국에 대한 그의 견해에는 오류가 있었다. 비록 유럽의 방식과 전혀 달랐지만 중국도 가족의 규모를 통제할 수 있었다. 실제로 중국은 인구 증가를 억제했다. 중국에는 조혼助婚 풍습이 있었지만 중국의 가정들은 다양한 방식으로 출산을 조절했다. 특히 결혼 초기에는 부부관계를 억제했고 부모와 함께 살도록 했다. 유아를 살해하는 것 또한 인구를 조절하는 또 다른 방법이었는데 이는 남녀 성비의 불균형을 초래하여 남자가 여자보다 많아지게 되었다. 또 가난한 남자들은 독신으로 지내야 했다. 제임스 리와 왕펭은 중국의 인구 통계학적 체제를 다음과 같이 요약했다.

"인간의 의지로 인구 증가를 억제할 수 있는 유일한 수단이 결혼인 뿐이던 유럽의 체제와 달리, 중국의 체제는 다양한 의식적인 수단을 지녔기 때문에 맬서스와 그의 후계자들이 생각했던 것보다 훨씬 복잡하고 치밀했다. 결국 중국의 인구는 생존 한계를 초과할 만큼 경제를 압박하지 않았다."

많은 인구를 부양하기 위한 충분한 식량을 생산할 수 있는 높은 농업 생산성과 경제력 덕분에 중국의 인구는 실제로 증가하기 시작했는데 앞서 언급했던 것처럼 1750년부터 1850년까지는 대폭적으로 증가했다. 중국 남부의 주장 강 인근 인구가 밀집한 핵심 지역과 동남부 해안 지역, 양쯔 강 삼각주에서는 주민들이 인구가 적은 다른 지역들로 이주하기 시작할 만큼 인구가 증가했다. 이따금 그런 지역들은 토지가 대단히 비옥해서 개간하면 많은 작물을 경작할 수 있었는데 상하이에서 양쯔 강을 따라 상류에 위치한 후난성이 바로 그런 지역이었다. 반면 양쯔 강 남부에 위치한 장시의 고지대는 토지도 비옥하지 않고 작물도 잘 자라지 않는 지역이었다.

1800년대에 이르자 새롭게 농경지로 개간한 지역들은 모두 인구가 밀집한 핵심 지역들보다 토지가 비옥하지도 생산성이 높지도 않았다. 그것은 바로 생물학적 구제도에서 성장할 수 있는 한계에 도달했다는 징후였다. 그러나 맬서스가 주장하는 재앙이 임박했다는 의미는 아니었다. 중국은 충분히 인구를 억제할 수 있는 능력이 있었다. 그저 비옥한 토지에서 수확할 수 있는 생산량이 감소한 것뿐이었다. 이런 현상이 발생하는 이유는 생존을 위한 네 가지 필수 조건, 즉 식량, 의복, 거주지, 연료가 모두 토지에서 생산되기 때문이었다. 식량을 생산하기 위해 토지를 개간하면 자연히 연료로 사용할 나무의 양이 감소하게 된다. 또 토지에서 재배하던 작물을 목화에서 벼로 바꾸면 의복을 만들 수 있는 재료가 감소했고 그 반대의 경우에는 벼의 수확량이 줄어들어 식량이 부족하게 되었다. 일단 생물학적 구제도의 한계에 도달하면 그 위기를 극복할 수 있는 방법은 거의 존재하지 않았다. 18세기 후반 중국이 그런 경우였고 영국도 마찬가지였다.

인구 증가에 따른 수요를 충족시킨다고 해서 반드시 토지에 대한 부담이 증대되고 식량을 확충하기 위해 다른 요소들이 희생되는 것은 아니다. 오히려 의복, 주거, 연료에 대한 수요를 꾸준히 충족하면서 식량을 증산하려면 농업에 더 많은 노동과 자본을 투자해야 한다. 예를 들면, 토지를 개간하는 작업뿐만 아니라 관개시설을 확충하거나 언덕을 깎아서 농토로 만드는 작업 등에는 많은 비용이 소요되었지만 그 결과 18세기와 19세기 중국의 농업 생산량은 한층 개선되었다. 노동량을 늘이는 것도 생산량을 높일 수 있는 방법이었다. 중국의 농가들은 그 방법도 시도했다. 예를 들면, 농부들은 볍씨를 모판에 파종한 후 논에 옮겨 심거나 논에서 직접 손으로 해충을 골라냈다.

왜, 중국은 성장의 한계에 봉착했는가

한편으로 중국 경제는 시장, 특히 농산물 거래를 통해 전반적인 생산 수준과 생산성을 동시에 개선할 수 있었다. 흔히 시장은 유럽에서 최초로 시작되어 그곳에서 가장 발전되었다고 여겨졌다. 그러나 지난 20년 동안 중국의 역사학자들은 18세기와 19세기에 중국에서 고도로 발달한 효율적인 시장이 형성된 과정을 밝혀냈다. 주장 강과 양쯔 강 삼각주의 농민들은 양잠업에 전문적으로 종사해 뽕나무를 재배하여 누에를 길렀고 그 누에고치에서 비단실을 뽑아내어 비단을 생산했다. 한편 다른 지역들도 목화, 사탕수수를 비롯한 특용작물을 전문적으로 생산했을 것이다.

이런 전문화는 특용작물을 생산하는 농민들은 반드시 다른 지역들에서 생산되는 식량을 구해야 한다는 것을 의미했다. 그들은 대체로 전문적으로 쌀을 재배하던 상류 지역에서 식량을 구했는데, 그 쌀은 배에 실려 강을 따라 인구가 밀집된 지역까지 쉽게 운송될 수 있었다. 중국은 개인과 정부가 대규모 투자를 통해 운하를 건설하면서 북부의 톈진에서 남부의 광저우까지 수상으로 연결되는 내륙 운송 체제가 구축되었다. 이와 같은 효율적인 수상 운송은 중국 전역에서 곡물의 원활한 이동과 시장의 성장을 촉진했고 동시에 세계에서 가장 큰 도시들을 유지할 수 있는 물질적인 기반을 제공했다.

처음에 중국 정부는 농촌의 생산자들과 도시의 소비자들이 모두 적당한 식량을 확보할 수 있도록 정기적으로 식량 시장에 개입했다. 그러나 18세기 중반 생산지에서 소비지까지 이르는 곡물의 장거리 유통을 점차 시장과 상인들에게 허용하기 시작했다. 중국의 이런 식량 시장은 당시 프랑스, 영국, 미국의 시장보다 훨씬 효율적으로 운영되었다. 더욱이 중국의 토지, 노동, 자본 시장은 모두 뛰어난 기능을 발휘했고 부분적으로는 유럽 국가들의 시장보다 훨씬 효율적이었다.

즉, 18세기 중국은 농업 생산성, 산업 및 시장의 다양화, 소비 수준의 측면에서 모두 세계 최고의 선진국처럼 보였다. 중국의 가정들은 가족의 규모를 조절했고 경제 변화에 적절히 대응했는데 그들은 경제가 위축되면 생존 한계를 초과하지 않기 위해 가족의 규모를 억제하기도 했다. 또 중국은 기능의 전문화를 시도하여 시장과 고도로 상업화된 경제를 이루어냈고 방대한 수상 운송 체제를 구축하여 중국 전역으로 물자와 사람들을 효율적으로 이동시켰다.

그러나 중국의 고도로 발달된 시장 경제는 산업적 혁명을 이끌어 내진 못했다. 19세기 중국은 생태학적 한계에 부딪혔다. 1800년대 초반 일부 지역들에서 연료가 부족해지자 농민들은 나무 대신 볏짚과 쌀겨를 사용했다. 더욱이 인구가 밀집한 핵심 지역들과 개발이 진행되는 주변 지역들 간의 일부 시장 교환도 중국의 경제 성장을 늦추었다.

발달된 시장과 원활한 운송 체제의 한 가지 장점은 일부 지역들에 특정한 천연자원으로 수익을 극대화할 수 있는 환경을 제공하고 그 특산품을 다른 지역들의 특산품과 교환하여 서로 생산성을 높이고 수익을 증대할 수 있게 만든다는 것이다. 최소한 이론적으로는 그러했고 중국에서도 어느 정도까지는 그런 기능을 발휘했다. 그러나 목화를 생산하는 지역의 목화와, 양쯔 강 하류와 주장 강 삼각주에 위치한 매우 발달한 인구 밀집 핵심 지역에서 생산되는 면직물의 교환이 점차 붕괴되기 시작했다.

중국 전역에서 농민들은 어떤 작물을 얼마나 생산할지, 얼마나 많은 노동력을 투입할지의 여부를 자유롭게 결정할 수 있었다. 이런 측면에서 보자면 중국의 농민들은 신세계의 아프리카 노예들이나 동부 유럽의 농노들과는 확연한 차이가 있었다. 신세계와 유럽은 지주들이나 관리자들이 생산할 작물과 생산량을 결정했기 때문이다. 중국의 경우 핵심 지역보다 개발이 뒤떨어진 주변 지역으로 이주한 농민들은 자유롭게 의사를 결정할 수 있게 되었다. 그래서 그들은 점차 자신들이 이용할 쌀이나 목화 생산에 주력하거나 다른 지역들에서 제조품을 수입하기보다 오히려 자신들이 사용하거나 인근 지역에서 거래할 면직물을 직접 생산하기 시작했다 그 결과 중국 대부분의 농촌 지역에서는 직접 면직물을 생산하는 〈수입 대체〉 과정이 진행되었다. 따라서 농민들은 면직물을 생산하는 핵심 지역에 수출하는 목화의 생산량을 줄였을 뿐만 아니라 한정된 토지에서 자신들이 직접 생산할 면직물을 위한 목화 재배 면적은 확충했던 나머지 핵심 지역에 수출할 쌀의 생산량까지 감소했다.

중국 농가들의 자유는 주변 지역에 소위 〈자급자족형 원시적 산업화〉를 촉진했을 것이다. 하지만 그것은 중국의 핵심 지역에서 면직물 산업의 산업화를 저해했다. 중국 주변 지역의 농가들이 자유롭게 면직물을 생산하면서 "남자들은 밭을 갈고 여자들은 실을 짠다."는 오랜 생활규범이 탄생되었다. 중국 여자들은 단순히 여자들이 실을 짜는 것이 아니라 집에서 실을 짰다. 중국은 영국이나 일본과 달리 어머니와 딸들이 집을 떠나 공장에서 일하는 것보다 집에 머물며 실을 짜는 것에 더 큰 가치를 두었다. 역설적이지만 생물학적 구제도의 한계에서 중국은 고도로 발달된 시장 경제를 구축했다. 그러나 성장을 억제하는 생태학적 한계와 중국 정부와 농가들의 노동에 대한 성별 구분 관습이 어우러져 1800년대 중반 중국은 결국 성장의 한계에 부딪히고 말았다. 더욱이 식량, 의복, 거주지, 연료를 생산할 수 있는 토지는 제한된 상태에서 농업에 투입하는 노동력을 지나치게 많이 증가시켰다. 중국은 생물학적 구제도에서 전문화의 촉진, 시장 교환의 확대, 운송 체제의 개선과 더불어 중국만의 특수한 상황 때문에 결국 산업적 혁명이 아닌 노동 집약적 농업으로 이어지고 말았다.

영국의 역전

하지만 놀랍게도 영국을 비롯한 유럽의 국가들도 중국과 유사한 노동 집약적 형태로 전환될 운명을 맞이할 뻔했다. 그러나 영국에서는 단순히 영국뿐만 아니라 전 세계를 완전히 변화시킨 산업적 혁명이 일어났다. 그 원동력은 영국이 점령한 신세계라는 특수한 주변 지역에서 비롯되었다. 신세계의 노예제도, 중상주의에 근거한 식민지 법령, 미국 독립 이후에도 확장한 남부 지역의 목화 플랜테이션 등은 영국이 면직물을 수출할 수 있는 거대한 시장을 창출하면서 맨체스터 면직물 산업의 지속적인 성장을 촉진시키는 데 주요한 역할을 했다. 반면 중국 주변 지역의 농가들이 얻은 자유는 더 이상 그들이 핵심 지역에서 수입되는 면직물에 의존하지 않고 직접 면직물을 생산할 수 있게 되었다는 것을 의미했다. 영국은 신세계의 노예제도 덕분에 꾸준히 상당한 양의 면직물 수요를 확보했을 뿐만 아니라 신세계의 목화를 저렴한 가격에 공급받았다. 더욱이 1689년부터 1815년까지 프랑스와 전쟁을 벌이면서 신생국이던 미국을 제외하고 사실

■ 영국은 신세계와 미국 등에서 저렴한 가격으로 목화를 수입하여 면직물 산업을 효율적으로 성장시킬 수 있었다. 목화를 가득 실은 배가 항구에 정박하고 있다.

상 비유럽 경쟁국들을 모두 제거했다.

영국의 식민지와 면직물 산업은 함께 발전했다. 1840년에 이르러 영국은 다른 유럽 국가들에 2억 야드에 달하는 면직물을 수출했던 반면 아시아, 아프리카, 아메리카(미국 포함)에는 무려 5억 2천9백만 야드에 달하는 면직물을 수출했다. 결국 1820년부터 1840년 사이에 영국과 인도의 면직물 산업은 역전되었다. 1700년대 초반 영국은 정부가 수입을 금지했을 정도로 엄청난 양의 인도산 면직물을 수입했지만, 1800년대의 영국은 오히려 새로운 식민지들에 면직물을 수출하기 시작했다. 1820년 고작 1천1백만 야드에 불과했던 식민지 수출량은 1840년 1억 4천5백만 야드까지 증가했다. 그 과정에서 인도의 거대한 면직물 산업은 급격히 쇠퇴했다. 일부 역사학자들은 그 현상을 인도의 〈산업 구조의 파괴〉라고 지칭했다.

영국의 새로운 동력, 석탄과 증기기관의 등장

영국 면직물 산업의 눈부신 성장에도 불구하고 영국의 한 유명 역사학자는 면직물이 단독으로 산업적 혁명을 이끌었다는 견해에는 의혹을 제기한다. 1830년대까지 면직물 산업은 사실상 영국의 경제 성장을 주도했다. 면직물은 도시의 산업 노동자라는 새로운 계층을 탄생시켰고 찰스 디킨스의 여러 소설들에 등장하는 열악한 공장들과 끔찍한 부정부패를 낳았다. 그러나 이 모든 것들도 영국의 경제를 생태학적 한계에서 벗어나게 만들 수는 없었다. 그것을 실현하기 위해서는 완전히 새로운 동력이 필요했다. 그것은 바로 〈석탄을 사용한 증기기관〉이었다.

면직물 산업과 달리 석탄과 증기기관이 발전한 과정은 오직 영국에서 일어난 고유한 현상이다. 그 과정에서 영국이 중국의 전철을 따라 노동 집약적 농업으로 전환하기 직전까지 이르렀던 상황이 드러난다. 중국과 마찬가지로 인구 증가와 농업 발달은 영국의 토지 자원에 상당한 압박을 가했다. 실제로 1600년대 영국 남부의 대부분 지역은 이미 산림이 황폐화되었는데, 그렇게 된 가장 큰 이유는 대도시로 성장하던 런던에서 필요로 하는 난방과 요리를 위한 연료를 지속적으로 공급해야만 했기 때문이었다.

하지만 다행히도 영국은 런던 인근에 석탄 광맥이 있었기 때문에 석탄을 채굴하여 석탄 산업을 시작할 수 있었다. 1800년 영국은 세계 석탄 생산량의 90퍼센트에 달하는 1천만 톤의 석탄을 생산했고 그 엄청난 양의 석탄은 사실상 런던의 가정과 공장에서 모두 소비되었다. 그러다 점차 석탄이 고갈되자 영국인들은 더 많은 석탄을 찾기 위해 더 깊이 갱도를 팠지만 번번이 지하수가 솟구치며 작업을 방해했다. 그러자 광산 운영자들은 광산에서 지하수를 끌어올리는 방법을 연구하기 시작했다.

마침내 그들은 증기로 피스톤을 움직이는 장비를 개발했다. 1712년 토머스 뉴커먼이 최초로 발명한 이 장비는 1760년대에 제임스 와트에 의해 대폭적으로 개선되었지만 초창기에는 연료의 소비가 너무 많아 높은 연료비 때문에 비효율적이어서 한 가지 경우를 제외하면 거의 무용지물이나 다름없었다. 뉴커먼의 비효율적인 증기기관은 오로지 석탄이 풍부하고 그래서 공짜로 석탄을 사용할 수 있는 광산의 입구에서만 사용될 수 있었다. 이 장비는 1712년부터 1800년까지 2천5백 대가 제작되었고 거의 모두가 석탄 광산에서 사용되었다. 그러나 이 장치도 아직 산업혁명을 설명하진 못한다. 그 이유는 석탄 그리고 증기기관의 수요는 새로운 장치가 개발될 때까지 지극히 제한적이었기 때문이다. 가장 중요한 변화라면 증기기관을 그저 석탄 광산에서 지하수를 뽑아내는 용도가 아닌 지상에서 기관차를 이동시키는 용도로 사용하겠다는 생각이었다.

진정한 혁신은 최초로 증기기관을 사용한 기관차가 질주할 철도

■ 초창기 증기 기관차 모습.

가 건설되면서 시작되었다. 광부들은 석탄 광맥을 찾기 위해 런던에서 멀리 떨어진 지역까지 이동해야만 했다. 따라서 육상으로 탄광에서 항구까지 석탄을 운송하는 데는 막대한 비용이 들었다. 당시 광산에서 석탄을 끌어올리고 가까운 거리에 광차(광산에서 캐낸 광석을 실어 나르는 뚜껑·없는 화차)를 이동시키는 작업에는 고정된 증기기관이 사용되었다. 그러나 영국 북부에 위치한 더럼의 한 광산에서 광차에 증기기관을 장착하여 철로를 이용해 항구까지 이동시키려는 계획을 실행에 옮겼고, 1825년 광산에서 해안까지 11킬로미터에 달하는 거리를 직접 연결한 철로가 개통되었다. 마침내 최초의 철도가 탄생한 것이다.

1830년 영국의 철로는 고작 수십 킬로미터에 불과했지만 1840년에는 7천2백 킬로미터를 넘어섰고 1850년에 이르러서는 3만 7천 킬로미터로 증가했다. 이제 석탄 광산과 철도는 더 많은 석탄, 더 많은 증기기관, 더 많은 강철을 필요로 했다. 철도 1.6킬로미터를 개설하려면 철로에만 무려 3백 톤의 강철이 소비되었다. 1830년부터 1850년까지 영국의 강철 생산량은 68만 톤에서 225만 톤으로 늘어났고 석탄 생산량은 1천5백만 톤에서 4억 9천만 톤으로 증가했다.

증기기관은 생산량의 엄청난 증가를 불러일으키며 면직물 산업도 대폭적으로 변화시켰다. 방적 분야는 수력을 활용하면서 최초로 산업화되었다. 1790년 새뮤얼 크럼프턴이 발명한 뮬 정방기는 증기기관을 활용한 장치로, 물레를 통한 수작업보다 무려 1백 배나 많은 실을 생산할 수 있었다. 그 당시 인도와 중국은 여전히 물레를 통한 수작업에 의존했다. 이처럼 실이 대량으로 생산되면서 방직공들은 그 물량을 감당할 수 없게 되었고 마침내 방직 산업에도 혁신이 일어났다. 그 결과 증기기관을 사용한 방직기가 발명되었고 1820년대에는 물레로 작업하는 방직공은 거의 찾아볼 수 없게 되었다. 1830년대 영국 인구 1천2백만 명 가운데 무려 50만 명(대부분 여자들과 아이들이었다.)이 면직물 공장에서 일했을 만큼 영국의 면직물 산업은 거대한 규모로 성장했다.

식민지나 석탄이 없었어도 가능했을까

일반적으로 산업혁명은 사람들의 생산력을 극적으로 높일 수 있는 노동 절감형 장치의 발명을 이끌어내 인간 사회가 생산성과 사회적인 부, 생활수준을 끝없이 향상시킬 수 있는 단계로 접어들게 만들었다고 묘사된다. 그것은 어느 정도까지는 사실이었는데, 특히 면직물 산업이 가장 대표적인 경우였다. 영국의 제조업자들은 값싼 인도산 면직물과 경쟁하면서 국내의 높은 임금을 해결해야 하는 문제에 직면했는데, 그래서 생산비를 낮추기 위해 필사적으로 노력했고 결국 기계화로 전환하는 데 성공했다. 그러나 증기기관이 없었다면 그 과정은 영국이 수력을 사용할 수 있는 장소를 모두 개발할 때까지 좀처럼 진척되지 않았을 것이다. 또한 석탄과 증기기관이 없었다면 면직물 산업은 단독으로 영국의 경제를 생물학적 구제도의 한계에서 벗어나게 할 수 없었을 것이다. 만약 산업적 혁명을 묘사할 수 있는 이미지가 있다면 그것은 공장 굴뚝 위로 솟아오르는 시커먼 연기일 것이다.

산업혁명을 제대로 이해하기 위한 한 가지 방법은 그것이 〈토지절감형landsaving〉 메커니즘을 통해 이루어졌다고 생각하는 것이다. 동쪽의 중국에서 서쪽의 영국에 이르기까지 구세계 전역에 걸쳐 생활필수품을 생산할 수 있는 토지가 부족하다는 것은 더 이상의 성장에 대한 한계를 규정하게 되었다. 그러다 보니 새로운 경제 체제로 도약한다는 것은 생각할 수도 없었다. 이처럼 생물학적 구제도의 생태학적 한계에 대한 이해는 산업혁명이 영국에서 최초로 발생했던 과정과 이유에 대해 새로운 해석을 내릴 수 있는 시야를 제시한다.

증기는 나무나 목탄을 사용하면 쉽사리 얻을 수 있지만 그러기 위해선 막대한 양의 나무를 소비해야 했다. 18세기 후반 영국의 산림 지역은 고작 5-10퍼센트에 불과했다. 1815년 최상의 조건에서 목탄을 사용하여 생산할 수 있는 강철의 양은 겨우 10만 톤 정도였는데 그 당시 실제 생산되던 40만 톤과 향후 철로를 설치하는 데 필요

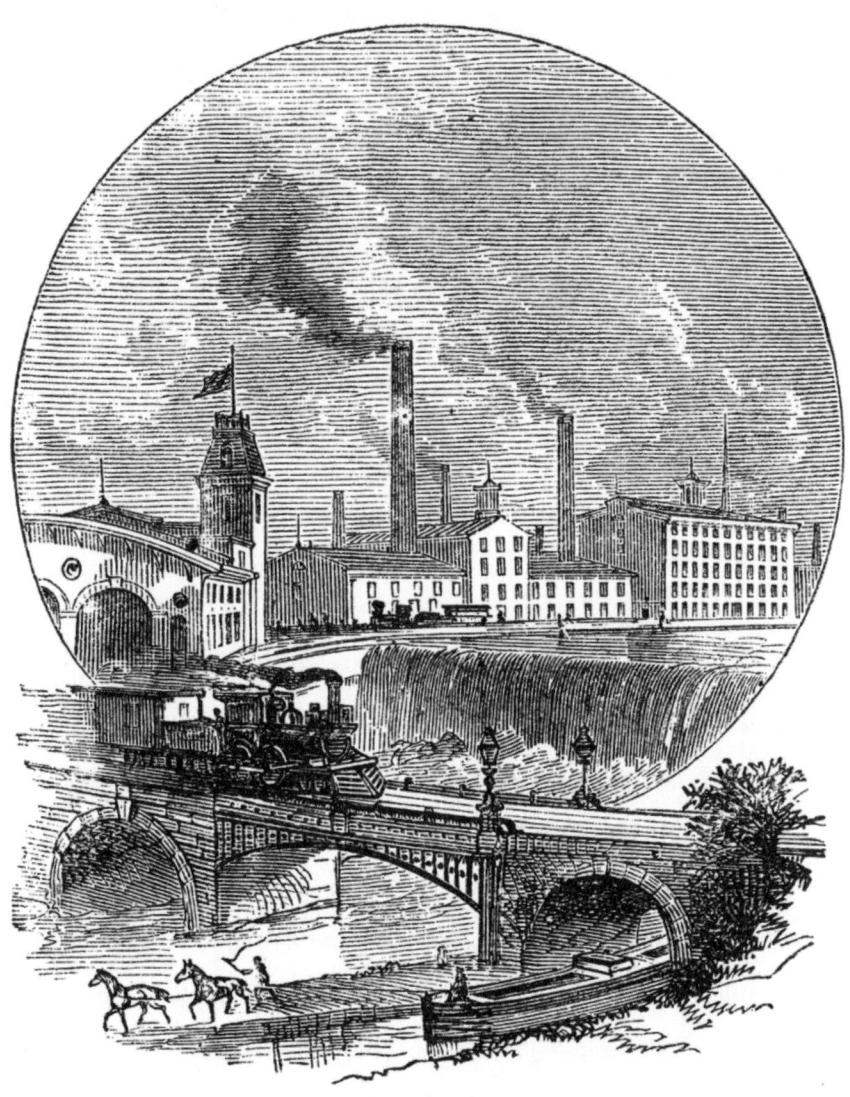

■ 영국에서 일어난 산업혁명을 상징하는 대표적인 모습. 석탄을 동력으로 이용한 증기기관은 증기 기관차와 대량 생산을 할 수 있는 공장을 탄생시켰다.

한 수백만 톤에 비하면 턱없이 부족한 수준이었다. 결국 지속적으로 강철을 생산하기 위해서는 수천만 에이커에 달하는 산림이 훼손되어야만 했다. 그것은 실현 가능할 수도 있었을지 모르지만 농토를 다시 산림으로 전환하는 것은 식량 부족 등 치명적인 결과를 초래할 수 있었다. 따라서 만약 석탄이 없었거나 영국이 석탄을 쉽게 발견하고 운송할 수 있었던 역사적 사건이 벌어지지 않았다면 증기기관의 발전도 대단히 늦어졌을 것이고 강철의 생산도 극도로 감소했을 것이다.

신세계 식민지는 영국에게 국경을 초월한 부가적인 토지를 제공하여 면직물로 대표되는 초기 산업화를 이끄는 데 주요한 역할을 했다. 1800년대 초반 영국은 면직물 공장을 운영하기 위해 신세계에서 수십만 톤에 달하는 목화를 수입했다. 대부분의 목화는 과거 식민지였던 미국에서 수입했지만 카리브 해의 식민지에서도 상당한 양을 수입했다. 만약 영국이 국내에서 나는 양모와 리넨, 삼베로 의복을 만들었다면 아마도 1천2백만 에이커의 토지가 황폐화되었을 것이다. 또 식민지에서 설탕을 수입하여 노동자들에게 상당한 영양분을 공급하던 영국이 국내에서 직접 설탕을 생산했다면 수백만 에이커의 토지를 투자해야만 했을 것이다. 요컨대 석탄과 식민지가 없었다면 19세기 중국의 경우와 마찬가지로 영국도 점점 더 많은 토지와 노동력을 식량 생산에 투입하도록 압박하여 산업 생산에 투자할 자원을 더욱 제한하고 결국 산업적 혁명에 대한 희망을 소멸시켰을 것이다.

왜 중국이 아닌, 영국이었나

산업혁명에 대한 유럽 중심적 관점은 16세기에 시작된 아주 흥미롭고 대단히 중요한 발전인 과학혁명에 전적으로 의존하고 있다. 16세기 일부 유럽인들은 자연을 수학적으로 이해하여 모델로 만들 수 있는 개별적인 실체로 생각하기 시작했다. 하지만 비록 과학이 세계를 구성하는 필수적인 부분이 된 것은 사실(특히 1800년대 후반 새로운 산업들이 탄생하는 데 과학이 주도적인 역할을 담당했다.)이지만, 유럽의 과학을 산업혁명의 시초나 산업혁명의 원동력이 된 기술과 연계할 수 있는 증거는 거의 존재하지 않는다. 그 이유로는 다음과 같은 몇 가지가 있다.

일단 과학을 자연 세계를 이해하는 지적 기반으로, 기술을 인간이 생산이나 재생산을 위해 자연 현상을 정립하는 수단으로 정의해보자. 만약 산업혁명이 노동 절감형 장치를 개발하는 과정에서 촉발되었다고 가정하면 기술의 발전은 가장 중요한 요소라고 할 수 있다. 그러나 앞서 언급했던 것처럼 산업혁명이 일어난 가장 결정적인 요인은 노동력이 아닌 〈토지의 부족〉 때문이었다. 따라서 영국이 부족한 토지 문제를 극복하고 최초로 산업화에 성공할 수 있었던 원동력은 바로 석탄과 식민지였다. 실제로 산업혁명에 사용된 기술은 중국에서도 잘 알려진 것이었다. 결국 중국이 아닌 영국에서 산업혁명이 시작된 이유는, 극도로 비효율적인 증기기관에 사실상 무제한으로 석탄을 공급할 수 있었던 영국의 지리적 특수한 상황 때문이었다. 단지 중국은 그런 행운이 따르지 않았을 뿐이었다.

그러나 증기기관과 강철이라는 새로운 기술이 산업혁명에서 중요한 역할을 담당했다고 가정해도 그런 기계를 개발한 사람들을 과학자나 과학적 교육을 받은 사람이라고 인정할 수 있는 증거는 거의 존재하지 않는다. 실제로 17세기부터 18세기까지 과학은 구제도의 유럽에서 양대 기둥이던 군주들과 가톨릭 교회를 상대할 수 있는 가장 유용한 정치적 수단이었다. 마지막으로 과학을 유럽의 고유한 특징으로 간주할 수 없는 이유는 과학적 사상이 대부분 유라시아 대륙 건너편의 중국과 페르시아에서 건너왔기 때문이다. 심지어 유럽의 르네상스도 이슬람 세계의 도서관에 보관된 고대 그리스의 문서들을 재발견하면서 진행된 것이다.

결국 영국의 산업화는 여러 요소들이 우연히 조합되어 일어난 역사적 사태였다. 그러나 과학혁명은 그 요소에 포함되지 않았다. 신세계는 대참사로 인한 노동력 부족이 아프리카 노예들에 의해 해결되면서 독특한 제도를 갖춘 특수한 주변부가 되었다. 신세계는 사탕수수와 목화 등 수출을 위한 농작물은 생산하면서도 정작 생활에 필요한 식량과 의복은 수입에 의존해야 했다. 16세기의 유럽은 제국을 건설하려는 스페인의 시도가 실패하면서 오직 승자와 패자로 구분되는 치열한 갈등과 경쟁으로 대표되는 국가 체제가 성립되었고 결국 18세기에 그 경쟁에서 우위를 점한 영국과 프랑스가 강대국으로 부상했다. 영국은 대도시로 성장하던 런던에 연료를 공급하기 위해 산림이 황폐화되면서 석탄의 필요성이 대두되었는데 다행히 인근에 석탄이 매장되어 있었다. 아시아에서는 1700년대 무굴 제국이 쇠퇴하면서 영국, 네덜란드, 프랑스가 저마다 동인도회사를 설립하며 아시아의 생산물을 차지하기 위해 경쟁했고, 결국 7년 전쟁에서 승리한 영국이 신세계와 인도에서 프랑스를 몰아내는 데 성공했다. 마지막으로 엄청난 은 수요가 발생한 중국과, 신세계에서 은광을 발견한 유럽의 상황이 서로 맞물리면서 유럽은 아시아의 향료와 물자에 접근할 수 있는 수단을 확보했다. 그러면 이제 이 장에서 다룬 내용에 대한 결론을 내리기 위해 다시 중국으로 눈을 돌려보자.

차, 은, 아편, 강철, 그리고 전쟁

1760년 영국은 인도에서 프랑스에 승리를 거두며 새로운 식민지를 건설했지만 아메리카에서는 독립 전쟁에서 패배하여 기존의 식민지를 잃었다. 결국 영국은 다시금 아시아로 시선을 돌리며 아시아 무역에 주력하기 시작했다. 비록 면직물 산업을 기계화하고 인도에 엄청난 양의 면직물을 수출했지만 여전히 영국은 중국에 대량으로 수출할 수 있는 물품을 찾지 못했다. 설상가상으로 영국인들은 중국산 차茶를 선호했기 때문에 엄청난 양의 차를 중국에서 수입하기 시작했다. 하지만 다행히 영국은 신세계에서 생산되는 엄청난 양의 은을 확보할 수 있었다. 1713년 위트레흐트 조약으로 영국은 스페인의 신세계 식민지에 노예를 공급하고 그 대가로 신세계의 은을 획득하는 흑인 노예 교역 계약을 체결했다. 이런 식으로 확보한 은으로 영국은 중국산 차를 대량으로 수입했다.

차

중국은 약 1천 년 전부터 특정한 상록수 나뭇잎으로 차를 제조해 왔다. 그들은 오랜 세월에 걸쳐 찻잎을 선택하고 건조시켜 은은한 향이 풍기는 훌륭한 제품으로 만드는 방법을 터득했다. 영국 동인도회

- 처음에는 상류층이 주로 즐겼지만 점차 영국의 모든 국민들이 차를 애용하게 되면서 영국의 주요 수입품이 되었다.

사는 영국에 차 시장이 형성된 것을 파악하고 서둘러 차를 수입하기 시작했다. 처음에 차는 상대적으로 가격이 비쌌기 때문에 주로 상류층이 애용했지만 동인도회사가 수입 물량을 늘리면서 일반 시민들도 충분히 구입할 수 있을 정도로 가격이 하락했다. 특히 노동자들은 차에서 풍기는 은은한 향을 좋아했는데, 면직물 공장과 석탄 광산이 노동 인원을 확충하고 근무 시간을 연장하면서 노동자들은 더 많은 차를 소비하게 되었다. 식민지에서 수입되는 설탕과 목장에서 생산되는 우유와 함께 차는 대규모로 성장하는 영국의 산업 노동자들에게 아주 중요한 영양 공급원이 되었다. 1760년에 영국은 5백만 톤에 달하는 차를 수입했는데 1800년에는 면직물 공장이 급증하면서 무려 1천2백만 톤을 수입했다. 아마도 밀수된 물량까지 합하면 그 수치는 2배까지 증가할 것이다. 당시 영국의 면직물 노동자들과 석탄 광부들은 차를 구입하는 비용으로 수입의 5퍼센트를 지출했다. 설탕을 구입하는 비용까지 합치면 10퍼센트까지 증가했다.

그러자 영국 상인들은 저렴한 가격에 차를 구입할 수 있는 비공식적 경로를 찾기 위해 중국 해안을 따라 항해했다. 하지만 그들은 이따금 중국의 관습을 모독하는 언행을 저질렀고 그러자 1760년 중국의 통치자들은 모든 해외 무역(특히 영국)을 오직 남부에 위치한 광저우 한 곳에서만 실행하도록 제한했다. 그 후 80년 동안 중국이 일방적으로 결정한 〈광저우 체제〉는 중국과 영국의 무역을 통제했다.

영국은 정기적으로 중국과 협상을 시도했지만 아무런 성과도 거두지 못했다. 특히 1793년 영국이 공식적인 외교관계를 수립하고 중국 시장에 더 많이 진출하기 위해 조지 매카트니 경이 이끄는 사절단을 파견한 것은 가장 대표적인 사례였다. 중국의 황제는 베이징의 웅장한 궁전과 화려한 별장을 보여준 후 매카트니를 영국으로 돌려보냈다. 이윽고 황제는 영국의 국왕 조지 3세에게 편지를 보냈다. 그 편지에서 황제는 더 많은 무역을 원하는 영국의 요청을 거절하면서 "우리의 거대한 제국은 그 무엇 하나도 부족한 것 없이 모든 것이 풍부하다."고 적었고 영국인들에게 중국의 법과 관습에 따를 것을 명령했다. 비록 중국 경제와 세계에서 중국이 차지하는 위치에 대한 견해에는 다소 오류가 있지만 그런 황제의 태도는 상대적으로 중국이 영국보다 강하다는 사실을 반영하는 것이었다. 영국은 꾸준히 산업이 발전하고 있었지만 여전히 아시아에서는 중국의 상대가 되지 못했다. 하지만 그 후 40년 동안 그 관계는 변하게 되었다.

은

이처럼 국내에서 차 소비량이 증가하고 독립 전쟁의 패배로 신세계에서 은을 확보할 수 있는 능력이 떨어지자 영국의 중상주의자들은 조만간 중국에서 차를 수입하기 위해 은을 대신할 물자를 찾아야 할 시기가 올 것이라고 걱정했다. 중국 전역은 피아노와 시계의 수요가 제한적이었고 남부는 모직물의 수요가 전혀 없었다. 더욱이 세계의 다른 지역들과 달리 중국은 국내의 면직물 산업이 상당히 발달했기 때문에 굳이 인도산 면직물을 수입할 필요도 없었다. 결국 18세기 영국 동인도회사가 중국과 거래하면서 은을 대신할 수 있는 물자는 오직 인도의 식민지에서 생산되는 목화뿐이었다. 그러나 목화만으로는 부족했기 때문에 은은 꾸준히 중국으로 유입되었고 영국 정부와 동인도회사는 은이 유출되는 문제로 몹시 고심했다. 마침내 영국은 은을 대신해서 중국에서 차를 수입할 수 있는 다른 물자를 인도의 식민지에서 생산할 수 있게 되었다. 바로 중독성 강한 마약인 〈아편〉이었다.

마침내, 아편!

중국을 포함한 대다수의 국가들은 오랜 세월 동안 의학적인 용도로 아편을 사용했다. 따라서 중국에서도 작은 아편 시장이 형성되어 있었다. 1773년 영국의 인도 식민지 총독은 벵골 지역에서 아편을 독점적으로 생산할 수 있는 체제를 구축했다. 그의 임무는 아편 생산량을 늘려 중국에 수출하는 것이었다. 중국은 아편의 흡연을 금지했지만 일단 어느 정도 성공을 거두자 영국은 공짜로 파이프를 공급하고 새로운 구매자들에게 아주 낮은 가격으로 아편을 판매하면서 점차 시장을 확장했다. 1815년 가격을 내리자 아편의 판매는 급증했고 1830년 동인도회사는 인도의 다른 지역들에서도 아편을 생산하기 시작했다. 1834년 자유 무역을 옹호하던 영국 정부가 동인도회사의 아시아 무역에 대한 독점을 금지하면서 다른 무역업자들도 아시아 무역에 뛰어들었다. 심지어 미국인들도 터키에서 아편을 가져다가 중국에 수출하면서 아편 무역에 가담했다.

수많은 중국인들이 아편에 중독되었다. 쑤저우에서 아편 중독자는 10만 명까지 증가했고 광저우에서도 수십만 명에 달하는 아편 중독자들이 생겨났다. 약 70킬로그램의 아편이 중국으로 유입되면서 중국의 은이 점차 해외로 유출되기 시작했다. 1830년대에는 해마다 10만 킬로그램의 아편이 중국으로 유입되었다. 중국은 아편 문제가 심각한 상태에 이른 것을 파악했지만 그 해결책을 두고 논란이 벌어졌다. 찬성파는 정부가 직접 아편 무역과 공급을 규제하고 중독자들을 위한 치료 시설을 설립하는 방식으로 아편을 합법화해야 한다고 주장했다. 반대파는 아편 무역이 비윤리적이고 불법적인 것이기 때문에 즉시 아편 수입을 금지하고 아편을 거래하는 해외 상인들을 모두 처벌해야 한다고 주장했다. 1830년대 후반 결국 반대파가 승리했고 황제는 임칙서(林則徐, 중국 청나라 말기의 정치가)를 대신으로 임명하고 아편 거래를 근절할 수 있는 전권을 부여했다.

광저우에 도착한 임칙서는 현지의 상황을 조사하면서 영국과 미국 아편 상인들의 부도덕한 행위에 경악했다. 그는 영국의 빅토리아 여왕에게 영국인들을 통제해줄 것을 요청하는 글을 작성했지만 그 편지는 영국으로 발송되지 못했다. 그는 광저우 인근의 섬에 있던 외국 상인들의 창고를 봉쇄하면서 그들에게 아편을 모두 인계하고 다시는 아편을 거래하지 않겠다는 맹세를 하면 석방하겠다고 선언했다. 1839년 6월 아편 상인들로부터 암묵적인 동의를 받은 임칙서는 무려 2만1천 개의 상자에 담긴 아편을 바다에 버렸는데, 그는 아편을 버리기 전 바다의 생물들에게 용서를 구하는 기도를 올리기도 했다.

하지만 불행히도 그 사건으로 모든 문제가 끝난 것은 아니었다. 중국과 영국은 홍콩 인근에서 자주 충돌했고 중국은 광저우에 세워진 외국 상인들의 창고를 봉쇄했다. 더욱이 영국에서 중국을 상대로 무역하던 상인들과 맨체스터의 면직물 제조업자들이 중국 시장을 개방시키라는 압박을 가하면서 결국 영국 정부는 해군을 파견하여 중국을 공격하기로 결정했다. 무려 4억 명에 달하는 중국의 소비자들은 맨체스터의 공장을 영원히 멈추지 않게 만들 것이기 때문이다.

강철 증기선

마침내 영국과 중국은 아편전쟁(1839-1842년)을 벌였다. 이 전쟁은 모든 면에서 대단히 흥미롭지만 특히 두 가지 사항에 대해 다뤄보겠다. 첫 번째는 영국이 중국과 전쟁을 벌이며 새로운 형태의 전함을 사용한 것과 관계가 있다.

선체를 전부 강철로 만든 최초의 전함 네메시스Nemesis는 아시아의 강에서 벌일 전투를 대비하여 특별히 설계된 것이었다. 그러나 이 전함은 영국 해군이 아닌 동인도회사가 제작했다. 영국 해군은 주력 함정으로 목재 전함(일부는 증기기관을 사용)을 선호했다. 영국이 대서양과 인도양을 장악하는 동안 그 목재 전함은 바다를 지배했다. 그래서 영국의 제독들은 증기기관을 사용하는 작은 강철 전함이 다

■ 작은 강철 증기선은 아편전쟁에서 영국의 승리를 이끄는 데 주요 역할을 했다.

른 국가들과 벌일 전투에서 큰 위력을 발휘하지 못할 것이라고 생각했다. 따라서 동인도회사는 새로운 전함을 제작하기 위해 은밀히 리버풀의 버큰헤드 아이언 워크 사와 계약했다. 그 전함은 다른 전함들에 비해 규모가 작았다. 길이 56미터에 폭 8.8미터였고 흘수(배가 물 위에 떠 있을 때 물에 잠겨 있는 부분의 깊이)는 고작 1.5미터에 불과했다. 120마력의 증기기관을 사용한 이 전함의 새로운 특징은 목재를 전혀 사용하지 않고 전부 강철로 제작했다는 것이다.

동인도회사는 인도를 비롯한 아시아의 다른 지역들에 식민지를 확장하기 위해 강에서 활약할 수 있는 전함의 개발에 큰 관심을 가졌다. 1844년에 출간된 네메시스의 자료에 의하면, 중국과의 전쟁은 그저 평범한 강철 증기선에 불과했을 이 새로운 전함의 장점을 시험할 수 있는 최고의 기회로 여겨졌다. 중국 해안을 따라 흐르는 수많은 강들은 제대로 알려지지 않았고 사실상 거의 측량되지도 않았기 때문에 새로운 전함을 활용할 수 있는 최적의 장소였다. 게다가 영국 동인도회사는 인도에서 희망봉을 거쳐 영국까지 물자와 사람들과 편지를 운송하면서 강철 증기선의 속도를 입증하는 데도 관심을 보였다. 더불어 아이언 워크 사의 소유주도 영국 해군과 계약을 성사시키려는 목적으로 강철 전함의 성능을 입증하기 위해 노력했다.

네메시스는 불과 3개월 만에 건조되어 1840년 후반 중국 해안에 도착했다. 이윽고 네메시스는 주장 강의 거친 급류와 거센 바람에도 탁월한 성능을 발휘하며 중국의 정크선 몇 척을 격침시켰다. 더욱이 1842년에는 중국 중부와 북부를 연결하는 상업의 젖줄이던 양쯔 강과 대운하의 교차점을 봉쇄하는 데 결정적인 역할을 했고 중국 남부의 수도인 난징을 위협하는 데도 크게 공헌했다. 이처럼 철저히 완패를 당한 중국의 통치자들은 영국에게 평화를 요청했다. 1842년 중국과 영국이 체결한 난징조약으로 아편전쟁은 종결되었다. 하지만 그것은 서구가 중국을 공략하는 서막을 알리는 상징적인 사건이었다.

산업혁명의 수단을 전쟁에 이용

난징조약은 미국을 포함한 서구의 열강들이 중국의 이권을 차지하기 위해 향후 60년 동안 중국 정부의 주권을 박탈하고 관세를 올리지 못하도록 제한하는 〈불평등 조약〉이었다. 중국은 영국에게 홍콩을 양도했고 아편 상인들의 손실에 대한 보상으로 멕시코 은화 2천1백만 달러를 지불했으며 더 많은 항구를 서구의 열강들에게 개방했다. 1차 아편전쟁 때는 아편 거래가 합법화되지 않지만 2차 아편전쟁(1858-1860년)이 일어나면서 결국에는 합법화되고 말았다.

비록 네메시스는 1차 아편전쟁에서 영국이 중국에 승리를 거둘 수 있었던 유일한 원동력은 아니라고 해도 1793년 매카트니 경이 중국에서 쫓겨난 이후 불과 40년 사이에 영국에서 일어난 엄청난 변화를 상징했다. 네메시스는 산업혁명의 수단인 강철과 증기기관이 전쟁의 수단으로 활용된 대표적인 사례였다. 이 강철 전함은 특히 유럽의 아시아와 아프리카 식민지 건설에 크게 공헌했다. 실제로 19세기 유럽의 아시아와 아프리카 진출에 대한 역사는 대부분 이런 주제들을 다루고 있다.

영국의 강철 제조업자들은 단지 중국과의 전쟁에만 관심을 두지는 않았다. 그 이유는 영국의 인도 식민지 정부와 동인도회사가 아편으로 재정을 확보했기 때문이다. 또 유럽 국가들의 정부는 전쟁 기술을 개발하고 실험하는 데 주력했는데 그 대표적인 사례가 바로 아편전쟁이었다. 영국의 면직물 제조업자들은 중국 시장의 개방을 기대하며 적극적으로 전쟁을 촉구했다. 이제 증기기관을 활용하여 기계화에 완전히 성공한 맨체스터의 면직물 제조업자들은 세계의 어떤 국가들보다 싼 가격에 면직물 제품을 수출할 수 있다는 자신감에 충만했고 그것을 입증하기 위해 자유 무역을 주장하고 나섰다. 마지막으로 영국의 인도 식민지 정부는 전쟁을 통한 수입에 상당한 관심을 가졌다. 아편전쟁에 투입된 영국군의 3분의 2는 마드라스와 벵골 출신의 인도인들로, 영국이 식민지 국민들을 전쟁에 활용할 수 있다는 것을 입증했다. 실제로 프랑스의 한 역사학자는 이렇게 언급했다.

"마치 영국은 그저 중국과의 전쟁에 활용할 목적으로 인도를 점령한 듯했다."

단지 그들에겐, 석탄과 식민지가 없었을 뿐이다

인류의 오랜 역사에서 산업혁명은 농업혁명보다 중요하게 여겨진다. 농업은 사람들에게 태양 에너지를 활용하여 인구 증대와 문명의 번영을 이끌도록 만들었지만 생물학적 구제도의 한계를 벗어나진 못했다. 반면 산업혁명은 인간 사회가 생물학적 구제도에서 벗어나 석탄과 석유로 대표되는 광물 에너지를 기반으로 완전히 새로운 경제 체제와 생활방식을 구축할 수 있게 만들었다. 오늘날 우리의 생활방식은 산업혁명을 통해 물질 생산이 엄청난 규모로 증대되면서 가능해진 것이다. 최첨단 컴퓨터가 인류를 산업화 이후의 새로운 시대로 이끌었다고 생각하는 사람들은 근본적인 측면을 간과하고 있다. 예를 들면, 2001년 캘리포니아 실리콘밸리의 정전 사태는 컴퓨터가 바로 화석 연료를 통해 생성되는 엄청난 양의 전력을 필요로 한다는 것을 증명하는 대표적인 사례였다.

지난 수천 년 동안 우리는 농업의 부상과 그 결과를 지켜보았지만 산업 세계가 시작된 것은 고작 2백 년에 불과하다. 또 우리는 아직 산업 시대에 살고 있기 때문에 그것이 어떤 결과로 이어질지 예측할 수 없다. 이런 까닭에 산업혁명에 대한 해석은 임의적일 수밖에 없다. 그럼에도 불구하고 나는 산업혁명을 오직 광범위한 세계적 및 생태학적 관점에서 이해해야 한다고 생각한다.

먼저 세계적 관점에서 보자면, 17세기와 18세기 유럽의 면직물 산업은 인도와 중국에 비해 경쟁력이 떨어졌다. 인도산 옥양목과 중국산 비단은 영국의 면직물보다 가격도 저렴하고 품질도 우수했다. 하지만 국내 제조업자들을 보호하기 위해 무력까지 동원했던 영국 정부의 적극적인 후원과 신세계의 식민지 법령의 특혜를 받게 된 영국의 면직물 제조업자들은 인도산 면직물을 배제하고 자국의 면직물을 수출할 수 있는 〈시장〉과 저렴한 가격에 천연자원을 수입할 수 있는 〈원산지〉를 확보했다.

생태학적 관점으로 보면, 중국에서 영국까지 이르는 구세계의 경제는 공통적으로 〈토지 부족〉을 겪기 시작했다. 중국과 영국은 모두 시장 규모를 증대하고 노동 분화를 시도하여 구제도의 한계에서 최대한 효율성을 이끌어냈지만 근본적으로 모든 생활필수품은 토지에서 생산해야만 했다. 석탄이나 식민지가 없었던 중국은 토지에서 얻을 수 있는 생산량을 증대하기 위해 더 많은 노동력과 자본을 토지에 투입할 수밖에 없었던 반면, 영국은 신세계의 방대한 자원과 국내에 매장된 석탄을 확보하며 그런 한계에서 벗어날 수 있었다.

영국의 제조업자들과 발명가들은 석탄을 채굴하고 증기기관을 발명하면서 어려운 상황을 극복했다. 그러나 중국이나 인도가 그런 방식으로 직면한 문제를 해결할 수 있는 능력이 없었다고 생각해서는 안 된다. 그들은 그저 〈석탄〉이나 〈식민지〉가 없었던 것뿐이다.

제5장

/

동양은 어떻게 서구에게 역전을 당했는가

1850-1900년

앞서 〈들어가는 글〉에서도 살펴본 수치들을 다시 한 번 정리하면서 이 장을 시작해 보겠다. 18세기 중국, 인도, 유럽(비록 이제까지 언급되지 않았지만 일본도 포함될 수 있었다.)은 경제 개발, 생활수준, 평균수명의 측면에서 비교 대상이 되었다. 18세기의 중국, 인도, 유럽은 모두 전 세계 국내총생산에서 똑같은 비율(약 23퍼센트)을 차지했다. 그들은 당시 전 세계 경제 활동의 70퍼센트를 담당했다. 1750년 중국은 전 세계에서 거래되는 제조품의 33퍼센트, 인도와 유럽은 각각 23퍼센트를 생산하면서 전 세계 산업 생산량에서 거의 90퍼센트에 육박하는 비율을 차지했다. 1800년에도 전반적인 수치는 비슷했지만 인도의 비율이 감소하면서 유럽의 비율이 증가하기 시작했다.

그러나 1800년대 초반 전 세계 국내총생산과 제조 산업의 생산량에서 유럽의 비율이 급증했고 1900년대에 들어서면서는 중국과 인도의 비율이 급감하면서 상황은 완전히 역전되었다. 1900년 전 세계 제조 산업의 생산량에서 인도의 비율은 고작 2퍼센트에 불과했고 중국은 약 7퍼센트에 그쳤지만 유럽은 무려 60퍼센트를 차지했고 미국도 20퍼센트를 담당했다. 1900년 유럽과 미국은 전 세계 제조 산업의 80퍼센트를 장악했던 것이다. 이는 세계사에서 벌어진 중대한 〈역전 과정〉을 그대로 반영하고 있다.

18세기 중국과 인도는 전 세계 부의 절반 이상을 차지했지만 불과 2세기 만에 세계에서 가장 산업화가 늦고 가장 가난한 국가가 되었다. 하지만 그들이 전 세계 국내총생산에서 차지하는 비율은 제조 산업의 총생산량에서 차지하는 비율만큼 떨어지지는 않았다. 그 이유는 아마도 꾸준히 인구가 증가했기 때문일 것이다. 실제로 〈표 5-1〉을 보면 1750년부터 1850년까지 중국의 인구는 인도와 유럽보다 훨씬 많았다. 과거 1400년대 세 지역의 인구는 거의 비슷한 수준이었다. 이처럼 증가하는 인구에 비해 부의 창출이 적었던 중국과 인도는 19세기 전반에 걸쳐 심각한 빈곤에 시달리게 되었던 반면 유럽과 미국은 더 많은 부를 축적했다. 더욱이 중국과 인도는 산업화를 이루지 못했기 때문에 도시들이 많은 인구를 수용할 수 없었고 그로 인해 농촌의 빈곤이 가중되고 말았다.

따라서 이 책에서 보여준 도표들은 19세기 전반에 걸쳐 점점 더 심각해진 서구와 다른 세계들의 격차를 보여준다. 유명한 역사학자 페르낭 브로델Fernand Braudel은 "해를 거듭할수록 심해지는 이 격차를 설명하기 위해서는 근대사의 필수적인 문제를 철저히 파헤쳐야 한다."라고 말했다. 그는 1970년대 후반 저술 활동을 벌이면서 인도와 중국, 혹은 저개발 지역이나 제3세계로 불리는 다른 지역들

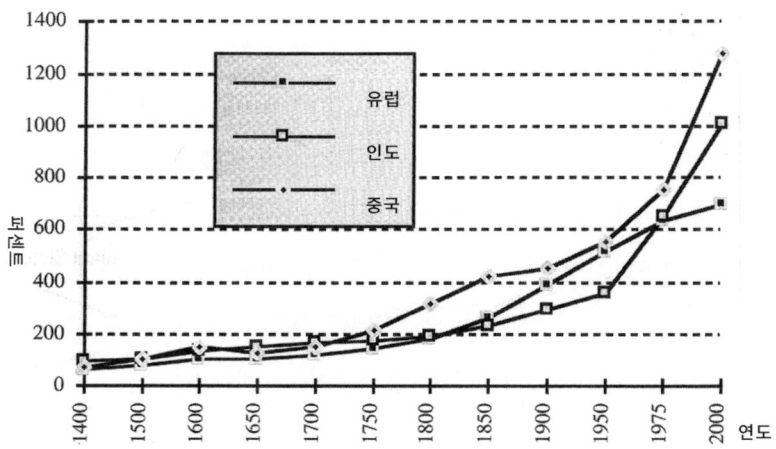

■ 표 5-1 : 인도, 중국, 유럽의 인구(1400-2000년)

의 역사보다 유럽의 역사가 세상에 더 많이 알려졌다는 사실을 깨닫고 그 격차를 설명할 수 있는 자신의 능력에 대해 지극히 겸손한 태도를 보였다. 그러나 한 가지 사실은 분명했다. 서구와 다른 대륙들 간의 격차는 최근에 나타난 현상이며, 오늘날 수많은 사람들이 생각하는 것처럼 그 원인을 단순히 시장 경제의 성립 여부로 설명하는 것은 문제의 본질을 지나치게 단순화하는 것이다.

그런 점에서 브로델은 그 격차에 대한 유럽 중심적 해석에 불만을 제기했다. 특히 그는 유럽에서 일어난 〈시장 경제〉의 부상과 성립에 기반을 둔 해석은 지극히 단순화된 것이라고 여겼다. 실제로 18세기 중국은 고도로 발달된 시장 경제를 유지했지만 점차 벌어지는 간격을 좁히지 못했다. 이 장에서는 19세기 전반에 걸쳐 비단 중국과 인도뿐만 아니라 아시아와 아프리카, 라틴아메리카 대부분의 국가들이 유럽이나 미국과 달리 점점 더 빈곤에 시달리게 된 이유를 살펴볼 것이다.

또 이 장에서는 아편, 대포, 엘니뇨로 인한 기아, 새로운 산업 기술(철도, 전신, 말라리아 치료의 특효약인 키니네 등)과 유럽의 식민지 건설 간의 상호관계에 대해서도 살펴볼 것이다. 나는 다른 세계들에 비해 유럽의 부와 권력이 증대된 이유를 설명하기 위해 유럽 중심적 관점에 의존하지 않을 것이다. 유럽이 중국이나 인도보다 더 우수한 인종이라거나, 더 우월한 문화를 지녔다거나, 더 효율적으로 자원과 인력을 운영했다는 근거는 전혀 존재하지 않는다. 유럽은 그저 엄청난 양의 에너지(사탕수수, 목화, 목재, 대구 등)를 무상으로 공급하는 식민지를 보유했을 뿐이었다. 게다가 영국은 산림자원이 고갈되면 새로운 에너지원으로 사용할 수 있는 석탄이 인근에 매장되어 있었다.

19세기의 상황은 전반적으로 세계가 개발된 진영과 개발되지 않은 진영, 부유한 지역과 빈곤한 지역, 산업화된 진영과 소위 제3세계로 알려진 산업화되지 않은 진영으로 구분되는 과정과 관계가 있다. 생태학적 관점에서도 이 격차는 생물학적 구제도에 머무른 진영(점점 더 빈곤해지고 있다.)과 물질 생산(산업과 농업)의 측면에서 생물학적 구제도의 한계를 벗어나기 시작한 진영으로 세계가 구분되는 현상을 반영하고 있다. 더욱이 19세기에 부상하기 시작한 그 격차는 단지 세계의 다른 지역들 간에 국한되는 데 그치지 않고 한 사회의 내부로까지 이어졌다. 산업은 단순히 일부 국가들에게 부와 권력을 집중시킨 것만은 아니었다. 그 국가들 내부에서도 새로운 생산 수단을 보유한 일부 계층에게만 부와 권력이 집중되었다. 한편 산업은 광산과 공장에서 일하는 노동자들에게 새로운 일자리뿐만 아니라 새로운 직업, 도시 생활, 가난에 대한 이해까지 가져다주었다. 실제로 새로운 산업 분야, 특히 면직물 공장과 심지어 석탄 광산에서 여성들과 어린이들이 상당한 비율을 차지하면서 그들은 가정을 벗어나게 되었고 그 결과 여성들과 어린이들의 발언권이 한층 더 강해지는 새로운 역사의 단계로 접어들었다.

아편, 세계 경제의 흐름을 바꾸다

이 책에서 다룬 근대 세계의 기원은 중국 경제에서 은 수요가 증가하고 중국과 인도가 초창기 근대 세계에서 부와 산업 생산의 주요한 근원지로 활약하던 1400년대 초반에 시작했다. 중국의 은 수요는 우연이든 필연이든 지금까지 다루었던 여러 중대한 사건들을 유발했다. 만약 중국에서 은 수요가 발생하지 않았다면 세계 경제에서 유럽의 역할은 현저히 감소했을 것이라고 말해도 결코 과언은 아니다. 중국의 〈은 수요〉와 신세계의 〈은 공급〉이 적절히 맞물리면서 유럽은 아시아의 막대한 물자와 무역망을 확보하여 부를 축적할 수 있었다.

19세기에 중국은 또 다른 물자의 수요가 발생하면서 세계 경제를 형성하는 데 또 한 번 중요한 역할을 담당했다. 이번에는 중독성이 강한 마약인 아편이었다. 그러나 4세기 전 은의 경우와 달리 아편의 수입과 소비는 중국 경제에 긍정적인 영향을 미치지 않았다. 더욱이 아편의 수요는 경제 성장을 추구하는 중국 정부가 아닌 무려 4천만 명에 달하는 중독자들에 의해 발생한 것이었다. 그럼에도 1800년대 중국의 아편 수요는 전 세계적으로 활발한 경제 활동을 자극했다.

■ 아편 상자를 나르고 있는 중국인들. 아편은 은과는 다르게 중국 경제에 심각한 영향을 미쳤다.

영국은 1차 아편전쟁에서 승리를 거두긴 했지만 중국에서 아편의 공급과 판매를 합법화하진 못했다. 그러나 영국은 식민지로 확보한 홍콩을 중국의 견제를 받지 않고 자유롭게 운영할 수 있는 전초기지로 활용했다. 그 후 20년 동안 홍콩은 영국 아편 무역의 중심지였다. 영국의 무역 회사들은 중국의 수많은 중독자들에게 판매하기 위해 해마다 무려 5만 상자(3백만 킬로그램)에 달하는 아편을 수입했다.

아편이 중국으로 유입되고 중국의 은이 유출되면서 영국뿐만 아니라 미국도 엄청난 부를 축적했다. 영국으로부터 독립한 이후 미국의 상선들은 곧장 아시아의 해안으로 진출하여 영국의 상인들과 경쟁하기 시작했다. 1784년 미국에서 출발한 첫 번째 상선이 중국에 도착했는데 그 시기는 미국이 독립한 지 불과 일년 후였다. 1800년대 초반 미국도 러셀 컴퍼니를 필두로 서둘러 아편 무역에 가담했다. 미국은 주로 터키에서 아편을 생산했고 영국은 인도에서 생산하는 아편을 독점했다. 미국이 아편 무역을 통해 엄청난 수익을 거두면서 동부 해안의 유명 대학들은 상당한 기부금을 확보했고, 보스턴의 피보디 가문과 뉴욕의 루스벨트 가문은 더 많은 재산을 축적했으며, 알렉산더 그레이엄 벨은 전화를 발명할 수 있는 자본을 구했다.

2차 아편전쟁(이 전쟁의 원인이 된 영국 선박의 이름을 따서 애로호Arrow 사건이라고도 불린다.) 이후 영국은 중국에게 아편 판매를 합법화하도록 강요했다. 이 전쟁을 계기로 아편을 판매할 수 있는 더 많은 시장이 개방되었는데 그로 인해 지금까지 아편 무역의 중심지였던 홍콩은 영국과 미국의 상선들이 곧바로 중국의 항구들로 직행했기 때문에 점차 쇠퇴하게 되었다. 또한 인도에서 새로운 아편 생산지가 확보되고 시장까지 개방되면서 페르시아, 인도, 중국의 상인들마저 마약 무역에 가담했다. 중국도 1870년대에는 마약 거래로 한창 열기를 뿜던 해안의 무역 지대에서 멀리 떨어진 내륙 지방을 중심으로 양귀비를 재배하고 아편을 제조하기 시작했다. 이런 어처구니없는 수입 대체 현상은 과거 자유로운 선택권을 지녔던 중국 농민들이 목화를 재배했던 바로 그 지역들에서 시작되었다. 이 지역들에서 중요한 환금 작물이 된 양귀비가 점차 더 많은 농지에서 재배되면서 결국 다른 작물들이 재배될 토지가 현저히 감소하게 되었다. 결과적으로 그 지역의 농민들은 더 많은 수입을 거두었지만 그만큼 식량 공급에 차질이 생길 경우에 발생할 위험 부담은 커지게 되었다.

1800년대 후반 중국으로 유입되거나 중국 내부에서 생산되는 아편의 양이 엄청난 규모로 증가하면서 중국 인구의 10퍼센트에 달하는 무려 4천만 명이 아편을 흡연하게 되었다. 더욱 심각한 문제는 그 중 절반이 심각한 중독자라는 사실이었다. 20세기로 접어들면서 중국은 세계에서 생산되는 아편의 95퍼센트를 소비했기 때문에 그 사회적, 경제적, 정치적 영향은 불을 보듯 뻔했다. 거의 모든 도시들에는 아편 소굴이 있었고 아편의 판매와 사용은 중국인들에게 일상생활이나 다름없었다. 처음에 아편 흡연은 상류층의 취미로 시작되었지만 점차 국민적인 소비품이 되었다. 실제로 20세기에 중국 정부는 양귀비 재배와 아편 제조를 통해 세금을 확보했고 농민들은 현금을 벌어들였다.

그럼 이제 인도의 상황과 유럽의 산업화 과정을 살펴본 후에 재차 19세기 중국의 아편 소비가 세계 경제에 얼마나 중요한 영향을 미쳤는지에 대해 알아보자. 여기서는 일단 중국이 스스로 아편의 폐해를 자초한 것에 대해 어느 정도 책임이 있다는 사실과, 영국이 대포를 앞세워 개방을 강요했고 그 후 인도와 중국이 아편의 생산자와 소비자로서 세계 경제에서 특별한 역할을 담당했다는 사실을 언급하는 것으로 충분할 듯하다.

영국이 꾸민 인도의 몰락
중국에서 소비되던 대부분의 아편은 인도에서 수입되었다. 영국의 식민지 정책과 중국의 아편 수요가 결합되면서 인도에는 농산물 수출 산업이 탄생했다. 19세기에 아편은 인도의 주요 수출품이 되었는데, 이런 현상은 17-18세기 세계에서 가장 큰 〈산업〉의 중심지로 손꼽히던 인도가 19세기 중반에 〈농업 경제〉로 전환되는 중대한 변화의 한 가지 요인으로 작용했다. 실제로 1820년대 인도의 면직물 산업은 역사학자들이 인도의 〈산업 구조의 파괴〉라고 언급할 정도로 총체적인 붕괴를 맞이했는데 역사학자들은 아직도 그 원인에 대해 논쟁을 벌이고 있다.

앞서 여러 차례 언급했던 것처럼 인도의 면직물은 세계적인 시장을 확보하며 엄청난 호황을 누렸다. 아프리카인들과 유럽인들은 물론 아메리카 노예들까지 모두 인도산 면직물을 구입하고 입었다. 1700년대 초반 영국은 무역 장벽을 구축하여 인도산 면직물의 유입을 차단하기도 했다. 그러나 인도산 면직물은 곧이어 다른 시장들을 개척했고 벵골과 마드라스를 비롯한 여러 면직물 생산 지역들은 세계 시장에 수출할 물량을 생산하기 위해 분주히 움직였다. 하지만 이런 상황은 다음의 두 가지 요인에 의해 완전히 변하고 말았다.

첫째, 1757년 영국 동인도회사는 벵골 지역에 식민지 건설을 위한 첫 번째 거점을 확보한 후 1765년 인도 대부분의 지역에서 토지세를 징수할 수 있는 권리를 획득했다. 이 엄청난 횡재를 통해 영국 동인도회사는 인도산 면직물의 매입을 증대하고 세포이 혹은 인도인들로 구성된 군대를 확충할 수 있는 자금을 마련했다. 그 후 동인도회사는 그 군대를 활용하여 인도의 다른 지역들로 세력을 확장했다. 무굴 제국의 쇠퇴, 군주들 간의 권력 투쟁, 힌두교 세력의 야망으로 인해 발생한 인도의 정치적 분열은 1830년대 막강한 군대를 앞세운 영국 동인도회사가 점차 세력을 확장하여 인도의 전역을 장악할 수 있는 빌미를 제공하고 말았다. 더욱이 여러 차례 대규모 전쟁이 벌어지면서 동인도회사는 펀자브 지역과 1947년 파키스탄으로 분리된 신드 지역까지 장악하게 되었다. 1800년대 중반 마침내 영국은 인도를 식민지로 만드는 데 성공했다.

둘째, 산업혁명은 영국의 제조품 중 특히 면직물의 가격을 대폭적으로 하락시켰다. 영국은 가격 우위를 통해 면직물의 세계 시장 점유율에서 인도를 앞지르기 시작했을 뿐만 아니라 인도를 영국 면직물의 중요한 시장으로 전락시켰다. 18세기에 영국은 관세를 적용하여 인도산 면직물의 수입을 금지하면서 식민지 인도에서는 오히려 관세 장벽을 제거하여 영국산 면직물의 수입을 허용했다. 그러자 값싼 영국산 면직물은 인도 시장으로 물밀듯이 쏟아져 들어왔다. 1800년부터 1810년까지 인도는 국내의 면직물 생산과 수출은 계속 감소했던 반면 영국산 제조품들의 수입은 꾸준히 증가했다. 1820년 수백만 명에 달하는 인도의 방직공들은 일자리를 잃었다. 1833년 벵골 지역에서 일어난 산업 구조의 파괴 현상은 치명적인 수준으로 치달았다. 결국 인도는 위대한 기술을 상실했고, 인도의 장인들은 일자리를 잃었다. 이제 주부들의 물레는 거의 돌아가지 않는 무용지물이 되었다.

결국 인도는 면직물 대신 목화를 수출하기 시작했다. 처음에는 중국에 수출했지만 나중에는 영국에도 수출했다. 인도의 방직공들은 다른 지역들로 이주하거나 새로운 직업에 종사해야 했는데 대부분은 농사를 시작했다. 그러나 영국 동인도회사는 쌀이나 목화가 아닌 돈으로 세금을 징수했기 때문에 그들은 어쩔 수 없이 수확과 동시에 판매할 수 있는 작물을 재배해야만 했다. 따라서 인도의 농민들은 인디고, 사탕수수, 목화, 그리고 아편의 원료인 양귀비 같은 환금성 작물을 재배하기 시작했다. 마침내 〈인도의 전원화田園化〉가 완료된 것이다.

이처럼 오늘날 제3세계 국가(수출을 위해 천연자원을 생산하면서 개발

■ 사탕수수는 인도 전역에서 광범위하게 재배되어 영국으로 수출되었다. 인도는 영국 면직물과의 경쟁에서 밀리면서 점차 산업 국가에서 농업 국가로 변모되었다.

된 세계로부터 제조품을 수입하여 저개발 상태에 머무르는 국가)라고 지칭하는 수준까지 인도가 쇠퇴한 과정은 단순히 경제학적 문제인 듯했지만 실제로는 전혀 그렇지 않았다. 그 과정은 자국의 이익을 추구하던 영국에 의해 계획된 것으로, 특히 1776년 출간된 애덤 스미스의 유명한 저서 『국부론』에서 최초로 주장된 자유 무역 원칙에 따라 동인도회사가 아시아 무역에 대한 독점권을 상실한 이후에 본격적으로 진행되었다.

데이비드 리카도의 비교 우위 개념과 더불어 자유 무역과 경제에 대한 정부 간섭의 최소화는 인도를 식량 생산지와 천연자원의 수출지로 전락시켰다. 더욱이 관세가 폐지되면서 식민지 정부는 굳이 방직공들을 보호하거나 산업화 정책을 촉진하기 위해 노력하지 않았을 것이다. 여기에 자유 시장은 인도의 식량과 천연자원을 영국으로 유입시키고 인도가 영국의 산업 생산품을 구매하는 체제를 공고히 구축했다. 실제로 1800년대 중반 인도는 영국이 수출하는 제조품의 약 25-35퍼센트를 소비했다. 영국의 식민지 정부가 강요하던 자유 무역 원칙은 인도를 제3세계 국가에 이르는 과정에 접어들게 만들었다. 이 장의 후반부에서 우리는 이런 상황(엘니뇨로 인한 가뭄까지 동반되었다.)이 인도를 철저히 제3세계 국가로 전락시킨 과정을 살펴볼 것이다.

중국의 아편 수요와 더불어 인도의 산업 구조 파괴가 영국의 세계 자본주의 체제에 막대한 이익을 제공했다는 사실은 분명하다. 아편 무역은 세계 무역의 전체 구조를 역전시킬 만큼 엄청난 수익을 창출했다. 1500년대부터 1800년대까지 유럽은 신세계의 은을 기반으로 아시아 무역에 접근했고 그 결과 엄청난 양의 은이 인도와 중국으로 유입되게 했다. 그러나 아편은 그 흐름을 역전시키면서 엄청난 양의 은이 다시금 영국으로 유입되게 했다. 역사학자 칼 트로키는 이렇게 주장했다.

"만약 아편이 없었다면, 아마도 대영제국은 존재하지 않았을 것이다."

다른 나라들의 산업화, 강력한 국가가 주도하다

최초로 산업화에 성공하고 그 열매를 군대에 활용한 영국은 세계 최강국으로 도약했고 다른 국가들에 비해 산업과 군사력에서 모두 우위를 점했다. 1830년 영국은 철, 증기기관, 면직물의 생산을 사실상 독점했고 엄청난 권력을 활용하여 자국의 생산품들을 세계 전역에 수출하면서 단지 인도뿐만 아니라 아시아의 다른 지역들까지 아우르는 〈세계 최대의 제국〉을 건설했다. 이처럼 강한 힘을 앞세워 전 세계에 식량과 천연자원에 대한 관세 장벽 폐지를 강요하면서 영국은 더욱 빠른 속도로 자국의 산업 체제를 확장할 수 있었다. 인도의 경우와 마찬가지로 자유 무역은 영국의 행동지침이 되었다. 그러나 인도에서 시행한 영국의 자유 무역 원칙이 인도의 제3세계화를 이끌었다면, 영국은 다른 유럽 국가들이나 과거 식민지였던 미국에서는 그렇게 할 수 없었다.

빈번한 전쟁으로 규정되는 유럽의 국가 체제는 다른 국가들에게 영국의 전철을 따라야 한다는 강한 경쟁심을 유발시켰는데 그 중에서도 특히 새로운 식민지를 개척하려는 욕구가 두드러졌다. 영국이 해외에 건설한 제국이 점차 확장되면서 다른 유럽 국가들도 아시아, 아프리카, 라틴아메리카의 식민지 경쟁에서 필요한 군사력을 증대하기 위해 필사적인 노력을 기울였다. 영국은 산업기술의 유출을 막기 위해 애썼지만 프랑스, 미국, 독일은 이내 산업화를 시작했다. 19세기 중반 이후에는 러시아와 일본도 서구 유럽 국가들로부터 독립을 유지하기 위한 목적으로 산업화를 시작하여 급속도로 성장했다. 만약 영국의 산업화가 누구도 예측할 수 없는 역사적 사태로 인해 일어난 것이라면, 강력한 정부가 이끄는 다른 국가들도 여러 정책을 통해 그와 똑같은 결과를 이끌어낼 수 있는 것이었다. 극소수의 경우를 제외하면 다른 지역들의 산업화에서는 국가가 중요한 역할을 담당했다.

프랑스, 경쟁에서 뒤처지다

영국이 산업화를 시작하던 초창기부터 프랑스(다른 국가들도 마찬가지였다.)는 은밀히 정보를 훔치거나 영국의 제조업자들과 기업가들을 매수하거나 고용하는 방식으로 영국의 산업 지식을 얻기 위해 노력했다. 프랑스는 면직물과 강철 산업부터 산업화에 착수했지만 석탄의 부족, 빈번히 발생하는 혁명과 전쟁들, 상대적으로 낙후된 농업으로 인해 극심한 답보 상태에 머물러 있었다. 그러나 프랑스 정부는 1842년에 착공한 전국적인 철도망을 1860년대에 완공하면서 산업화에 박차를 가했다. 개인이 철도의 소유권을 보유했던 영국과 달리 프랑스는 일단 국고로 철도를 건설한 후에 99년 동안 개인에게 임대했다. 그럼에도 프랑스의 산업 생산력은 형편없는 수준을 벗어나지 못했기 때문에 비단 영국뿐만 아니라 다른 국가들과의 경쟁에서도 뒤처지고 말았다.

미국, 농업의 산업화를 이루어내다

미국은 북동부 지역과 오하이오 강 계곡을 중심으로 산업화가 진행되었다. 영국과 마찬가지로 미국의 산업화도 대체로 정부가 아닌 개인의 자본에 의존했다. 미국에서 가장 먼저 산업화가 시작된 분야는 섬유 산업으로, 노예에 기반을 둔 남부 지역의 플랜테이션 농장에서 목화를 공급받았던 뉴잉글랜드의 섬유 제품은 내수 시장뿐만 아니라 세계 시장에서도 영국의 섬유 제품과 경쟁을 벌였다. 연방 정부는 아직 취약한 국내 산업을 보호하기 위해 관세를 활용했고 미국 은행은 운하와 철도를 건설하는 데 필요한 자본을 제공했다. 1830년대에 지역별로 건설되기 시작한 철도는 1870년대에 대

■ 증기기관을 이용한 농기구의 사용은 미국 농업의 산업화를 촉진했다.

류을 횡단하는 철도망이 완공되면서 엄청난 양의 철강과 수많은 증기기관차의 수요를 창출했다. 특히 남북전쟁(1860-1865년)은 북부 지역의 산업화를 촉진했을 뿐만 아니라 무기 제작과 군수 산업의 발전에도 공헌했다.

미국은 농업의 산업화에도 선구자 역할을 담당했다. 영국은 동부 유럽, 아일랜드, 미국에서 값싼 식량을 수입하여 자국의 농업이 쇠퇴하도록 방치했고, 프랑스는 프랑스 혁명의 결과로 분배된 토지에 농민들이 지나치게 집착했던 탓에 1945년 2차 세계대전이 끝날 때까지 근대적인 농장이 도입되지 못했다. 반면 미국은 방대한 평야를 지녔지만 노동력이 턱없이 부족했다. 초기에는 말을 활용한 장비를 사용하다가 점차 증기기관과 가솔린 엔진을 장착한 농기계를 사용하면서 엄청난 잉여 농산물을 수확할 수 있게 되면서 세계 시장에서 주요 식량 수출국으로 부상했다. 미국은 오늘날까지도 세계 최대의 식량 수출국이다.

독일, 가장 늦었지만 가장 색다른 방식으로

영국, 미국, 프랑스와 달리 독일은 1870년대까지 통일된 단일 국가를 이루지 못하고 수많은 공국들로 분열되어 있었다. 다행히 그들은 공용어를 사용했기 때문에 궁극적으로 통일을 이룰 수 있는 기반은 갖추고 있었다. 하지만 이런 정치적 분열은 독일의 산업화를 저해했다. 실제로 단일 국가의 부재는 독일의 면직물 산업이 영국산 면직물의 수입에 대해 관세 장벽을 구축할 수 없다는 것을 의미했고 결국 1830년대에 독일의 면직물 산업은 붕괴되고 말았다. 그러나 1830년대에 관세 동맹이 결성된 후 1840년대에 농노제가 폐지되고 1850년대에는 철도까지 건설되면서 일부 지역들에서 산업화를 시작할 수 있는 여건이 조성되었다. 특히 석탄과 철이 풍부한 루르 강 계곡에서 가장 활발하게 진행되었다.

영국, 프랑스, 미국보다 산업화가 늦었던 독일은 상대적인 열세에 있었기 때문에 면직물 산업에서 시작하여 강철 산업으로 확산되는 것처럼 그들과 똑같은 과정으로 산업화를 진행할 수는 없었다. 1870년에 통일된 후 독일은 전국적인 철도 사업을 운영하면서 군사력을 증강하기 위해 중공업(강철 산업)을 중점적으로 육성했다. 강철을 제련하는 베서머 공정이 개발되고 크루프가 혁신적인 대규모 사업에 성공하면서 1870년대와 1880년대에 독일의 산업화는 급속도로 진척되었다. 독일은 자국 대학들과 산업 연구를 연계하여 전혀 새로운

■ 철강 공장에서 일하고 있는 독일 노동자들. 독일은 산업화의 과정을 다른 국가들과는 다르게 진행했다.

화학과 전기 산업을 탄생시켰다. 그것은 과학을 산업 개발에 적용한 최초의 사례였다.

러시아, 정부가 주도하다

유럽에서 산업화를 위해 가장 큰 장애물을 극복한 국가로는 단연 러시아가 첫손에 꼽힌다. 러시아에서는 전형적인 농촌 사회에서 토지를 소유한 귀족 계층에게 농노의 신분으로 귀속되었던 농민들이 1860년대에 모두 해방되었지만, 그 후에도 여전히 토지를 소유한 귀족 계층이 과거 농노의 신분이었던 농민들에게 토지를 임대하는 방식으로 운영되는 새로운 형태의 농촌 사회가 지속되었다. 수세기 동안 러시아는 서구 유럽에 곡물을 수출하면서 귀족 계층이 소비하는 사치품을 수입했다. 목재, 석탄, 철광 등 엄청난 천연자원을 보유했던 러시아는 그와 같은 자원을 확보하여 다른 산업 국가들에 수출하려는 서구 유럽의 투자자들에게 큰 관심의 대상이었다. 비록 막강한 군대를 보유한 유럽의 열강(대체로 엄청난 규모의 영토와 인구에 기인했다.)으로 여겨졌지만 19세기의 러시아는 제3세계의 특징을 보이기 시작했다. 주로 식량과 천연자원을 수출했고 자국 내의 산업을 거의 육성하지 못했으며 제조품은 모두 수입에 의존했다.

이 모든 상황은 1892년 세르게이 비테Sergei Witte가 재무장관에 취임한 후 적극적으로 산업화를 추진하면서, 예를 들자면 석탄, 강철, 석유 산업 등 중공업을 육성하고 대규모 철도 사업을 착수하면서 점차 변하기 시작했다. 러시아의 철로는 1860년에 고작 1,120킬로미터에 불과했지만 1894년에 3만 4천 킬로미터로 늘어났고 1900년에는 무려 5만 8천 킬로미터까지 증가했다. 가장 긴 구간은 동쪽으로 시베리아까지 연결되어 그 방대한 지역에서 생산되는 엄청난 천연자원을 산업화된 지역들로 신속하고 용이하게 수송했다. 독일, 프랑스와 마찬가지로 러시아도 개인 자본에 의존하지 않고 정부가 직접 산업화의 첫 번째 단계를 주도했다. 러시아 정부는 여러 은행들을 설립했고 외국의 기술자들을 고용했으며 다른 국가들과의 경쟁에서 취약한 국내의 산업을 보호하기 위해 관세 장벽을 구축했다.

재무장관 비테는 러시아의 급진적인 산업화 개혁에 대해 다음과 같은 명확한 견해를 제시했다. 이는 서구 유럽에게 식민지 같은 관계로 전락하지 않기 위해서였다.

"현재 러시아는 본질적으로 농업 국가 수준에 머무르고 있다. 해외에서 거두는 모든 수익은 천연자원, 특히 곡물을 위주로 하는 농산물의 수출에 의존하고 있다. 또 국내에서 필요로 하는 제조품은 해외에서 수입하여 공급하고 있다. 러시아와 서구 유럽의 경제적 관계는 식민지 국가와 본국의 관계와 흡사하다. 본국은 식민지를 자국의 산업 생산물을 자유롭게 수출할 수 있는 시장인 동시에 자국에 필요한 천연자원을 확보할 수 있는 공급지로 여기고 있다."

그러나 러시아는 절반의 식민지로 전락하지 않을 것이다. 비트는 이렇게 주장했다.

"러시아는 독립국이며, 막강한 권력을 지니고 있고, 본국이 되기를 원하고 있다."

일본, 막강한 군대를 이용하다

러시아와 달리 일본은 산업 경제가 필요로 하는 천연자원, 특히 석탄과 철광이 부족했다. 더욱이 1800년대 중반까지 일본은 약 2백년 전부터 시행하던 쇄국 정책을 고수하고 있었다. 1853년 미국의 제독 매튜 페리Matthew Perry가 함대를 이끌고 도쿄 만으로 진입하여 정상적인 국제 교역에 문호를 개방하라고 요구했을 때 일본의 지도자들은 엄청난 충격을 받았다. 아편전쟁으로 중국이 영국에게 당했던 상황을 잘 알고 있었던 일본의 지도자들은 서구에 문호를 개방하기로 결정했다. 그 결과 일본과 서구는 계약을 체결하고 무역을 증대했지만 1868년 일본의 구제도는 붕괴되었다.

이후 새로운 황제 메이지의 이름을 딴 메이지 유신(明治維新, 1868-1912년)이라는 신제도가 도입되었다. 초기에는 다소 불안했지만 이

제도는 낡은 봉건 체제를 무너뜨리고 일본을 강력한 중앙 집권 국가로 전환시켜서 개인 자본이 실패했을 때도 정부가 직접 산업화를 주도할 수 있었다. 그러나 부족한 천연자원과 미국과의 관세 조약에 제한을 받았던 일본의 산업화는 독특한 방향으로 나아갔다. 산업 생산에 필요한 천연자원을 수입하기 위해 먼저 수출을 시작했던 일본은 비단 산업에 주력했고 세계 시장에 수출할 수 있는 수준까지 표준화와 기계화에 성공하여 시장 점유율에서 중국과 프랑스를 제쳤다. 1880년대와 1890년대 일본은 면직물 산업에 주력했는데, 다시금 다른 산업에 필요한 천연자원을 수입하기 위해 면직물의 수출을 시도했다. 이번에는 군대와 밀접한 연관이 있는 중공업에 필요한 점결탄과 철광을 수입했다. 세계 시장에서 경쟁하기 위해 일본은 수많은 소녀들과 여자들을 고용하고 노동조합의 결성을 금지하면서 면직물 산업에 종사하는 노동자들의 임금을 대단히 낮은 수준으로 유지했다.

이 전략은 상당한 효과를 거두었다. 일본의 군대는 불과 10년 사이에 청일전쟁(1894-1895년)과 러일전쟁(1904-1905년)에서 연이어 승리할 정도로 막강해졌다. 일본의 군사력이 막강하다는 사실을 깨달은 영국은 1902년에 일본과 군사 협정을 체결했고 서구 열강들은 1911년에 일본의 관세 조절을 제한했던 불평등 조약을 파기했다. 1910년 일본은 고도로 발전한 산업 생산력과 기술력으로 세계에서 가장 큰 전함인 사쓰마Satsuma를 건조했다. 비록 중국과 인도는 서구에 비해 상대적으로 쇠퇴했지만, 1900년대 일본의 산업화는 서구가 산업 생산의 독점을 통해 지속적으로 세계를 장악할 수는 없으며 과거 활발했던 아시아의 형태가 서서히 그 모습을 드러내기 시작할 것이라는 징후였다.

이 간략한 내용에서 암시하는 것처럼, 산업화의 필요 조건에는 막강한 군대를 육성하는 데 필요한 물질적 전제 조건을 충족시킬 수 있는 강력한 국가가 포함된다. 저마다 이유와 시기는 달랐지만 프랑스, 독일, 러시아, 일본은 강력한 국가를 건설할 수 있었다. 그러나 수많은 약소국들(라틴아메리카의 대부분 지역이나 오스만 제국)을 비롯해 점차 쇠퇴하는 국가들(중국)과 식민지 국가들(인도, 동남아시아와 아프리카의 대부분 지역), 심지어 거대한 제국의 내부에서 독립을 갈망하는 국가도 없는 민족들은 고작 산업화된 세계에 식량이나 천연자원을 수출하면서 생물학적 구제도의 한계에서 벗어나지 못할 운명이었다.

새로운 산업 경제에서 드러나는 온갖 문제들

1900년 전 세계 산업 생산의 80퍼센트는 유럽과 미국이 담당했고 그 외에 일본이 10퍼센트, 중국이 7퍼센트, 인도가 2퍼센트를 차지했다. 1800년부터 1900년까지 불과 1백 년 사이에 유럽과 미국이 과거 인도와 중국이 차지했던 위치에 올라서는 엄청난 〈역전 현상〉이 벌어진 것이다. 이처럼 부유한 진영과 가난한 진영 간의 심각한 격차는 일부 세계들, 그러니까 유럽, 미국, 일본이 생물학적 구제도의 제약에서 탈피하여 산업화를 이룬 것으로 어느 정도 설명할 수 있다. 물론 산업 생산은 그런 국가들의 전 지역이 아닌 특정한 지역들에서 이루어졌다고 말하는 것이 더욱 정확할 것이다. 여기에는 미국의 뉴잉글랜드, 영국의 맨체스터와 북부의 다른 지역들, 독일의 라인란트, 이탈리아의 밀라노 등이 해당된다. 이런 부유한 산업 국가들에도 가난한 지역들은 엄연히 존재했다.

생물학적 구제도에서 농업 생산량의 규모와 품질은 경제 자산과 사회 복지의 수준을 결정했다. 더 많은 수확은 더 많은 식량과 더 낮은 임금과 더 높은 산업 경쟁력으로 이어졌다. 물론 그 반대의 경우도 성립되었다. 비록 기후와 날씨의 변화는 농업 환경, 사람들의 성향, 사회 구조에 상당한 영향을 미쳤지만 근면한 노동은 이런 악천후로 인한 영향을 최소화할 수 있었다. 그러나 생물학적 구제도는 여전히 농업 경제의 한계를 규정했다.

하지만 이런 한계는 새로운 산업 경제에는 적용되지 않았다. 생물학적 구제도와 그 역학관계의 한계를 벗어난 새로운 산업 경제는 유럽의 산업화보다 훨씬 더 불확실한 미지의 영역으로 접어들고 있었다. 따라서 19세기 산업 세계는 경제 활동에 관한 새로운 원칙을 경험하기 시작했다. 그것은 바로 〈호황〉과 그에 이은 〈불황〉이었다. 여러 국가들에서 똑같은 제품을 생산하기 위해 더 많은 공장을 건설할수록 세계적으로 공급이 수요를 앞지르면서 결국 엄청난 재고를 처분하기 위해 가격은 하락하게 되었다. 경쟁자들이 임금의 절감을 통해 가격을 인하하면 판매는 더욱 감소했고 그로 인해 경기 침체 recession가 발생하고 그 기간이 얼마나 지속되느냐에 따라 경제 공황depression으로까지 이어졌다. 첫 번째 경기 침체는 1857년에 일어났지만 곧바로 경기가 회복되면서 1870년대 초반까지 호황이 이어졌다. 그러나 1873년에 시작된 두 번째 경기 침체는 1896년까지 지속되었다. 그 20년 동안 영국의 물가는 무려 40퍼센트까지 하락했다.

　1870년대까지 대부분의 산업 국가들은 영국과 마찬가지로 국제적인 자유 무역을 선호했고 저마다 그 혜택을 충분히 누렸다. 그러나 1873년의 경기 침체는 그런 상황을 변화시켰다. 먼저 독일과 이탈리아가 자국의 면직물 산업을 보호하기 위해 관세를 올렸고 1890년대에는 프랑스, 미국, 러시아도 차례로 관세 장벽을 구축했다. 오직 일본만이 서구와 맺은 불평등 조약 때문에 관세를 올리지 못했다. 새로운 관세 장벽의 여파로 영국은 미국과 유럽의 다른 산업 국가들에 수출하던 물량이 감소했다. 그로 인해 상당한 국제 수지 문제가 발생하면서 영국 내부에서도 보호 관세를 요구하는 움직임이 일어났다. 만약 그런 상황이 실제로 벌어졌다면 한창 산업화를 시도하던 세계는 아마도 1930년대의 대공황과 잇따른 2차 세계대전의 여파로 발생한 배타적인 무역 장벽과 같은 심각한 위축기로 접어들었을 것이다. 세계 자본주의는 태어난 지 얼마 되지도 않아서 숨이 막혀 죽을 뻔했던 것이다.

　오직 영국만이 아시아, 특히 인도와 중국에서 아편 거래로 엄청난 무역 흑자를 거두면서 체제의 붕괴를 막을 수 있었다. 이런 엄청난 무역 흑자를 바탕으로 영국은 부채, 특히 미국과 독일에 대한 부채를 안정시키면서 자본주의 발전을 이어갈 수 있었다. 실질적인 측면에서 중국의 아편 수요와 영국의 아편 무역은 1873년부터 1896년까지 자본주의 세계 경제가 침체를 헤쳐 나갈 수 있도록 만들었던 한 가지 요인이었다.

　비록 산업화를 시도하던 세계가 배타적인 무역 장벽에 빠져들지는 않았지만 경기 침체는 19세기 후반 그들 간의 경쟁과 긴장을 더욱 심화시켰다. 이 장의 후반부에서 살펴보겠지만 이런 상황은 신제국주의new imperialism의 탄생을 이끌었고, 그 시기에 유럽 국가들과 미국은 식민지 제국을 확장하기 위해 세계의 더 많은 지역을 차지하기 위한 경쟁을 벌였다.

산업화의 사회적 영향

산업혁명은 생활방식의 변화를 이끌었다. 1만여 년 전 신석기 시대에 일어난 농업혁명과 마찬가지로 산업혁명도 사람들 간의 관계와 사람들과 환경의 관계를 변화시켰다. 산업적인 생산 방식에 따라 직업, 가정, 도시, 시간, 문화, 가치 등 많은 것들이 바뀌었다. 비록 지역마다 변화의 방식에는 다소 차이가 있었지만 전반적으로는 유사한 측면들을 지니고 있었다. 들판과 농장에는 공장들이 들어섰고 시간 측정의 수단이던 계절과 축제들은 초, 분, 시와 같은 시간과 시계가 대신했으며, 대가족은 핵가족으로 바뀌었고, 안정의 시대가 지나고 변화의 시대가 도래했다.

도시와 공장, 열악한 근로 조건

처음에 산업화는 점차 성장하는 도시들에 대규모로 밀집한 새로운 노동자 계층을 형성시켰다. 실제로 가장 보편적인 산업화의 척도는 도시에 거주하는 인구의 비율이다. 1850년 영국은 인구의 50퍼센트가 도시에 거주했고, 독일은 1900년, 미국은 1920년, 일본은 1930년에 각각 그 수준에 이르렀다. 새로운 노동자들, 특히 농촌에서 갓 올라온 사람들에게 도시의 공장들은 새로운 직업 개념을 강요했다. 기계들은 작업 속도를 규정했고, 감독자들은 식사와 작업에 대한 규율을 결정했으며, 소유주들은 높은 수익을 거두기 위해 최대한 낮은 임금을 책정했다.

공장은 결코 즐거운 일터가 아니었기 때문에 사람들이 논밭보다 공장에서 일하는 것이 좋아서 선택했다고 생각할 수는 없었다. 그러나 영국에서는 농업의 변화로 산업혁명 이전에 수많은 농민들이 농촌을 등지고 떠날 수밖에 없었다. 따라서 런던의 수많은 빈민자들과 실업자들은 간신히 최저생활을 유지할 수 있는 임금도 마다하지 않았다.

극도로 열악한 근로 조건이라는 새로운 작업 환경에 맞춰 노동자들을 훈련시키고 그들을 날마다 출근시키는 것은 경영을 위한 과제가 되었다. 이런 과제는 새로운 직업을 탄생시켰고 그 직업의 종사자들은 〈중산층〉이라는 새로운 계층의 기반을 형성했다. 초창기 영국의 노동력은 여성들과 어린이들이 상당 비중을 차지했다. 그 이유는 남자들보다 훨씬 다루기가 수월했기 때문이다. 하지만 영국에서는 이런 현상이 차츰 변하면서 1900년에는 노동자 계층에서 남자가 여자보다 비율이 높아졌던 반면 일본에서는 어린 소녀들과 젊은 여성들이 면직물 산업 노동력의 기반을 형성했다. 극심한 가난에 시달리던 일본 농촌의 가족들은 집안의 딸들을 면직물 공장에 내보내는 계약을 맺게 되었다. 가장들은 일년을 단위로 일정한 금액을 받고 딸들이 결혼할 때까지 공장에서 일하면서 안전한 기숙사에서 생활하도록 했다.

여자와 가족

산업화는 가족을 재구성했다. 농업 사회에서 농가들은 생산과 소비

■ 런던의 면직물 공장에서 일하는 여성들의 모습. 산업화 초창기 영국에서는 여성과 어린이들이 노동력의 상당 부분을 차지했다.

의 단위였다. 하지만 산업화된 도시 생활은 점차 가족들의 생산을 불필요하게 만들면서 남자와 여자, 어린이의 역할과 관계도 변화시켰다. 처음에 여성들과 어린이들은 공장에서 일했지만 법률이 그들의 노동을 금지하면서 공장은 남자들의 일터로 바뀌었고 여자들은 집 안에 머물며 가사를 돌봐야만 했다. 12-13세까지 노동이 금지되었던 어린이들은 최소한 초등 교육을 끝마쳐야만 했다. 어린이들이 가정의 지출을 유발하고 수입에 보탬이 되지 않자 결혼한 부부들은 출산을 기피하게 되었다. 특히 1870년 이후 가족의 규모는 급격히 축소되기 시작했다.

노동자들의 저항과 자본가들의 억압

공장은 노동자들과 소유주 혹은 경영진에게 크든 작든 간에 날마다 전투를 벌여야 할 전쟁터였다. 단순한 무단 결근은 저항의 한 가지 형태였지만 해당 노동자는 임금을 몰수당해야 했다. 비록 잠시라도 고의적으로 기계를 멈추게 하는 것과 같은 태만한 작업 태도는 또 다른 저항 수단이었다. 시간이 지나면서 노동자들은 집단 행동을 통해 더 많은 임금, 더 좋은 환경, 혹은 근무 시간의 단축을 이끌어낼 수 있다는 사실을 알게 되었지만 그러기 위해서는 대체로 장기간에 걸쳐 지루하고 힘겨운 투쟁을 벌어야만 했고 이따금 유혈 파업까지 불사해야 할 경우도 발생했다.

새로운 도시의 지옥 같은 공장들이 단지 세계 시장에서 홍수를 이루는 제품들을 생산하는 것에 그치지 않고 이런 공장들과 자본주의 체제에 저항하는 세력까지 만들었던 것은 아주 당연한 결과였다. 초창기 저항 세력은 단순히 매연을 뿜어내는 공장들, 비정상적인 작업 방식, 노동자들의 가족 생활에 미치는 악영향을 지적하면서 좀 더 정상적인 작업 방식을 요구했다. 그러나 장기간에 걸쳐 가장 강력하게 자본주의 생산 방식에 도전했던 세력은 바로 칼 마르크스와 그의 오랜 동료인 프리드리히 엥겔스의 사상이 만들어냈다.

1848년에 출간된 『공산당 선언』에서 마르크스와 엥겔스(그의 아버지는 면직물 공장을 소유했다.)는 도전장을 내밀고 나섰다.

"공산주의라는 망령이 유럽을 배회하고 있다……. 지금까지 존재한 모든 사회의 역사는 계급 투쟁의 역사다……. 우리의 시대는 명확한 특징을 가지고 있다. 그것은 계급 적대를 단순화한 것이다.

사회 전체는 부르주아지(자본가 계급)와 프롤레타리아(노동자 계급)라는 적대적인 양대 진영으로, 서로 직면하고 있는 양대 계급으로 점점 더 분열되어 가고 있다. 결국 부르주아지가 생산하는 것은 자기 자신의 무덤을 파는 것일 뿐이다. 부르주아지의 몰락과 프롤레타리아의 승리는 불가피한 것이다."

『공산당 선언』이 출간된 지 불과 몇 개월 만에 마르크스의 예상은 거의 실현되는 듯했다. 서구 유럽의 전역에서 가난한 노동자들이 폭동을 일으키면서 프랑스, 이탈리아, 합스부르크 제국, 스위스는 정부가 전복되었고 스페인과 덴마크는 사회질서가 흔들렸으며, 아일랜드, 그리스, 영국은 극심한 혼란에 빠졌다. 비록 폭동의 정치적인 요구 사항은 대부분 노동자들의 민주적인 권리를 대폭적으로 증대하기 위한 것이었지만 편안한 생활을 영위하던 중산층, 특히 공장을 소유한 자본가 계급은 위협을 느낄 때마다 한층 더 강력하게 폭동을 억압했다. 그러나 사회가 적대적인 계급으로 분열되는 상황은 유럽 국가의 통치자들에게는 대단히 심각한 문제였다.

배타적 민족주의의 탄생

국가 혹은 오늘날 우리가 흔히 정부라고 부르는 것은 오랜 세월 존재했고 수많은 형태를 지녀왔다. 이 책에서 우리는 아시아와 메소아메리카의 농업 제국들에 대해 알아보았고, 유럽의 수많은 군주국들과 공국들이 전쟁의 압박 속에서 중앙 집권형 국가로 전환되는 과정을 살펴보았다. 앞서 4장에서 다루었던 유럽의 국가 형성 과정은 17세기 영국과 프랑스의 경우처럼 결국 국가들 간의 치열한 경쟁을 지속적으로 수행할 수 있을 만큼 충분한 인구와 부 모두를 보유한 거대한 영토 국가들이 탄생하면서 마무리된 것으로 기억될 것이다.

19세기 국가들은 추가적인 변화를 겪으면서 20세기 국가들과 거의 유사한 형태와 기능을 갖게 되었고 또 다른 힘인 민족주의와 결합되어 근대 민족 국가를 탄생시켰다. 근대 국가는 충분히 정의할 수 있는 반면, 민족 국가라는 개념은 언제 예외가 발견될지 모르기 때문에 정의하기가 다소 까다롭다. 그러나 우리는 근대 국가를 자국의 영토에서 자체적인 권력을 갖는 귀족과 같은 대리인이나 중개인이 아닌 정부로부터 봉급을 받는 관료들을 통해 거주민들을 직접 통치하는 형태로, 단일화된 행정과 제도를 시행하면서 일반적으로 선거를 비롯한 여러 방식을 통해 대표자들을 선출하여 국민들이나 시민들을 포용하는 국가라고 정의하면서 시작하자. 1789년 프랑스 혁명과 그 혁명의 주요 사상들의 확산은 근대 국가의 탄생에서 대단히 중요한 역할을 했다. 특히 사람들의 권리는 단순히 국가의 백성이 아닌 〈시민〉으로서 정치적 효력을 발휘한다는 사상과, 1800년대 초반 프랑스 황제 나폴레옹에 의해 유럽에 전파된 보편적인 행정법과 국가와 시민들의 직접적인 계약이라는 사상이 큰 영향을 미쳤다.

반면 민족nation과 민족주의nationalism의 사상은 근대 국가와 산업 사회가 부상한 이후에 비로소 등장했다. 특히 프랑스 혁명 직후 여러 국가들은 국가의 정통성에 대한 모든 전통적인 근거들, 이를테면 신권, 왕조 승계, 역사적 권리 등에 대한 의문이 제기되면서 엄청난 곤란에 직면하게 되었다. 이런 의혹은 산업화가 새로운 사회 계층, 특히 도시의 노동자 계층과 자본가 계층, 1848년 대규모 폭동으로 정점에 달했던 1800년대 초반의 폭도들을 탄생시키면서 더욱 중요한 문제로 대두되었다. 19세기 유럽 국가들의 통치자들은 단지 국민들 사이에서뿐만 아니라 국가와 국민들 사이에서도 엄청난 분열이 일어나면서 국가의 존립을 위협한다고 생각했다.

또 산업화는 철도, 전신과 같은 새로운 의사소통의 수단을 창조했다. 그 결과 동일한 언어와 문화를 공유하면서도 통일된 국가를 갖지 못한 사람들 사이에서 새로운 경제적, 감정적 요구가 발생했는데, 특히 독일과 이탈리아에 산재했던 수많은 공국들과 도시 국가들에서 그런 현상이 두드러졌다. 이런 사회적 분위기는 공통된 언어와 문화를 공유하는 사람들은 반드시 하나의 통일된 국가를 가져야 한다는 사상을 탄생시켰다. 이런 유럽의 민족주의는 1830년부터 1880년까지 민족과 민족적 경계에 기반을 둔 국가 형성 과정을 이끌었다. 이 사상은 이탈리아의 민족주의자 마치니의 다음과 같은 주장에 잘 묘사되어 있었다.

"모든 민족은 저마다 국가를 갖지만, 한 민족 전체를 위한 국가는 오직 하나뿐이다."

이 사상은 국가의 통치자들에게 전달되었고, 그들은 아래에서 일어나는 혁명에 압박감을 느끼게 되면서 국민들에게 충성심을 이끌어낼 수 있는 방법을 제시하기 시작했다. 통치자들이 직면한 문제는 두 가지였다. 첫째는 국민들이 한 민족이라는 사실을 인식하게 만드는 것이었고, 둘째는 그런 국민들의 인식을 국가라는 차원으로 확장하는 것이었다. 그것을 해결하기 위해 도입한 공교육(초창기에는 초등 교육이 기본적인 사항이었지만 20세기에는 중등 교육까지 그 범위를 확대했다.)의 실시와 역사학자들을 통한 민족 역사의 구축은 대단히 유용한 방법이었다.

그러나 일부 영토 국가들은 자국 내부에 여러 민족들을 포함하고 있었다. 대영제국은 스코틀랜드와 영국의 연합이었지만 웨일스와 아일랜드까지 합병했다. 18-19세기에 대규모로 확장했던 러시아 제국은 당시 〈민족들의 감옥〉이라고 알려졌다. 발칸 반도는 오스만 제국에게 몹시 골치 아픈 지역이었다. 그곳에는 슬라브, 세르비아, 크로아티아, 보스니아, 알바니아, 마케도니아에 이르기까지 여러 민족들이 모두 투르크의 통치를 받고 있었기 때문이다. 이처럼 한 국가 내부에 다양한 인종이나 민족이 공존하는 문제에 대한 한 가지 해결책은 프랑스와 미국처럼 사람들을 인종적, 종교적, 언어적 차원이 아닌 〈정치적 차원〉으로 규정하는 방법이었다. 미국인이 되고자 하는 사람들은 모두 미국인이며, 프랑스의 시민들은 모두 프랑스인이다. 따라서 인종, 역사, 언어는 민족에 대한 정의와 관계가 없다.

19세기에 접어들면서, 특히 1870년대와 1880년대 이후로 인종, 언어, 종교에 따른 민족주의에 대한 의도적인 구분은 차츰 명분을 상실했다. 한편 유럽 국가들과 미국은 자체적으로 민족주의적 전통을 개발하고 그것을 국민들에게 교육하는, 가상적이면서도 실제적인 민족주의를 창조하는 방법이 효과적이라는 사실을 깨달았다. 반면 민족적 동질성을 지니면서도 국가가 없는 사람들, 이를테면 시온주의자, 아일랜드인, 세르비아인은 국가를 수립하기 위해 투쟁하기 시작했다. 요컨대 19세기 중반 유럽에서 형성된 인종적, 문화적 측면에서 배타적인 민족주의, 즉 "우리 민족은 위대하다."라고 주장하는 민족주의는 유럽이 다른 세계들과 관계하는 방식에 영향을 미쳤고, 이는 20세기 초반에 1차 세계대전의 원인을 제공하여 근대 민족 국가의 탄생을 이끌었다. 하지만 그것은 모순으로 가득했고, 권력은 사람들 위에서 군림했다.

　유럽 국가들 간의 민족주의와 경제적 경쟁, 산업화로 발생한 사회 내부의 긴장, 그리고 여러 가지 전략적 문제들은 19세기 유럽 국가들 간의 전쟁과 19세기 후반 30년에 걸친 아시아와 아프리카를 겨냥한 제국주의 확장을 위한 전쟁을 유발했다. 유럽에서 벌어진 가장 큰 규모의 전쟁은 러시아가 영국, 프랑스, 터키로 구성된 연합군을 상대한 크림 전쟁(1854-1856년)이었다. 이 전쟁에서 패배한 러시아는 농노제를 폐지하고 산업화를 실시했지만 양측은 총 60만 명에 달하는 병사를 잃고 말았다. 또 미국의 남북전쟁도 수십만 명에 달하는 병사들을 희생시켰다. 마지막으로 독일과 이탈리아의 민족주의자 연합은 유럽에 대규모의 전쟁을 네 차례나 더 일으켰고 프랑스-프로이센 전쟁에서 그 정점에 달했다. 민족주의는 유럽 국가들 간의 끊임없는 긴장을 유발하면서 수많은 젊은이들을 군대로 이끄는 데 기여했지만, 서구인들은 우월하고 다른 인종들, 특히 아프리카인들과 아시아인들은 열등하다는 인종주의적 사상에도 큰 영향을 주었다.

아프리카와 중국에 대한 쟁탈전

1871년 프랑스-프로이센 전쟁 이후 유럽 국가들은 최소한 1914년 1차 세계대전이 발발할 때까지 한동안 서로 간에 벌이던 전쟁을 중지하고 그 병력을 중국, 동남아시아, 중동, 아프리카로 돌리기 시작했다. 이처럼 유럽 열강들의 경쟁은 오늘날 우리가 제3세계라고 부르는 지역들로 옮겨지면서 그 지역들이 쇠퇴하는 데 지대한 영향을 미쳤다.

유럽 열강들에 의해 찢겨지는 아프리카

수세기 동안 유럽인들은 아프리카를 횡단하는 것은 거의 불가능하다고 생각했다. 대륙의 열대 지방에는 말라리아를 비롯한 온갖 전염병들이 도사리고 있었기 때문에 유럽인들은 그런 질병의 위험을 피해 안전한 해안 지역에서 노예 무역을 시도할 수밖에 없었다. 19세기에 증기선은 아프리카의 여러 강들을 통해 내륙으로 진입할 수 있었지만 무서운 전염병 말라리아는 대부분의 탐험가들의 목숨을 앗아갔다. 1880년에 말라리아의 원인이 발견되고 1897년에 모기를 통해 감염된다는 사실이 밝혀지기 전까지 수많은 시행착오를 통해 19세기 중반 남아메리카에 서식하는 수목인 기나수幾那樹 껍질에 말라리아를 예방하는 물질인 키니네가 포함되어 있다는 사실을 알아냈다. 영국군은 인도에 기나수를 파종하는 데 성공하여 1870년대에 엄청난 양의 키니네를 확보했다. 아프리카를 차지하기 위한 유럽의 쟁탈전은 1871년 독일에 패배하여 사회 불안에 시달리던 프랑스, 국왕 레오폴 2세의 은밀한 계획을 앞세운 벨기에, 인도 식민지의 이권을 보호하기 위한 영국에 의해 1870년대부터 시작되었다. 그러나 말라리아 치료제인 키니네, 강에서 신속하게 이동할 수 있는 증기선, 여러 강력한 무기를 개발할 수 있는 새로운 기술이 없었다면 이 세 국가도 결코 아프리카 원정에 나서지 못했을 것이다. 요컨대 신기술이 절대적인 비중을 차지했던 것이다.

1500년대 초반부터 1800년대 초반까지는 전장식 머스켓총이 가장 보편적인 무기였다. 이 머스켓총은 장전하는 데 몇 분이 소요되고 발포할 때 많은 연기가 뿜어져 나왔지만 적중률은 너무나 형편없는 수준이었다. 군사적 전술은 이런 단점을 어느 정도 보완했지만 만약 더 먼 거리에서도 발포한 흔적을 남기지 않고 더 높은 적중률을 보이는 총포를 제작한다면 그것은 분명 엄청난 혁신일 터였다.

1850년 이후 적중률을 개선하기 위해 총신에 강선(총포의 내부에 나사 모양으로 판 홈)을 넣고, 연기가 나지 않으면서 점화되는 화약이 발명되고, 총미에 삽입하는 종이 탄약통과 청동 탄약통이 차례로 개발되고, 연발이 가능한 장치가 발명되면서 총포는 엄청난 발전을 이루었다. 1860년대와 1870년대 미국의 남북전쟁과 유럽 국가들의 치열한 무기 경쟁은 어떤 기후 조건에서도 목표물에 적중시킬 수 있는 총포의 혁신을 가져오면서 유럽 병사들의 전투력은 급속도로 향상되었다. 1880년대 발명가 하이럼 맥심의 이름을 딴 기관총이 발명되면서 무기 제조 기술은 최고조에 이르렀다.

1870년대 유럽인들은 〈제국의 도구〉를 앞세워 아프리카의 영토를 차례로 점령했다. 아프리카인들은 용감히 싸우며 완강히 저항했지만 뛰어난 성능을 자랑하는 맥심 기관총 앞에서 전혀 상대가 되지 않았다. 가장 유명한 사례는 1898년 옴두르만 전투로, 그곳에서 영국군은 무려 4만 명에 달하는 수단군과 정면으로 마주쳤다. 후일 영국 수상에 오른 윈스턴 처칠에 의하면, 강에 정박한 포함들에서 맥심 기관총을 발사하여 공격에 나선 수단의 병사들을 순식간에 격퇴시켰다고 한다. 돌진하던 수단 병사들은 땅바닥에 뒤엉킨 채 쓰러져 여기저기 산더미처럼 쌓였다. 후방의 병사들은 어쩔 줄 몰라 돌진을 멈추고 우왕좌왕했다. 게다가 날씨는 그들조차 견디기 힘들 정도로 너무나 무더웠다. 강변에서 영국군 보병은 서두르거나 흥분하지 않고 차분하게 발포했다. 적군이 너무 멀리 떨어져 있었기 때문에 장교들은 신중하게 작전을 수행했다. 수단의 병사들에게 영국의 진영에서 발사되는 총알은 살을 꿰뚫고 뼈까지 부수면서 상처에서 피를 솟구치게 만들었다. 용감한 병사들은 무서운 굉음을 내며 날아오는 총알과 여기저기서 터지는 포탄과 자욱하게 피어오르는 먼지에 휩싸인 채 지옥 같은 고통과 절망 속에서 죽어갔다. 다섯 시간 후, 영국군의 전사자는 고작 20명에 불과했던 반면 수단군은 무려 1만 명에 달하는 전사자가 발생했다.

"어떤 전투가 벌어졌다 하더라도
우리는 맥심 기관총을 가졌지만 그들은 그것을 갖지 못했다."

1900년에 이르러 영국을 비롯해 프랑스, 독일, 벨기에까지 유럽의 열강들은 이런 기술적인 우위를 바탕으로 아프리카 대륙의 대부분을 분할했다. 그때까지도 포르투갈은 17세기에 점령한 앙골라를 식민지로 보유하고 있었다. 오직 에티오피아만이 강력한 국왕 메넬리크의 지휘 하에 유럽의 열강들 중에서 가장 세력이 약한 이탈리아를 물리치고 독립을 유지했다. (지도 5-1 참고)

이권 쟁탈장이 된 중국

만약 방대한 양의 천연자원에 대한 꿈이 아프리카를 차지하려는 제국주의자들의 꿈을 이끌었다면, 중국은 그들에게 〈거대한 시장〉에

■ 지도 5-1 : 1900년경 세계 지도

대한 꿈에 부풀게 했다. 영국의 면직물 산업가들은 "만약 우리가 모든 중국인들의 셔츠를 단 1인치만 늘릴 수 있다면, 맨체스터의 수많은 공장들은 영원히 가동할 수 있을 것이다."라는 기대를 품었다.

무려 4억 명의 소비자를 보유한 중국이라는 시장은 유럽인들의 손에 쉽사리 잡히지 않았지만 중국을 개방하려는 그들의 집요한 노력은 19세기 전반에 걸쳐 지속되었고 결국 19세기 말 이권 쟁탈전에

동양은 어떻게 서구에게 역전을 당했는가　235

서 절정에 이르렀다.

아편전쟁 이후 중국은 대규모 농민 반란인 태평천국운동(1850-1865년)으로 극심한 혼란에 빠져들었다. 가난한 농민들과 실직한 노동자들이 그리스도의 동생을 자처하던 인물을 추종하면서 지상에 천국을 건설하기 위해 일으킨 태평천국운동은 청 왕조를 거의 멸망 직전까지 몰고 갔다. 토지 개혁에 따른 새로운 사회 질서, 만인에 대한 평등, 만주족이 세운 청 왕조의 타도를 주장했던 이 대규모 운동은 중국 남부에서부터 휩쓸고 올라와 양쯔 강 유역에 위치한 남부의 수도인 난징까지 점령했다. 만약 몇 차례 잘못된 전략들과 지도층 내부의 분열만 없었다면 아마도 중국의 근대사는 완전히 달라졌을 것이다. 그러나 보수적인 지주들은 자체적인 군대를 조직하여 태평천국 군대를 물리치고 멸망의 위기에 빠진 청 왕조를 구해냈다.

대규모 민란(그 기간에 약 2천만 명이 목숨을 잃었다.)으로 급격히 세력을 잃고 두 차례의 아편전쟁 패배로 영국과 맺은 불평등 조약에 시달리면서도 청 왕조는 멸망의 위기에서 왕조를 구한 지주들의 요구에 따라 과거의 농업 제도를 부활시키려 노력하면서 외세의 침략에 대한 자구책으로 소위 변법자강운동으로 알려진 군대의 근대화 운동을 벌이기 시작했다. 비록 군대의 근대화에는 어느 정도 성공했지만 여전히 중국은 영국뿐만 아니라 러시아, 프랑스, 독일, 산업화에 성공한 일본 등에 이르기까지 끊임없는 외세의 압력에 시달렸다. 특히 영국과 러시아는 이권 쟁탈전을 유발했고, 그 결과 중국은 1900년 여러 열강들에 의해 분할되고 말았다.

서구 유럽보다 뒤늦게 산업화를 시작한 일본도 제국주의 확장에 나서면서 조선과 대만에 관심을 가졌다. 비록 중국은 조선을 조공을 바치는 속국으로 여겼지만 당시 조선은 자체적인 정치 체제를 구축하고 있었다. 1880년대와 1890년대에 정치적 혼란에 빠진 조선에서는 여러 차례 폭동이 일어났고 일본은 그것을 중국에 저항하는 세력을 지원하는 기회로 삼았다. 1894년 중국이 조선의 내정에 개입하면서 마침내 중국과 일본 간에 전쟁이 벌어졌다. 그런데 놀랍게도 일본은 중요한 해전에서 중국을 손쉽게 물리치며 전쟁을 승리로 이끌었다.

이런 우위를 바탕으로 쇠약해진 적을 압박하기로 결심한 일본은 중국에게 수많은 이권을 요구했다. 여기에는 3억 달러의 배상금, 대만과 만주의 요동 반도의 할양, 조선의 독립(이 사항은 조선을 지배하기 위한 목적이었다.), 중국 내부에서 일본인들의 공장 건설권과 광산 소유권 보장 등이 포함되었다. 그러나 일본이 만주에 대한 이권을 차지한 것에 반대했던 러시아는 독일과 프랑스와 연합하여 일본에게 만주를 중국에 반환할 것을 강요했다. 러시아는 당시 시베리아로 영토를 확장하면서 만주까지 차지하려는 야심을 품었다..

결국 일본의 야욕을 굴복시킨 러시아는 중국 정부의 환심을 얻어 만주에 철도를 건설할 수 있는 이권을 확보했다. 한편 영국, 프랑스, 러시아와 대등한 세력을 구축하기 위해 중국에 군사적 목적으로 특별한 시설을 갖춘 항구를 확보하려 했던 독일은 중국에게 일본을 물리친 대가로 군사 기지를 세울 수 있는 권리를 요구했지만 거절당했다. 그러자 독일은 1898년에 두 명의 사절단이 중국에서 살해된 것을 빌미로 산둥 반도의 한 항구를 점령하고 중국에게 그 항구를 99년 동안 임대할 것을 강요했다. 이 사건은 이권 쟁탈전에 불을 지폈고 다른 열강들도 저마다 99년간의 이권을 요구하기 시작하면서 중국은 마치 수박처럼 조각조각 갈라지게 되었다. 1900년에 이르러 중국은 과거 아프리카와 마찬가지로 서구 열강들의 식민지 소유권들로 분할되고 말았다.

그러나 영국은 세계적인 제국을 운영하기 위해 중국의 개방 무역을 필요로 했다. 영국의 입장에서는 다행스럽게도 1898년 스페인과의 전쟁을 통해 필리핀에 식민지를 확보한 미국이 일찌감치 중국에게 모든 열강들에게 개방 무역을 실시하도록 요구했다. 1900년 여러 가지 이유에서 미국은 놀랍게도 다른 열강들이 모두 수용했던 한 가지 정책을 천명했다. 그것은 중국을 식민지로 만들지 않은 채 문호를 개방한 상태를 유지하여 일본과 미국을 포함한 모든 열강들이 균등하게 이권을 차지할 수 있도록 유도한 정책이었다.

엘니뇨, 기아, 그리고 제3세계로의 전락

아프리카, 아시아, 라틴아메리카 등에 대한 유럽, 미국, 일본의 지배를 설명하기 위해 이제까지 산업화, 군사 기술의 발전, 열강들 간의 전략적 경쟁, 1870년대에 시작된 경제적 침체를 살펴보았는데, 제3세계화와 산업화된 진영과 산업화되지 않은 진영 간의 격차에는 생태학적 측면도 영향을 미쳤다.

생물학적 구제도에서 중국의 경제적 번영은 1800년대에 이르러 산림 훼손을 일으켰고 결국 1800년대 중반 심각한 산림 황폐화를 초래했다. 반면 아시아의 다른 지역들과 라틴아메리카에서 이루어진 산림 황폐화는 그 과정에서 차이가 있었다. 인도는 19세기 중반 인구가 증가하기 오래전부터 산림 황폐화가 진행되었다. 서로 치열한 전투를 벌이던 인도의 군주들은 생태학적 전투 정책을 펼치며 적군이 은폐물로 활용하지 못하도록 산림을 제거했고 인도를 식민지로 만들려던 영국도 기꺼이 그 대열에 동참했다. 더욱이 가난한 농민들이 무분별하게 토지를 개간했고 북부 지방에서는 상업적인 목적으로 벌목을 시도하기도 했다. 이 모든 상황들이 19세기 후반 인도의 극심한 산림 황폐화로 이어지고 말았다.

라틴아메리카는 다른 과정을 통해 대규모의 산림 황폐화가 이루어졌다. 그곳에서 천연자원을 채취하고 사탕수수나 커피 플랜테이션을 세우려는 서구 열강들이 산림을 마구잡이로 베어냈던 것이다. 브라질의 대서양 연안의 울창한 산림지대는 사탕수수 플랜테이션이 들어서면서 가장 먼저 황폐화되었다. 1800년대 초반 브라질의 지주들은 플랜테이션에서 재배하는 작물을 사탕수수에서 커피로 전환하기 시작했다. 원산지인 에티오피아에서 수입한 커피나무는 토지만 비옥한 상태로 유지하면 같은 땅에 반복해서 심을 수 있었다. 그러나 브라질의 지주들은 토지를 척박하게 만들면서 대략 30년마다 다른 지역으로 이주하여 새로운 처녀림을 개간했다. 결국 세대를 거듭하면서 커피나무는 고지대까지 올라갔고 그 뒤로는 온통 벌거숭이 언덕만을 남겨두었다. 또 18세기 프랑스와 영국의 식민지 개척자들은 사탕수수 플랜테이션을 세우기 위해 카리브 해의 여러 섬들에서 너무나 많은 산림을 훼손했던 나머지 평범한 사람들조차 나무를 한 그루씩 베어낼 때마다 기후가 점점 더 건조해질 것이라며 심각한 기후 변화를 우려했다.

19세기 후반 아시아와 라틴아메리카 대부분의 지역은 산림과 토

양의 황폐화로 심각한 환경 파괴를 경험했다. 농업 사회에서 이런 변화는 추가적인 압박을 가하여 이상 기후와 기아가 발생할 가능성을 증가시켰다.

　대체로 흉작은 지역적인 현상이었다. 하지만 19세기 후반에는 오늘날 우리에게 엘니뇨로 알려진 기상 현상이 그 범위를 확장하면서 지구의 대부분 지역에 영향을 미쳤다. 만약 엘니뇨가 북아메리카의 밀 생산 지대에는 엄청난 폭우를 내리면서 유럽에는 전혀 영향을 미치지 않는다면, 그것은 아시아 대부분의 지역들을 비롯해 아프리카 북부와 서부 일부 지역들과 브라질 북동부에는 가뭄이 발생하고 아르헨티나에는 홍수가 일어난다는 것을 의미한다. 이 엘니뇨는 무려 세 차례(1876-1879년, 1889-1891년, 1896-1902년)에 걸쳐 극심한 가뭄을 유발하여 오늘날 제3세계에 해당하는 지역들에게 막대한 피해를 입혔다. 결국 아시아, 아프리카, 라틴아메리카, 북아메리카에 영향을 미치는 엘니뇨의 특성, 유럽 및 북아메리카 산업화된 지역들의 이권을 위해 마련된 세계 경제의 영향, 그리고 아시아와 아프리카를 겨냥한 신제국주의의 부상이 절묘한 상호작용을 통해 역사적 사태를 이루면서 전 세계적으로 극심한 기아를 유발하여 수백만 명에 달하는 사람들의 목숨을 앗아갔다.

　결국 아시아 전역과 아프리카와 라틴아메리카 일부 지역들에서 발생한 기아 때문에 약 3천만에서 5천만 명에 달하는 사람들이 끔찍한 죽음을 맞았다. 그러나 19세기 후반에 엘니뇨가 아무리 엄청난 위력을 발휘했을지라도 이런 대참사는 단순히 자연 현상에 의해서만 발생한 재해는 아니었다. 사회 비평가 마이크 데이비스는 자신의 저서에서, 엘니뇨로 인한 전 세계적인 기아와 더불어 유럽이 장악한 세계 경제가 여러 지역들을 극심한 빈곤에 빠뜨리면서 아시아, 아프리카, 라틴아메리카를 제3세계로 전락시켰다고 주장했다. 더욱이 아시아 국가들의 경우 정부는 이런 재난을 구제할 의사가 없거나 그런 능력을 갖추지 못했다. 인도 식민지를 통치하던 영국인들은 이처럼 심각한 기아로 인한 질병이나 죽음을 예방하는 것보다 더 많은 이익을 창출하고 자유 무역 체제를 강화하는 것에 더 관심을 두었다. 수많은 인도인들이 영국인들이 소비할 많은 양의 밀이 기차에 실리는 모습을 바라보며 죽어갔지만, 식민지 정부는 오히려 나태하고 게으른 근성을 심어줄 수 있다는 이유로 인도인들에 대한 구호 활동을 거부했다. 외국의 압력이 가장 강했던 해안 지역으로 관심을 돌린 중국의 만주 정부는 가뭄과 기아가 가장 심각했던 상하이 내륙의 고립된 지역으로 곡물을 운송할 능력도, 수단도 갖추지 못했다. 앙골라, 이집트, 알제리, 조선, 베트남, 에티오피아, 수단, 브라질에서도 엘니뇨로 인한 가뭄은 극심한 기아를 유발하여 그 지역의 사회와 정부를 약화시키면서 새로운 제국주의의 확장과 침략의 물결이 밀려드는 빌미를 제공했다. 결국 산업화된 세계와 제3세계의 격차가 더더욱 굳어지게 되었다.

19세기 후반 엘니뇨가 아시아, 아프리카, 라틴아메리카에 엄청난 피해를 입히면서도 아메리카 중서부 지역의 수확량은 늘리고 유럽 전역은 그냥 지나쳤던 것은 우연한 역사적 사건처럼 보일 수도 있지만 그것의 사회 경제적 영향은 이 장과 앞서 4장에서 논의했던 역사적 과정의 결과였다. 이 모든 현상들은 스스로 산업화하거나 기아를 구제할 수 없었던 약소국들(대부분 제국주의의 침략으로 쇠퇴했다.)이나 의도적으로 그런 정책을 펼쳤던 식민지 정부(특히 영국의 인도 식민지 정부)가 통치하던 지역들에 불행한 결과를 초래했다. 따라서 20세기 초반 그 지역들은 최악의 결과를 피하기 위해 최선을 다해야만 하는 비참한 운명에 처하게 되었다. 그런 지역들에 거주하는 사람들의 생존율과 평균수명이 산업화된 세계의 사람들보다 현저히 떨어지는 것은 결코 놀라운 일이 아니었다. 그 격차는 생사가 달린 중대한 문제였다.

사회 진화론과 백인 우월주의

1900년에 이르러 유럽인들과 북아메리카에 자리 잡은 그들의 후손들은 직간접적으로 전 세계의 대부분을 장악했다. 그들은 이런 사실을 무심코 지나치지 않았는데, 특히 영국인들은 위에서 언급했던 19세기 중반 엘니뇨로 인한 극심한 가뭄이 한창이던 1887년과 1897년에 제국의 전역에서 빅토리아 여왕의 탄생 50주년과 60주년을 축하하는 행사를 벌였다. 19세기 중반 이후 과학이 급속도로 발전하면서 영국이 맥심 기관총으로 손쉽게 수단을 정복하고 극심한 가뭄으로 수백만 명에 달하는 아시아인들이 목숨을 잃는 상황에서, 일부 유럽인들은 자신들이 서구의 부상과 아시아, 아프리카, 라틴 아메리카의 퇴보를 설명하기 위한 과학적인 근거를 갖추었다고 생각했다. 그것은 바로 〈사회 진화론〉과 〈우생학〉(과학적 인종주의)이었다.

    1859년 찰스 다윈은 자신의 유명한 저서 『종의 기원』에서 새로운 종의 진화와 발전은 자연선택과 적자생존의 법칙에 의해 결정된다고 주장했다. 이윽고 그는 인간의 기원을 유인원과 비슷한 동물이라고 주장하며 그 이론을 인간에게 확대했다. 19세기 후반 다윈의 진화론은 사회에도 적용되었다. 사회 진화론은 사람들 간에 빈부의 격차가 발생하고 사회들 간에도 진화와 퇴보가 일어나는 이유를 설명하기 위해 고안되었다. 유럽인들의 바로 눈앞에서 수많은 아프리카인들이 쓰러져 죽고 엘니뇨로 인한 가뭄으로 수백만 명에 달하는 아시아인들이 목숨을 잃는 상황이 발생하자 수많은 유럽인들과 북아메리카인들은 진화가 인간 사회와 서로 다른 인종 간의 관계에도 적용될 수 있다고 확신했다. 백만장자들과 유럽인들, 특히 허버트 스펜서의 견해에 의하면 사회 진화론에서 가장 우수한 종에 해당하는 북반구의 백인들은 자연선택설로 설명할 수 있었다.

"무능한 자들의 가난, 경솔한 자들의 고통, 게으른 자들의 굶주림, 강자들에 의해 밀려난 수많은 약자들이 비참한 삶을 사는 것은 미래의 복지를 위한 법칙이다."

사회 진화론자들은 가난한 사람들, 아시아인들, 아프리카인들, 아메리카 원주민들이 그런 비참한 운명을 맞이하는 것은 당연한 결과라고 생각했다. 그들에게 그것은 자연적인 현상이었다. 유럽과 미국 사회 내부에서뿐만 아니라 전 세계적으로도 점차 빈부의 격차가 심해지는 이 세계에서 사회 진화론은 세계의 상류층에 위치한 사람들에게 더없이 적합한 이데올로기였다.

유럽 출신 백인들에 의해 통치되던 라틴아메리카, 특히 멕시코와 브라질에서는 사회 진화론에서 확장된 한 이론이 대단한 반향을 일으켰다. 그곳에서는 애초에 동식물의 범주에서 선택된 종들이 가장 우수한 혈통을 생산한다는 이론인 우생학이 인간의 경우에도 적용되어 서구인들의 우수한 형질은 증대하고 가난한 사람들과 백인이 아닌 사람들의 형질은 제거되는 방식과 같이 오직 유전자 조작을 통해서만 인간의 형질을 개선할 수 있다고 믿었다. 따라서 국민의 혈통을 개선하기 위해 멕시코와 브라질 정부는 유럽 백인들의 이주를 장려하는 정책을 펼쳤다. 그들은 피부색을 백인처럼 하얗게 만드는 것을 그저 커피에 우유를 섞는 것처럼 단순하게 생각했던 것이다. 반면 유럽과 미국에서 우생학은 선천적으로 백인들이 우월하고 남부와 동부의 유럽인들을 비롯해 아시아인들, 아프리카인들, 아메리카 원주민들은 열등하다는 인종주의적 사상이 성립되는 데 기여했다. 더욱이 20세기에 접어들어 이런 사이비 과학은 나치의 지도자 아돌프 히틀러가 끔찍한 대량 학살을 자행하는 근거로 활용되었다.

결국, 이데올로기에 불과할 뿐이다

이제까지 우리는 오늘날 어리석고 위험한 발상으로 여겨지면서도 막강한 권력과 엄청난 부를 소유한 세계의 대다수 사람들이 사실로 받아들이는 〈20세기 서구의 부상〉에 대한 설명을 시작으로 다양한 내용들에 대해 두루 살펴보았다. 물론 우리는 이런 사상들이 역사적 사실보다는 오히려 이데올로기에 가깝다는 사실을 알 수 있다. 서구의 부상은, 일부 국가들과 국민들이 역사적 사건들과 지리적 이점을 바탕으로 어느 시점에 이르러 다른 국가들과 국민들을 지배하고 부와 권력을 축적했던 과정에 대한 내용이다. 만약 부와 권력, 서구의 특권에 관련된 역사적 우연들의 본질에 대해 이해한다면 이제 더 이상의 미스터리는 존재하지 않는다. 따라서 그런 혜택을 받은 사람들은 그 행운의 근원을 깨닫고 겸손해야 하고, 그 혜택을 받지 못한 사람들은 미래에는 새로운 행운이 우연히 그들에게 찾아올 수 있다는 사실을 명심해야 한다.

제6장

/

두 번의 세계대전, 냉전의 종식, 커져가는 격차

1900년부터 21세기 현재까지

1900년에 이르러 근대 세계의 주요한 요소들이 형성되었다. 민족 국가는 영토를 통치하기 위한 가장 성공적인 조직으로 부상했고 유럽 대부분과 아메리카에서는 민족 국가를 국가 체제로 채택했다. 이런 민족 국가들 중 일부, 특히 서유럽, 미국, 일본은 산업화를 이루면서 새로이 발견한 산업의 힘으로 제국주의 군대를 육성해 경제적 목적으로 아프리카와 아시아의 대부분을 식민지로 삼았다. 유럽인들과 미국인들, 일본인들은 자신들의 우월성을 주장하는 인종주의를 창안했는데 이 사상은 그들의 식민지 계획과 세계 질서의 재편에 대한 믿음을 뒷받침했다. 백인들은 사회 진화론과 결부한 기독교적 문명화의 사명을 내세웠고, 일본인들은 아시아에서 그들의 독보적 입지를 내세웠다.

그럼에도 20세기에는 두드러진 변화가 일어났다. 우리는 여전히 민족 국가와 산업이 중심이 되고 부유한 지역과 가난한 지역 간의 격차가 커지는 세계에서 살고 있다. 하지만 21세기 초반은 1900년대와 근본적으로 차이가 난다. 지난 세기에는 전혀 새로운 산업들이 개발되면서 산업계를 대폭 재편성했다. 세탁기와 진공청소기뿐만 아니라 석유와 자동차, 전기, 전화, 라디오, 텔레비전, 컴퓨터, 항공기, 제트엔진, 우주선, 예방 접종이 개발되었다.

기술적 변화 이외에 20세기 중반에 서유럽 국가들은 지배자의 입지를 상실했다. 1차 세계대전(1914-1918년)은 19세기 후반에 성립된 제국주의 체제를 송두리째 흔들었고 20세기를 〈전쟁과 폭력의 세기〉로 이끄는 데 심대한 영향을 미쳤다. 하지만 유럽의 식민지 체제와 일본의 신제국을 무너뜨리고 미국과 소련이라는 초강대국이 지배하는 양분화된 세계를 탄생시킨 것은 바로 2차 세계대전(1939-1945년)이었다. 20세기에는 거의 2억 명에 달하는 사람들이 전쟁, 혁명, 대량 학살, 인간이 유발한 다른 대참사들로 목숨을 잃었다. 세계적 경제 붕괴 전후로 일어난 두 차례의 세계대전은 1914년부터 1945년까지 〈위기의 30년〉을 야기했다. 이 30년의 위기는 유럽의 세계 지배와 일본의 아시아 제국을 허물었고 새로운 양대 초강대국의 부상과 그에 따른 냉전의 시작을 이끌었으며, 과거 식민지에서 벗어나 산업 발전의 비밀을 파헤치려는 신흥 독립국들을 탄생시켰다.

2차 세계대전이 종전된 1945년 이후와 냉전이 종식된 1991년 이후에 휘몰아친 두 차례의 거대한 변화를 거치면서 세계는 점점 더 긴밀하게 연결되었다. 사상, 자본, 노동력이 점점 더 빠르고 쉽게 전 세계로 이동했다. 하지만 미국의 주도하에 자본주의와 자본주의 수호 체제의 확산이라는 뚜렷한 목표로 이루어진 이 세계화는 대다수가 아닌 일부에게만 혜택이 돌아가면서 지속적으로 심화되는 부유한 지역과 가난한 지역 간의 격차를 만들어내고 있다.

20세기 근대 세계에 일어난 주요 변화들 중 장기적으로 인간에게 가장 큰 영향을 미친 것은 환경일 것이다. 자본주의, 사회주의, 제3세계가 모두 급속도의 경제 발전을 추구는 과정에서 자연 환경과 인간의 관계는 이제 인간의 활동이 지구의 생태 과정에 영향을 미치는 지경까지 이르렀다. 19세기에 화석 연료의 사용으로 산업 생산과 경제 성장이 자연의 제약에서 벗어났던 것처럼, 20세기에는 합성 비료의 사용으로 식량 공급이 증대되면서 세계 인구가 급격히 증가했다. 20세기에 이루어진 급격한 산업 성장과 인구 증가는 생물학적 구제도의 주기와 제약으로부터 인간과 우리 역사의 〈대이탈great departure〉을 나타낸다. 그것은 합성 비료의 발명과 함께 시작된다.

질소, 화약, 비료

20세기 초에 유럽인들은 사회 진화론과 인종주의로 인해 두 가지 위험을 인식하지 못했다. 첫째, 그들은 진보되고 발전되고 문명화된 인종, 즉 백인들이 서로 전쟁을 일으킬 수 있을 것이라고 믿지 못했다. 하지만 그 통념은 1차 세계대전에서 무너졌고 그와 더불어 전능한 유럽의 환상도 깨졌다. 둘째, 그들은 가난하고 미개한 흑인들과 황색인들이 설마 유럽의 지배자들에게 군사적 반발을 시도할 수 있으리라고는 상상조차 하지 못했다. 그 통념은 1905년에 일본이 러시아를 격파하면서 깨졌고 러시아는 혁명에 성공하고 유럽 국가들과의 전쟁에서 끝내 승리하며 식민지 체제를 무너뜨렸다. 20세기의 전쟁들이 그토록 파괴적이었던 주요한 이유 중 하나는 살상殺傷 장비들이 산업화되었기 때문이다.

19세기에 제국주의 국가들이 아시아인들, 아프리카인들, 아메리카의 토착민들에게 사용했던 전쟁 기술에서 특이한 사항은 핵심 요소인 화약을 극도로 더딘 자연 과정을 거쳐 제조할 수밖에 없다는 것이었다. 강철, 증기, 총은 그들의 공장에서 생산할 수 있었지만 화약을 폭발시키는 물질인 질산염은 제조할 수 없었기에 부득이 자연계에서 찾아야만 했다. 질산염의 핵심 성분은 질소인데, 유럽의 과학자들은 그 사실은 파악했지만 공기 중의 질소를 추출해서 사용이 편한 고형의 물질로 변환하는 방법은 쉽게 찾지 못했다.

19세기와 20세기 전환기에 질소를 산업적으로 생산할 방법을 가장 치열하게 연구했던 국가는 다름 아닌 독일이었다. 다른 국가들의 과학자들이 이 문제의 중요성을 인식하지 못했던 것은 아니다. 하지만 독일은 자국의 취약성 때문에 이 문제가 매우 시급하고 절실했다. 결국 1909년에 프리츠 하버라는 화학자는 자신의 실험실에서 암모니아(암모니아는 질산염으로 처리할 수 있는 질소를 포함하고 있다.)를 합성했고 일년 후에 독일 기업 BASF의 칼 보슈에 의해 산업 생산의 문제가 해결되었다. 하버-보슈Haber-Bosch 공정으로 알려진 이 암모니아 합성 과정은 세계사의 새로운 장을 열었다.

하버-보슈 공정의 개발로 암모니아를 이용한 합성 비료를 생산해내면서 식량 공급이 증대되었고 세계 인구 또한 오늘날 약 62억 명까지 유지될 수 있었다. 이런 폭발적인 인구 증가만으로도 20세기는 인류 역사에서 특별한 시기로 여겨진다. 암모니아 합성과 그에 따른 비료의 산업 생산으로 인구 증가는 생물학적 구제도의 한계에서 벗어났다. 게다가 그로 인해 폭탄의 산업 생산도 가능해졌고 이 신기술을 최초로 사용했던 독일은 군사적 강대국의 자신감을 강화했다. 그 자신감은 1914년에 세계대전을 일으키는 결정적인 요소로 작용했다.

30년의 위기(1914-1945년)

1900년 무렵에 전 세계에서 제국주의 열강들에게 지배되지 않은 지역은 거의 남지 않았다. 아직 정복되지 않은 가장 큰 영토는 중국과 오스만 제국뿐이었다. 제국주의 열강들은 1900년의 문호 개방 정책으로 쇠약해진 중국에서 아무도 실제로 중국을 정복하거나 지배하지 않으면서 저마다 세력권에서 이익을 누릴 수 있다고 결론을 내렸는데, 사실 미국과 일본을 비롯한 열강들은 치열한 경쟁 탓에 중국을 정복하기도 몹시 어려웠다.

1차 세계대전

유럽 강대국들 간의 전면전이 실제로 발생했지만 그 불씨는 아시아가 아닌 발칸 반도와 유럽 남동부에서 타올랐다. 1914년 7월에 세르비아의 한 민족주의자가 앞서 오스트리아-헝가리 제국에 합병된 보스니아의 행정 중심지인 사라예보를 방문한 오스트리아 황태자 페르디난드 대공과 황태자비를 암살했다. 이에 독일의 지원을 받은 오스트리아는 전쟁의 빌미를 만들고 제국의 규모를 확장하기 위해 세르비아에 최후통첩을 보냈는데 세르비아는 러시아의 지원을 받았다.

발칸 반도에서의 이런 작은 충돌이 대규모 전쟁으로 확대되었던 가장 큰 이유는 그 당시 경제적, 군사적 강대국으로 부상하던 독일을 두려워했던 프랑스와 러시아의 주도로 제국주의 열강들과 유럽의 권력 정치가 어우러져 동맹 체제가 탄생했기 때문이었다. 1900년대에 영국은 프랑스, 러시아와 연합해 〈3국 협상Triple Entente〉을 체결했고, 독일과 오스트리아-헝가리 제국은 〈동맹국Central Powers〉을 결성했다. 따라서 오스트리아는 독일의 지원을 받아 세르비아를 공격했고 러시아가 세르비아를 지원하면서 프랑스와 영국도 이내 가담했다.

러시아와 독일의 군대가 각각 우방국들을 동원하면서 전쟁은 유럽 전역으로 확산되었다. 이윽고 영국의 새로운 아시아 우방국인 일본이 동맹국에 대해 전쟁을 선포했고, 오스만 제국이 3국 협상국의 침략을 우려해 독일 진영에 합류했으며 캐나다, 오스트레일리아, 뉴질랜드 등 영국령 국가들도 동참했고, 영국과 프랑스가 식민지에서 군대와 물자를 동원하면서 미국을 제외한 전 세계가 유럽의 전쟁에 참전하거나 지원했다. 1917년에는 이전까지 대서양 너머에서 자멸적인 유럽의 전쟁을 방관했던 미국도 결국 영국과 우방국들을 지원하며 참전했다. 마침내 1918년 11월 11일에 휴전 협정이 체결되었을 때는 무려 1천만 명이 넘는 병사들이 목숨을 잃었고 2천만 명 이상의 인원이 부상을 당했다.

이것은 세계사에 유례없는 참혹한 유혈 충돌로, 산업화가 전쟁을 더없이 파괴적인 양상으로 이끌었다. 프리츠 하버는 암모니아의 발견으로 폭탄의 제조를 자연의 구속에서 벗어나게 했을 뿐만 아니라

1차 세계대전의 참호전과 이후 히틀러의 나치가 포로 수용소에서 사용했던 다양한 독가스의 제조법도 개발했다. 게다가 탱크, 잠수함, 전함은 학살의 피해를 증대시켰다.

장기적인 역사의 관점에서 바라보면, 1차 세계대전은 유럽이 지배하는 세계 질서의 종말이 시작되는 전환점이었고 그와 같은 종말은 이후 대공황과 또 다른 세계대전을 거치며 마무리되었다. 하지만 1차 세계대전이 끝났을 때 그 결과는 아직 명확히 드러나지 않았다.

1917년에 미국이 영국과 프랑스의 진영에 가담하면서 독일과 오스트리아는 패하게 되었다. 미국은 전쟁을 치를 수 있는 군대와 군수 물자, 생산성이 뛰어난 산업 경제를 보유했다. 1차 세계대전으로 미국도 10만 명이 넘는 전사자와 20만 명의 부상자가 생겼는데, 이는 유럽의 주요국들에 비하면 소규모의 희생에 불과했지만 종전 협상을 논의하기 위한 베르사유 평화 회담의 한 자리를 차지하기에는 충분했다. 독일은 항복하지는 않았지만 휴전에 동의했기 때문에 전후의 상황에 대해 발언권을 갖게 되리라고 기대했다. 하지만 그런 상황은 일어나지 않았고 패배자는 패배자로 취급되었다. 전쟁에서 점령국을 위해 싸웠던 영국과 프랑스의 식민지들은 전쟁에 참여하면 자국에 대한 처우가 개선될 것이라고 생각했다. 특히나 미국 대통령 윌슨이 국가들의 주권에 대한 존중을 포함하는 〈14개 조문〉을 발표하면서 한층 기대에 부풀었지만 그들의 꿈은 끝내 실현되지 않았다. 독립을 약속한 영국과 프랑스의 제안을 믿고 오스만 제국에 반란을 일으켰던 아랍의 여러 민족들도 마찬가지로 좌절을 맛보게 되었다. 산둥 지방에 대한 독일의 이권을 환수하기를 기대하며 영국과 프랑스의 진영에 합류했던 중국도 또 다른 교훈을 얻었다.

이 모든 기대와 열망에 부응해 공정한 합의를 이끌어내는 대신 영국, 프랑스, 일본은 승리를 거둔 제국주의자처럼 행세하면서 그저 전리품의 분배에만 몰두했다. 프랑스는 독일로부터 알자스-로렌을 환수했고, 독일은 막대한 전쟁 배상금을 지불해야 했으며, 오스트리아-헝가리 제국이 분리되면서 체코슬로바키아, 헝가리, 유고슬라비아가 새로이 건국되고 폴란드가 재건되었다. 중국은 전쟁에서 패한 독일로부터 끝내 산둥 반도를 환수하지 못했고 오히려 영국과 프랑스 진영에 가담했던 일본에게 산둥 반도의 권한을 양도해야 했다.

국제연맹League of Nations이 결성된 후에 영국과 프랑스는 그 조직을 이용해 중동에서 오스만 제국의 잔재에 대한 위임 통치권을 확보했다. 즉 프랑스는 시리아를 차지했고, 영국은 이라크를 점령했으며, 팔레스타인은 아랍의 팔레스타인 해방주의자들에게도 이스라엘의 시온주의자들에게도 돌아가지 않고 영국령이 되었다. 프랑스를 도왔던 베트남인들과 영국을 지원했던 인도인들도 식민지 지배자들에게 억압당했다. 이처럼 1차 세계대전에 승리한 제국주의 열강들의 행동은 아돌프 히틀러와 나치 세력에 찬동하는 독일의 분노와 제국주의와 식민지주의에 저항하는 독립 운동 같은 억누르기 힘든 반응을 불러일으켰다.

혁명의 연속

이런 상황 속에서 1917년에 볼셰비키 혁명을 거친 러시아는 자본주의 세계 질서에 도전했다. 레닌의 주도로 볼셰비키는 1차 세계대전의 참담한 패배 중에 차르 체제가 붕괴되자 1917년 10월에 권력을 장악했고 즉시 독일과 단독 강화를 체결하면서 전쟁에서 철수했다. 잇따른 무력 개입과 내전에도 불구하고 볼셰비키는 사회주의 건설과 자본주의 세계의 종식을 천명하며 세계 최초의 공산주의 국가를 수립했다. 1923년에 레닌이 사망한 후 요시프 스탈린은 권력을 강화하면서 자본주의 세계와의 접촉을 배제한 자칭 〈일국사회주의 socialism in one country〉를 앞세워 오직 러시아의 자원만으로 소련의 급속한 산업화 계획을 이끌었다.

이 혁명은 단지 러시아뿐만 아니라 1차 세계대전을 전후로 세계의 다른 지역들까지 뒤흔들었다. 멕시코에서는 1910년에 남부의 에밀리아노 사파타와 북부의 판초 비야가 이끄는 농민 반란으로 온건한 개혁이 일어나면서 토지 개혁을 정착시키고 멕시코의 천연자원에 대한 외국의 소유를 제한했던 멕시코 혁명(1910-1920년)에 불을 지폈다. 중국에서는 1911년에 혁명주의자들이 청 왕조를 무너뜨렸고 10년간의 혼란스러운 독군(督軍, 중국 신해혁명 후에 각 성에 둔 지방관) 정치가 끝난 후에 뚜렷한 민족주의를 지향하는 새로운 두 개의 정당이 구성되었다. 1920년대에 독군들의 제거를 위해 협력했던 혁명주의자들은 중국 경제의 근대화된 부문에서 제국주의의 지배를 깨뜨리고자 투쟁했다. 이탈리아에서는 반공산주의를 표방하면서 강력한 지도자인 베니토 무솔리니의 주도로 국가의 단결과 국가의 힘을 강화해 자본주의의 폐해를 막겠다고 약속하는 파시즘이라는 새로운 운동이 일어났다.

식민지 독립 운동

1차 세계대전 이후에 제국주의 세계 질서에 대한 도전은 단지 러시아, 중국, 멕시코, 이탈리아의 혁명 운동뿐만 아니라 유럽 식민지들,

특히 인도의 독립 운동에서도 비롯되었다. 인도의 마하트마 간디는 영국의 상품(특히 면직물)과 소금에 대한 불매운동을 주장하면서 비폭력 독립 운동을 시도했다. 그 과정에서 시민 불복종이 탄생했다. 간디는 식민지법을 어기고 결국 감옥에 수감되었는데 그 모든 것이 인도의 독립을 위한 행동이었다. 힌두교도였던 간디는 그의 의회당이 이슬람교도와 시크교도를 아우르며 주도적 위치에 서야 한다고 강조하면서 다민족적 차원의 반식민지 운동을 주장했다.

1차 세계대전에서 제국주의 열강들의 쇠락과 분열이 일어나자 민족주의는 인도와 중국뿐만 아니라 이집트, 베트남, 팔레스타인에서도 반제국주의와 반식민지 독립 운동에 불을 지폈다. 19세기에 유럽과 일본에서 부상했던 민족주의는 20세기에 세계적인 대세로 확산되었다. 유럽에서 민족주의는 대체로 산업화와 더불어 심화되던 계급투쟁을 완화하기 위해 문화적, 언어적, 종교적 공통성을 강조했던 보수적 힘이었던 반면, 아시아와 아프리카에서는 뚜렷한 반제국주의 성향을 나타내면서 종종 사회 개혁 운동을 촉진하기도 했다. 근대 세계는 그야말로 시련을 겪고 있었다.

농산물의 과잉 생산

1차 세계대전은 자본주의 세계 체제를 위기로 몰아넣었다. 하지만 1920년대 산업화된 세계에서 정상 회복이 이루어지면서 잠시 그 위기를 모면했다. 전쟁에서 극심한 피해를 입고 생산 능력을 대부분 상실했던 유럽은 다행히 미국 은행들의 융자(특히 독일에 많이 투입되었다.)로 미국의 상품을 구입할 수 있는 유동성을 유지했고 그 결과 유럽의 번영이 회복되고 미국의 산업이 발전했다. 미국의 자본은 세계의 체제를 부양했지만 당시에 그 사실을 깨달은 사람은 거의 없었다. 1차 세계대전의 종전을 이끈 베르사유 평화 회담 이후에 미국이 국제연맹 같은 새로운 국제기구를 통솔하면 전쟁을 유발했던 경제적, 정치적 상황이 개선될 수 있을 것이라는 우드로 윌슨 대통령의 부푼 기대는 고립주의 의회가 미국의 참여를 거부하면서 깨지고 말았다.

산업화된 국가들에서는 다른 심각한 문제들의 징후도 나타났는데 특히 농업 분야에서 두드러졌다. 유럽과 미국에서 농부들은 전시에 수요 증가와 가격 상승에 힘입어 생산을 증대했고 전후에는 인플레이션으로 융자까지 받으면서 생산을 더욱 증대했다. 하지만 1920년대 초반에 이르자 과잉 생산이 심각해지면서 결국 농작물 가격이 급락했고 이자 상환을 못한 농장들에는 압류가 이루어졌다. 설상가상으로 커피, 설탕뿐만 아니라 다른 농작물들과 라틴아메리카 국가들이 수출하는 1차 생산물들의 가격마저도 붕괴되었다. 1920년대 후반에 전 세계의 거의 모든 농부들은 제조품을 구매할 능력을 상실했다.

1930년대의 대공황

산업화된 국가들은 자국의 제조업을 보호하기 위해 수입품에 대한 관세를 인상하기 시작했고 그로 인해 공산품의 국제 무역은 더욱 감소했다. 미국 은행들이 유럽 국가들에게 융자했던 자금이 회수되자 투자자들은 패닉에 빠졌고 1929년 10월에 미국 주식 시장이 폭락하는 〈블랙 먼데이Black Monday〉가 발생했다. 재산은 하룻밤 사이에 사라졌고 은행들은 파산했으며 수백만 명의 예금이 증발했다. 세계 경제는 그야말로 악순환에 빠져들었다. 공장들은 직원들을 해고했고 근로자들의 수입과 구매력은 감소했다. 수요 감소는 더욱 심각한 생산 감소로 이어졌는데 1930년대에 유일하게 상승한 것은 실업률뿐이었다. 산업화된 국가들의 실업률은 스웨덴의 22퍼센트에서 독일의 44퍼센트에 달하기까지 이르렀다. 미국의 실업률도 27퍼센트에 달했다.

1913년에 미국은 세계 생산의 3분의 1을 차지하면서 세계 최대의 경제국이 되었다. 1차 세계대전은 더 많은 동력을 제공했고 1929년에 미국 경제는 무려 세계 생산의 42퍼센트를 담당할 만큼 성장했다. 따라서 대공황이 미국을 휩쓸었을 때 그 영향은 전 세계로 확산되었다. 1929년부터 1933년 사이에 미국의 수입은 70퍼센트까지 추락했고 수출은 절반으로 감소했다.

이처럼 대공황은 세계적 현상이었다. 서유럽, 라틴아메리카, 아시아, 아프리카의 국가들이 모두 고통에 시달렸다. 오직 소련만이 자본주의 세계와 단절한 채 상처를 입지 않고 요시프 스탈린의 주도로 일국사회주의를 시도했다. 다른 모든 국가들이 대공황에 빠져든 사이에 공산주의 체제의 소련은 급속한 경제 성장을 이루고 있었다.

대공황은 자본주의의 세계적 위기였다. 일부 국가들은 극심한 고통에 시달리는 노동자들과 농민들에게 사회 안전망을 제공하는 개혁(미국의 뉴딜 정책 등)을 실험했다. 독일에서는 1차 세계대전 이후의 배상금과 영토 상실의 문제가 대공황의 위기와 맞물려 아돌프 히틀러와 국가사회당, 소위 나치가 부상할 수 있는 기반을 조성했다. 나치는 강력한 지도자가 통솔하는 강력한 국가를 건설해 독일을 현재의 위기에서 벗어나도록 이끌겠다고 약속했다. 1930년대 중반에 실제로 독일 경제는 다시 성장하기 시작했고 많은 독일인들이 그런 히틀러의 국가사회주의를 신뢰했다. 여성들의 스타킹 구매가 감소하면서 미국으로의 비단 수출이 위축되었던 일본에서는 군사 지도자들이 세계 시장에 대한 의존은 전략적 착오였다고 간주하면서 아시아의 최강국이 되기 위해 더욱 공격적인 행보를 시작했다. 일본은 이후 대만과 한국에 식민지를 건설했고 1932년에는 만주국을 건국하며 대륙까지 세력을 확장했다. 이처럼 1930년대 초반에는 민족주의를 앞세운 공격적인 군사 정권이 독일과 일본에서 권력을 장악했다.

1차 세계대전 중에 일본은 중국을 향한 태도에서 아시아에서 제국주의 열강들 중 선두주자가 되려는 의도를 드러냈다. 비록 1920년대에는 영국과 미국의 연합 세력에 저항할 만한 강력한 힘을 갖추지 못했지만 세계가 1930년대의 위기에 빠져들자 일본은 중국을 침략하며 제국을 확장했고 마침내 태평양을 장악하기 위해 미국과 대결했다. 아시아의 장악을 두고 경합하는 동안 일본과 미국은 중국의 증대되는 힘과 세계를 변화시킨 중국 공산주의 운동의 중요성을 간과했다. 중국은 공산주의 운동을 통해 2차 세계대전 이후에 독립을 이룩하면서 20세기 후반에 세계적인 강대국으로 부상할 수 있는 환경을 마련했다.

대공황 기간에 세계의 무역 체제와 통화 체제는 분리되었다. 강대국들은 침체에서 벗어나기 위한 방편으로 국제 무역을 확대하기보다 세계의 체제와 단절하고 최대한 자립을 이루려고 했다. 그들의 목표는 〈경제 자립 국가〉였다. 1930년대 초반에 영국은 식민지들과 본토의 시장을 더욱 긴밀히 연계하고 식민지들과 다른 국가들의 무역을 차단하면서 자국의 경제를 보호하려고 했다. 미국도 라틴 아메리카 국가들뿐만 아니라 카리브 해와 필리핀의 식민지들에 대해 비슷한 조치를 취했다. 소련은 이미 국제 체제에서 이탈한 상태였다. 일본은 만주국을 식민지 제국에 병합한 후에 〈대동아 공영권〉을 구축해 나갔다. 이탈리아는 북아프리카로 세력을 확장했고 히틀러의 나치 독일은 중유럽과 동유럽에서 제국의 재건을 노렸다. 독일은 1938년에 오스트리아를 합병하면서 같은 해 초에 체코슬로바키아를 해체하고 이듬해 초에 나머지 지역까지 흡수했다. 세계의 체제는 경쟁과 전쟁을 벌이는 블록들로 분리되었다.

2차 세계대전

영국과 프랑스는 폴란드와 보호 조약을 체결했고 따라서 1939년 9월에 나치 군대가 폴란드를 침공했을 때 영국은 전쟁을 선포했다. 여전히 고립주의를 고수했던 미국은 전쟁에 개입하지 않았지만 1941년 12월 7일에 일본이 진주만을 공격하자 태평양과 유럽에서 동시에 전쟁을 시작했다. 그 무렵 소련도 1941년에 히틀러가 불가침 조약을 어기고 러시아를 공격하면서 전쟁에 휘말리게 되었다. 공산주의 체제였던 소련은 자본주의 진영인 영국, 미국과 즉각적인 위협인 추축국(2차 세계대전 당시 연합국과 싸웠던 나라들이 형성한 국제 동맹을 가리키는 말로 나치 독일, 파시즘 이탈리아, 제국주의 일본을 말한다.)에 대해 공동의 명분을 내세우며 협력했다.

 2차 세계대전은 1차 세계대전보다 훨씬 더 파괴적이었다. 전사자들과 부상병들의 수 또한 월등히 많았을 뿐만 아니라 민간인들이 전쟁에 동원되면서 그들마저 공격 대상이 되었기 때문이다. 참전국들의 거의 모든 산업 생산이 전쟁에 활용되었다. 1943년에 영국, 프랑스, 미국, 소련이 포함된 연합국은 오직 추축국의 전면적이고 무조건적인 패배만을 수용할 수 있을 뿐이라고 결정했고, 1944년에 미국은 민간인들에 대한 군사적 공격에 반대했던 입장을 철회했다. 미국은 영국과 함께 전투기로 독일의 드레스덴에 폭격을 감행했고 일본에서도 도쿄를 비롯한 다른 63개 도시들에 폭격을 가한 후 1945년 8월에 히로시마와 나가사키에 최초로 원자폭탄을 투하했다.

만약 전쟁이 지옥이라면 전면전은 완전한 지옥이었다. 나치는 6백만 명에 달하는 유대인들과 다른 달갑지 않은 민족들에게 대량 학살을 자행했고, 일본은 특히 중국인들에게 실행한 삼전 정책(전부 죽이고, 전부 불태우고, 전부 파괴하라!)을 비롯해 온갖 만행을 저질렀다. 2차 세계대전에서는 1차 세계대전 때보다 더 많은 민간인들과 군인들이 목숨을 잃었다. 그 수치는 가히 충격적이다. 전 세계에서 무려 5천만 명 이상이 사망했는데 2천만 명의 소련과 1천만 명의 중국이 막대한 희생을 치르고 말았다.

2차 세계대전 이후의 세계
—

1945년에 종전된 2차 세계대전은 1차 세계대전의 종전과는 큰 차이가 있었다. 휴전이나 군대 철수 따위는 없었다. 전면전에는 완패가 뒤따랐다. 독일(1945년 6월)과 일본(1945년 9월)은 승전국들에게 무조건적 항복을 선언했다. 어쩌면 가장 중요한 사실은 승전국과 패전국 모두를 포함한 유럽 국가들이 식민지 제국을 재건할 능력을 상실했다는 것이었다. 이후 수십 년에 걸쳐 아시아와 아프리카의 식민지들은 독립을 쟁취했다. 아시아에서 일본의 식민지 제국도 1945년부터

1952년까지 미국이 일본을 점령한 기간 동안 해체되었다. 중국에서는 내전이 일어나면서 1949년에 중국 공산당이 권력을 장악했다. 이윽고 과거의 식민지 세계와 공산주의 체제의 중국은 산업화를 강조하면서 적극적으로 경제 개발을 추구하기 시작했다.

히틀러의 국가사회주의, 이탈리아의 파시즘, 일본의 국가통제주의 발전 모델은 다른 유럽 국가들과 미국보다 대공황으로부터 빠르게 벗어날 수 있는 동력이 되었지만 그와 동시에 그들을 전쟁으로 이끌어 패망을 초래하는 원인이 되기도 했다. 유럽의 식민지 모델도 신뢰를 잃고 폐기되었다. 결국 2차 세계대전과 30년의 위기를 견디며 막강해진 미국과 소련이 전후 세계의 양대 강대국으로 부상했다. 실제로 일본의 패배에 미국의 지대한 공로가 뒷받침되었던 것처럼 나치 독일의 패배도 소련의 군대 없이는 불가능했다.

서로 이유는 다르지만 미국과 소련은 강력한 반식민주의 이념을 내세우며 유럽 국가들의 식민지 유지를 반대했고 그 결과 전후에 식민지들에서 반식민지 운동을 촉발했다. 하지만 두 국가는 전혀 다른 사회, 경제 체제를 지녔고(미국은 자유 시장 자본주의, 소련은 국가 계획 사회주의) 각각 다른 세계 모델을 추구했다. 미국이 식민주의 폐지를 원했던 이유는 단지 국가 독립의 천부적 권리를 믿었기 때문이 아니라 식민지 특혜 제도 때문에 차단되었던 식민지들의 시장과 천연자원에 접근하기 위해서였다. 반면 소련은 식민주의를 폐지하면 식민지들에서 공산주의 세계의 구축을 위한 필수 단계인 사회주의 혁명의 실행 가능성을 증대할 수 있다고 믿었다.

미국과 소련은 모두 반식민주의를 표방했지만 신생 독립국들에 대한 비전이 이처럼 서로 달랐기 때문에 결국 냉전을 시작하게 되었다. 양측은 가공할 핵무기 개발을 거듭하는 군비 경쟁을 지속했는데, 서로 이런 핵무기를 결코 사용할 수는 없지만 상대의 공격을 억제하는 효과는 있다는 것을 깨달았다. 그 상태는 MAD(mutually assured destruction)로 불리는데 이는 상호 확증 파괴를 의미한다. 따라서 미국과 소련 간의 이런 군사적 대치는 실제 열전(hot war, 본격적인 무력 전쟁)으로까지 이어지지는 않았지만 냉전cold war은 1991년 소련 붕괴가 일어날 때까지 2차 세계대전 이후의 세계에서 대부분의 상황을 이끌었다.

탈식민지화

대부분의 식민지들이 2차 세계대전 직후에 독립 국가가 된 것은 사실이지만 그 과정은 1차 세계대전 종전 이후에 시작되었다. 1차 세계대전 이후의 배신감은 식민지 열강들의 취약성에 대한 명확한 인식과 어우러져 아시아와 아프리카 전역에 걸쳐 민족주의에 기반을 둔 독립 운동에 불을 지폈다. 2차 세계대전이 발발했을 무렵에 특히 아시아의 일부 민족주의 지도자들은 〈아시아인들을 위한 아시아Asia for Asian〉라는 그들의 구호를 지지하며 일본과 식민지 지배자들에게 등을 돌리기 시작했다.

모든 식민지들 중 가장 규모가 큰 국가였던 인도의 독립은 2차 세계대전 말기에 주요 문제로 부상하면서 종전 이후에 영국은 서둘러 자국의 철수와 인도의 독립에 대한 협상을 처리했다. 하지만 인도의 독립은 그 과정에서 대규모의 폭력이 일어난 비극이었다. 간디와 의회당은 다민족, 다종교 국가를 수립하고자 했지만 1930년대에 일부 이슬람 지도자들이 파키스탄이라고 불리는 별개의 이슬람 국가의 건국을 선동하기 시작했다. 힌두교 민족주의자들도 힌두국가를 원했는데, 힌두교와 이슬람교를 포함한 다른 인종 집단과 종교 집단을 모두 아우르는 다민족 단일 국가를 제안했던 같은 힌두교도인 간디를 살해한 암살범도 바로 힌두교 극단주의자였다. 1947년에 인도의 독립은 힌두교가 주류를 이룬 인도와 이슬람교가 주류를 이룬 파키스탄의 두 국가로 분리되는 것을 의미했다. 이슬람교도의 인구가 압도적으로 많았지만 힌두교 통치자가 다스렸던 카슈미르는 분리된 후에도 지금까지 인도와 파키스탄 간의 긴장과 갈등의 근원이 되고 있다.

영국이 철수한 후에 상대 지역에 거주하던 힌두교도들과 이슬람교도들은 각 지역의 민족주의자들을 너무나 두려워한 나머지 파키스탄의 힌두교도들은 인도로 도망쳤고 인도의 이슬람교도들은 파키스탄으로 빠져나왔다. 소위 분리 기간에 일어난 이 대규모의 이동 중에 수백만 명이 집과 토지를 잃었고 수십만 명이 목숨을 잃었다. 그 후로 인도와 파키스탄이 수없이 국경 지역에서 전투를 일으키고 카슈미르의 통치권을 두고 충돌하고 1998년부터는 서로에게 핵무기를 겨누면서 극도로 경계하고 두 차례나 전쟁을 벌였던 것은 그리 놀랍지도 않다.

인도의 독립과 분리는 전후의 아시아와 아프리카의 탈식민지화에서 나타났던 두 가지 중요한 양상을 보여준다. 첫째, 유럽의 식민주의자들은 독립을 〈영토상의 독립〉이라고 생각했다. 유럽인들이 설정한 식민지의 경계는 지극히 임의적인 경우가 많았고 그곳에 거주하는 주민들을 전혀 고려하지 않았다. 따라서 인도와 파키스탄을 구분한 경계선이 수천만 명의 이슬람교도와 힌두교도에게 대혼란을 일으켰던 것처럼, 아프리카와 중동에 그려진 경계선들도 같은 언어와 문화를 지닌 사람들이 거주하는 국가들을 두 개 이상의 국경으로 갈라놓았다. 가장 대표적인 사례가 현재 이라크 북부, 이란 서부, 터키 동부에 거주하는 쿠르드 족, 르완다와 콩고에 거주하는 후투 족과 투치 족이다.

아시아와 중동의 대부분 국가들은 1950년까지 탈식민지화에 성공했고 아프리카의 대부분 국가들도 1960년까지 독립 국가를 이루었다. 카리브 해와 태평양의 작은 섬들도 1960년대에 독립을 쟁취했다. 이런 급격한 탈식민지화로 많은 신생 독립 국가들이 탄생하면서 국제연합UN의 회원국은 창설년도인 1945년에 51개국에서 1970년에는 127개국까지 증가했다.

식민지 국가들의 혁명

2차 세계대전은 전 세계적인 규모로 벌어지면서 탈식민지화뿐만 아니라 대부분 공산당이나 좌파 정당들이 주도하는 여러 혁명들도 일어날 수 있는 환경을 조성했다. 중국에서 공산당은 베르사유 평화회담과 러시아의 볼셰비키 혁명이 끝난 후인 1921년에 설립되었다. 중국의 가난한 농부들은 공산주의자들에게 엄청난 지지를 보냈는데, 공산주의자들은 소작료와 이자의 삭감을 약속하면서 소작농들을 착취하며 농촌을 빈곤의 수렁에 빠뜨렸던 지주들을 공격했다. 1937년에 일본이 중국을 침략했을 때 공산주의자들은 집권 세력인 국민당과 통일전선을 구축해 일본에게 저항했다. 이때 국민당이 일본군의 공격으로 중국 남서부의 변방까지 후퇴했던 반면 공산당은 일본군의 후방에서 게릴라 전술을 펼치면서 병력을 증강하고 세력권을 확장했다. 1945년에 일본이 미국에 항복하자 공산당은 국민당과 내전을 벌인 끝에 승리를 거두며 1949년에 중화인민공화국을 건국했다. 중국 공산당은 결코 외세에 위협받지 않는 강한 중국을 만들겠다고 결심했다. 그 결심은 1950년에 중국이 미국과 한국전쟁(1950-1953년)에서 싸우며 시험대에 올랐지만 그 전쟁은 승부를 가리지 못했다.

2차 세계대전 말기에 프랑스령 인도차이나에서는 호치민이 이끄는 베트민(호치민을 지도자로 하는 베트남 독립 동맹군)이 반일본 게릴라 전쟁을 벌인 후에 대중의 열렬한 지지와 막강한 군대를 앞세워 프랑스로부터 독립을 선언했다. 하지만 프랑스는 아시아의 식민지들을 포기할 의사가 없었기 때문에 베트남에서 세력을 재구축하고자 했다. 하지만 이후 1954년에 호치민의 군대는 프랑스 군대를 물리쳤다. 그런 상황에서 미국이 개입했고 처음에는 외교를 시도했지만 결국 무력을 행사하게 되었다. 1956년에 국민 투표에 이은 통일을 약속했던 미국이 남부의 괴뢰 정부를 지지하기로 결정하면서 베트남은 남북으로 분단되었다. 미국의 지원을 받던 남베트남 정부가 스스로 통치하지 못하고 북부와 남부의 베트민 게릴라에 대한 반대도 대중의 지지를 얻지 못하자 미국은 처음에 고문단을 파견했다가 1960년대 중반에 남베트남을 지원하기 위해 대규모 병력을 투입했다. 10년에 걸친 전쟁 끝에 미국과 남베트남은 패배했고 1975년에 베트남은 공산당 정권에 의해 재통일되었다.

무력은 프랑스령 알제리에서도 필요했는데 알제리는 1962년에 기어이 독립을 쟁취했다. 식민지들의 독립을 허용하지 않은 또 다른 국가였던 포르투갈은 1975년에 무장 봉기로 인해 통치권을 포기할 때까지 아프리카 서부 해안의 앙골라를 지배했다. 유럽의 산업혁명과 월등한 군사력을 바탕으로 시작되었던 〈제국의 시대〉는 이렇게 끝나게 되었다.

　과거 식민지들이 산업화를 이루지 못했던 이유는 아주 단순하다. 일본의 경우를 제외하면 대체로 본국에서 정책적으로 금지했기 때문이다. 중국은 일부 근대화된 산업 시설을 운영했지만 대부분은 외국인들의 소유였고 위치도 해안 도시들에 국한되었다. 20세기의 전반기에 중국은 농업에 의존했고 지주들이 득세했다. 하지만 1949년에 승리를 거둔 중국 공산당은 군사력을 앞세워 지주 계급을 제거하고 외국 기업들을 국유화하면서 완전히 상황을 바꿔놓았다.

　2차 세계대전 이후에 일어난 탈식민지화와 혁명으로 신생 독립 국가들의 정권은 확실한 개발 정책에 집중할 수 있는 힘을 얻었다. 더욱이 과거의 식민지들은 대부분 자본주의 서구로부터 처참한 고통에 시달렸기 때문에 그들이 선택한 모델은 사회주의와 공산주의, 혹은 국가통제주의 이념에 큰 영향을 받았다. 전후의 세계에서 대다수의 저개발 국가들은 국가가 주도하는 형태의 산업화를 지향하기 시작했다. 이런 상황은 재산과 자본의 개인 소유와 국제 자유 무역의 원칙에 기반을 둔 미국에게는 골칫거리였다.

냉전 시대(1947-1991년)의 탄생과 종말
—

2차 세계대전 종전 이전에도 미국은 세계가 대공황기의 자립 경제 블록들로 회귀하는 것을 방지하고 자국 경제를 부양할 충분한 세계 수요를 유지하기 위해 자유 무역을 강조하는 자본주의 원칙에 근거한 세계의 재구축을 적극적으로 계획했다. 전쟁 이전의 고립주의를 포기한 미국은 국제 분쟁을 해결하고 세계은행과 IMF 같은 전후의 세계 경제를 운영할 새로운 기구를 수립하기 위해 국제연합의 결성에도 앞장섰다. 하지만 막강한 소련과 중국 혁명, 과거 식민지들에서 부상한 사회주의 세력은 자유 시장의 비전과 미국의 세계 진출을 동시에 위협했다.

이런 상황에 더불어 2차 세계대전 이후에 소련이 동유럽의 대부분을 점령하며 위성 국가들을 수립하고 공산주의 체제의 북한과 베트남을 지원하고 중국에서 공산당의 힘이 증대되자 미국의 의사 결정권자들은 독일과 일본의 경제를 부활시키고 유럽과 아시아에 소련을 견제할 공조 체제를 구축했다. 독일과 일본에 대한 이런 역전환과 소련에 대한 봉쇄 정책은 1947년에 실행되었다. 미국은 볼셰비키 혁명을 진압하기 위해(요즘 하는 말로, 정권 교체를 시도하기 위해) 전쟁을 일으키려고는 하지 않았지만 전 세계에서 소련의 힘과 영향력은 봉쇄하고자 했다.

바야흐로 냉전이 시작되었는데 1991년까지 이어졌던 이 정세는 2차 세계대전 이후의 세계를 거의 정의하다시피 한다. 미국은 봉쇄 정책의 일환으로 한국전쟁에 참전해 북한군뿐만 아니라 중공군까지 상대했고, 베트남의 내정에 개입해 베트남전(1956-1975년)을 치렀으며, 라틴아메리카에서 민주적 선거를 통해 수립된 좌익 정부들을 전복시키기 위해 비밀 작전을 실행했고, 라틴아메리카와 중동에서 독재 정부들을 지원했으며, 전 세계적으로 반공산주의라면 비민주적인 정부들도 지지했다.

냉전은 다른 결과도 야기했다. 미국은 유일한 핵강국으로 2차 세계대전 이후의 시대를 맞이했지만 1949년에 소련이 첫 번째 핵폭탄을 실험하면서 본격적인 핵 군비 경쟁이 시작되었다. 양국은 핵폭탄을 투하할 수 있는 전폭기 편대뿐만 아니라 불과 몇 분 만에 목표물에 도달할 수 있는 대륙간 탄도미사일까지 갖추게 되었다. 이런 대량 살상 무기를 방어할 방법은 없으며 그저 미사일 발사를 포착한 즉시 대규모 보복 공격을 실행해야 했다. 1960년대에 양측이 수천 기의 대륙간 탄도미사일과 핵탄두를 보유하게 되었을 때 핵 공격은 단 차례만으로도 인류 문명의 파멸은 물론 자칫 인간의 멸종까지 초래할 수 있었다. 이처럼 비록 많은 핵 공격의 위협이 있었지만 세계가 절체절명의 위기에 이르렀던 시기는 1960년대 초반에 소련이 카스트로 정권의 쿠바에 미사일을 배치했던 때뿐이었다.

  냉전으로 세계의 대부분은 무장지대가 되었고 처음으로 많은 국가들, 특히 미국과 소련을 필두로 한 양측의 우방들이 상시 전투태세에 돌입했다. 그 결과 미국 정부는 연간 예산의 약 3분의 1을 군비로 지출했고 소련은 그보다 더 높은 비율, 아마도 연간 예산의 절반 정도를 군비에 투입했다. 따라서 경제의 규모와 활력은 냉전 기간에 두 초강대국이 군사력을 증강하고 유지하는 데 결정적인 요소로 작용했다. 무엇보다 냉전은 치열한 〈경제 전쟁〉이었다. 하지만 1980년대에 미국 경제가 굴뚝 산업에서 벗어나 진보된 컴퓨터 기술을 개발하면서 미국과 소련의 경제는 생산성에서 격차가 벌어졌다.

소련의 생산주의 vs. 미국의 소비주의

소련은 정부가 자원의 배급을 선택하고 결정하는 계획 경제를 운영했다. 그만큼 소련 경제는 자본주의 자유 시장 경제에 필연적으로 수반되는 호황과 침체가 거의 없었다. 바로 그것이 자본주의 국가들이 처참하게 무너지던 대공황기에 소련이 빠르게 산업화할 수 있었던 비결과 이유를 설명한다. 2차 세계대전 이후에는 소련도 그들이 점령한 동유럽 국가들의 자원과 생산 시설을 이용했다.

하지만 소련의 블록 경제가 성장을 지속하지 못했던 이유는 국가 계획 때문이었다. 국가 주도의 경제와 진정한 공산주의 간의 연관성 여부는 논란의 여지가 있지만 소련의 공산주의 지도자들이 인간에 대한 마르크스의 사상에 영향을 받았던 것은 사실이다. 칼 마르크스는 선천적으로 인간은 생산적 존재이며 인간의 본질은 노동을 하고 노동의 열매를 누리는 것이라고 주장했다. 자본주의 체제의 문제는 사람들이 일을 해야 한다는 것이 아니라, 임금을 받기 위해 일을 하고 노동의 산물로부터 소외되며 그 산물을 자본가들이 빼앗아 판다는 것이다. 사회주의의 미래에 대해 마르크스는 사람들은 계속 일을 할 것이고 결국 노동을 통해 자아실현을 이룰 것이라고 전망했다. 그 노동은 자본가들이 아닌 그들의 것이기 때문이다.

소련 체제에서 사람들은 확실히 일을 했지만 국가가 노동자들의 이익을 대변했기 때문에 국가를 위한 노동이 그들을 위한 노동이라는 것은 허구였다. 소련의 모델은 다다익선을 추구하는 생산주의 모델이었다. 따라서 소련의 국가 계획은 대규모의 산업과 공장을 필요로 했지만 그런 산업 생산의 대부분은 부가산업을 창출하거나 군대를 지원하기 위한 것이었다. 생산, 특히 석탄, 철광, 강철, 전기 같은 중공업 생산과 중공업을 지원하기 위한 생산은 결국 자체적인 한계에 이르렀다. 관리자들은 생산량에 따라 평가와 보상이 주어졌고 간혹 생산의 측정이 너무 부실해서 생산된 석탄이 실제로 발전소가지 운송되었는지의 여부가 아닌 운송 열차에 실렸는지의 여부에 더 치중하기도 했다. 일부 철도 관리자들은 석탄을 실었다 내리는 방법으로 자기 구역의 생산율을 높였다. 소련은 최소한의 주거, 보건, 교육의 보장을 약속했지만 이 국가 계획은 소비재 상품에 대한 투자는 거의 고려하지 않았다.

소련은 체제의 발전을 위해 과학도 활용했는데, 특히 군사적 용도와 우주 탐사에 연관된 과학 교육과 신기술 개발에 막대한 투자를 실시했다. 그 결과 소련은 1957년에 스푸트닉 호를 발사하면서 우주 탐사에서 미국을 앞질렀고 곧이어 지구 궤도에 최초로 인간을 진입시키면서 미국과의 우주 경쟁을 촉발했다. 한편 미국은 1960년대에 케네디 대통령이 10년 안에 미국인을 달에 보내겠다고 선언했고 1969년에 그 목표를 달성했다.

중국 공산주의자들은 1949년에 내전에서 승리를 거둔 후에 소련의 개발 모델을 따르면서 중국 1차 5개년 계획(1953-1957년)을 통해 연간 18퍼센트의 성장률을 달성했고 중국 경제를 위한 중공업의 기반을 확립했다. 하지만 중국의 지도자 마오쩌둥은 소련의 모델에서 나타난 뜻밖의 결과, 특히 도시의 엘리트층이 새로운 지배 계급으로 부상할 것을 우려하면서 농업에 치중한 개발 계획을 수립하고자 했다. 그는 자신이 대규모의 농촌 조합에 근거한 새로운 모델과 농촌 산업화를 통해 완전 고용을 실현할 방법을 찾았다고 믿었고 1958년에 대도약을 실행하면서 중국이 15년 안에 영국의 산업 생산을 추월할 것이라고 선언했다.

하지만 그 실험은 결국 재앙으로 끝났다. 물론 3년 동안 이어진 북부의 가뭄과 남부의 홍수와 같은 악천후도 적잖은 영향을 미쳤지만 공산당 지도자들이 현실과 동떨어진 수치임에도 점점 더 높은 농업 생산량 보고에만 집착하게 된 것이 결정적 요인이었다. 따라서 중국 당국은 잘못된 보고에 따라 주민들의 식량이 충분하다고 판단하고 마을들에서 곡물을 징발했다. 자연재해와 맞물린 3년에 걸친 기아(1959-1962년)로 2천만 명이 목숨을 잃었고 마오쩌둥의 능력에 대한 다른 지도자들의 믿음이 흔들렸으며 소련의 지도자들마저 중국의 진로에 의구심을 품었다. 소련의 지도자 니키타 흐루시초프가 중국에 핵무기 기술의 공유를 거부하고 마오쩌둥이 소련을 공개적으로 비난했을 때 소련은 냉정하게 고문단을 철수했고 서구 세계의 시각에서 처음으로 공산주의 세계의 분열이 일어나는 듯했다. 소련과 중국의 갈등은 1960년대에 더욱 깊어져 갔고 1969년에 아무르 강 유역에서 무력을 동원한 국경 분쟁으로 이어졌다.

  소련과 중국은 사회주의 노선과 자본주의 세계와의 투쟁 방식을 두고 차이를 드러냈지만 경제 생산의 증대를 위해서는 나란히 총력을 기울였다. 생산주의에 기반을 둔 양국의 공산주의 모델은 끔찍한 환경 문제를 야기했다. 소련에서는 청정 지역이던 시베리아의 바이칼 호수가 산업공해로 뒤덮였고 아랄 해는 물을 끌어가 사용하던 인근의 대규모 목화밭으로 인해 말라버렸으며 대부분 도시들의 공기는 세계 최악의 수준이 되었고 1986년에는 체르노빌의 원자력 발전소까지 폭발했다. 고약한 산업 폐기물 더미들이 대지, 공기, 물을 오염시켰다. 중국에서는 강철 제철소들이 오염 물질을 배출해 인근의 식물들이 희뿌연 분진을 뒤집어썼고 강물은 독성 산업 물질로 시커멓게 변했으며 베이징 시민들은 한겨울에도 석탄 먼지 때문에 마스크를 쓰고 자전거로 출근해야 했고 황허는 워낙 많은 양의 물을 관개용수로 끌어가는 탓에 좀처럼 강물이 바다로 흘러나가지 못했다. 더욱이 지난 20년 동안 시장 개혁과 사기업을 기반으로 급속한 성장을 이룬 중국에서 이런 상황은 개선될 기미가 전혀 없었고 오히려 더 악화되었다. 세계 10대 오염 도시 중 7곳이 중국에 있으며 향후에도 환경오염은 더욱 심각해질 전망이다.

명백한 전후 자본주의 세계의 선도국이자 경제대국으로서 미국은 2차 세계대전 이후의 세계 경제가 지난 1차 세계대전 이후처럼 세계를 뒤흔들었던 과잉 생산과 경기 침체에 빠져들지 않도록 하겠다고 결심했다. 따라서 관세를 인하하고 미국 공산품에 대한 국제 수요를 증대하기 위한 국제 무역 체제의 개혁뿐만 아니라 내수 경제의 부양을 위한 변화도 추진했다.

다른 산업 국가들과 마찬가지로 미국도 산업화 초기에는 더 많은 공장과 추가적인 산업을 창출하는 상품들이 생산되었다. 따라서 산업은 더 많은 산업을 창출했고 그 결과 근로자들이 모여들어 큰 도시들을 형성했다. 도시의 확장과 인구의 증가로 공장들에 많은 노동력이 공급되었을 뿐만 아니라 소비의 수요도 창출되었다. 2차 세계대전이 끝나기 전까지 도시 소비자들의 수요는 대부분 의식주 위주의 생활필수품으로 한정되었다. 하지만 2차 세계대전 이후 연이은 발전을 통해 미국은 전혀 새로운 경제 분야들이 급속도로 성장하면서 자동차 등 다양한 소비재 상품들을 공급했다.

실제로 미국은 이미 다른 산업이나 공장이 아니라 주로 소비자에게 판매될 상품의 대량 생산에 성공했다. 대량 소비 문화는 대량 생산에 맞추어 1930년대부터 1950년대 사이에 미국에서 탄생되었고 미국 경제의 성장세를 상징하게 되었다. 20세기 후반에 미국 국내 경제의 3분의 2는 소비재의 생산에 주력했고 고작 3분의 1만이 생산재를 담당했다. 그 비율은 20세기 초반과 역전된 양상이었다. 전후에 미국 경제의 성장을 이끌고 20세기의 대부분에 걸쳐 세계 경제의 엔진을 움직였던 힘은 거의 〈소비 혁명〉에서 비롯되었다. 미국인들은 소비재 구매를 자유와 동일시하며 그런 자유가 없는 소련을 비난했다. 1950년대에 소비 사회는 영국과 캐나다로 확산되었고, 1960년대에는 프랑스와 이탈리아를 비롯한 다른 서유럽 국가들, 일본, 라틴아메리카의 도시들로까지 확산되었으며, 1970년대에는 냉장고, TV 같은 소비재들의 수요가 동독과 체코슬로바키아로까지 확산되었다.

제3세계의 개발주의

2차 세계대전 이후의 탈식민지화와 혁명은 특히 아시아와 아프리카뿐만 아니라 라틴아메리카 일부에도 많은 신생 국가를 탄생시켰다. 비록 소련의 사회주의 모델과 연관된 국가주의와 집단주의 방식에 우호적이었음에도 불구하고 많은 신생 국가들이 소련을 모방하지는 못했는데, 무엇보다 냉전이 치열해졌을 때 일어날 수 있는 상황을 생생하게 보여주었던 한국전쟁과 베트남전 이후에 그런 성향이 두드러졌다. 인도의 지도자 네루는 그 상황을 "코끼리들이 싸우면 풀밭은 짓밟히기 마련이다."라는 말로 표현했다. 따라서 1950년대 초반에 일부 신생 국가들, 특히 인도네시아, 이집트, 유고슬라비아, 인도의 지도자들은 미국과 소련이 결성한 냉전의 동맹 체제에 가담하지 않는 비동맹 운동을 시작했다. 1949년에 미국은 유럽에서 소련과 대적하기 위해 북대서양조약기구NATO를 결성했다. 그러자 소련은 자국이 주도하는 경제와 안보 블록인 바르샤바 조약으로 대응했다. 소련의 중동 남하를 봉쇄하기 위해 미국은 이란, 터키, 이라크의 보수파 지도자들을 설득해 중앙조약기구CENTO를 조직했고 파키스탄, 태국, 필리핀과는 동남아시아조약기구SEATO를 결성했다. 초강대국들의 이런 행보에 대응해 비동맹 국가들은 1955년에 인도네시아 반둥에서 첫 번째 회의를 개최했다. 이윽고 이 비동맹 국가들은 라틴아메리카 국가들과 함께 제3세계로 분류되었다. 산업 자본주의 국가들로 이루어진 제1세계, 공산주의 국가들로 이루어진 제2세계와 대비되는 명칭이었다.

비록 제3세계 국가들 간에도 많은 차이가 존재했지만 그들은 몇 가지 공통점도 지녔다. 그 중에서도 세 가지 사항이 두드러졌다. 첫째, 그들의 경제는 식민지 통치국이나 지역 패권국에 의해 통제되었고 그로 인해 그들은 거의 농업에 의존하면서 식량과 천연자원 공급처로 전락했다. 심지어 정치적 독립을 쟁취한 후에도 그들의 경제는 여전히 종속된 상태를 벗어나지 못했다. 그런 종속성을 깨뜨리기 위해 개발이 지상 과제로 대두되었다. 둘째, 산업 발전이 지극히 미비하고 일부의 경우에는 도시화가 제한되었던 탓에 제3세계 국가들은 대부분 농업 사회에 머물렀다. 20년 이상 급격한 산업 발전이 이루어진 현재에도 인도는 낙후된 농업 사회로 남아 있다. 셋째, 탈식민지화와 혁명으로 제3세계 국가들에서는 2차 세계대전 이후 대규모 인구 폭발이 일어날 수 있는 환경이 조성되었다.

농업 사회들은 전형적으로 출산율과 사망률(특히 유아의 경우)이 모두 높다. 생물학적 구제도에서 신생아의 절반 정도는 감염성 질병과 제한된 식량 공급으로 목숨을 잃는다. 장차 농장에서 일할 일꾼들과 신부가 될 여성들의 수를 적당히 확보하려면 그만큼 많은 출산이 이루어져야 했다. 4명에서 7명까지 출산하는 경우가 그리 드물지 않았다. 하지만 신생 독립 국가들이 세계보건기구WHO의 지원을 받아 농촌 주민들에게 항생제와 예방 주사를 공급하게 되면서 사망률은 급격히 떨어졌다. 유아 사망률이 거의 절반까지 급감하면서 인구가 폭발적으로 증가했는데 30년 만에 2배나 증가한 국가들도 많았다. 식량 공급 또한 증대되면서 그처럼 늘어난 인구를 부양할 수 있었다. 그 결과 1950년에 약 25억 명이었던 세계 인구는 1970년에 40억 명으로 증가했고 2000년에는 60억 명이 되었다. 늘어난 수십억 명의 인구 중 대부분이 제3세계 국가들에서 태어나 살아가고 있다. 이것은 지난 20세기의 세계에 대한 거부할 수 없는 사실이다.

멕시코와 중국의 경우 사회적, 경제적, 정치적으로 현저히 다른 체제를 지니고 있지만 두 국가는 모두 1950년부터 1980년까지 인구가 거의 2배나 증가했다. 멕시코의 인구는 2천9백만 명에서 7천1백만 명까지 125퍼센트 증가했고 중국의 인구는 약 5억 명에서 9억 명까지 증가했다. 그 기간 동안 국민들의 생활수준을 향상시키려면 두 국가는 인구 증가율보다 더 빠르게 성장하는 경제를 운영해야 했다. 그저 인구 증가율에 맞추어 매년 3퍼센트씩 식량 공급을 증대하는 것만 해도 매우 어려운 일이었다. 이러니 〈개발〉이 제3세계의 거의 모든 국가들에서 지도자들의 선전 문구가 되는 현상이나 그런 국가들이 개발도상국이라고 불리게 되는 상황은 전혀 놀랍지 않았다.

하지만 제3세계 국가들은 여전히 농업 사회에 머물며 가난에서 벗어나지 못했다. 1930년대의 대공황 이후로 식량과 천연자원의 가격이 제조품에 비해 하락세를 거듭했기 때문이다. 달리 말하면, 농업 국가들은 계속 인구가 증가하는 상황에서 같은 양의 제조품을 수입하기 위해 점점 더 많은 양의 곡물을 수출해야 했다. 요컨대 인구 증가와 곡물 가격의 약세로 대부분의 제3세계 사람들은 20세기 후반기에 더욱 가난해졌다. 그 타개책이 바로 산업화였는데 그나마도 일부 국가들에게나 해당되는 사항이었다.

1800년경에 산업화를 시작했던 영국도 유능한 지도자들이 강력하고 잘 조직된 효율적인 정부를 이루어 산업을 육성하는 정책을 추진했다. 강력한 간섭주의 국가들의 또 다른 사례에는 19세기 후반의 일본과 독일, 1930년대 스탈린 체제의 러시아, 1949년 이후의 중국도 포함된다. 동아시아의 일부 약소 국가들도 20세기 후반에 강력한 정부를 이루어 적극적으로 산업 정책을 추구했다. 라틴아메리카에서 브라질, 멕시코, 칠레는 대규모의 낙후된 농업 부문을 유지하면서도 상당한 규모의 산업 부문을 구축했다.

이런 개발도상국들은 산업화를 주도하는 강력한 정부를 구축하면서 노동조합과 임금 인상을 갈망하는 노동자들의 요구를 지속적으로 억압했다. 게다가 1970년대부터 지속되고 있는 세계 경제의 구조적 변화도 그런 국가들에게 유리할 수 있는 기회를 제공했다. 특히 국제 무역과 경쟁이 치열해진 세계에서 국제 운송과 통신의 발달은 제1세계의 제조업체들에게 아시아와 라틴아메리카 같은 저임금 지역들로 공장을 이전할 수 있는 여건을 조성했다. 1991년에 소련이 붕괴된 이후에 과거의 동구권도 서유럽으로부터 공장들을 유치했다. 부유한 국가들의 소비자 수요에 크게 힘입어 베트남에서 제조된 나이키 신발, 태국에서 제작된 티셔츠는 아시아와 라틴아메리카에서 생산된 텔레비전을 비롯한 다른 수천 가지 상품들과 함께 롱비치, 뉴올리언스, 뉴욕의 항구로 향하는 컨테이너 선박들을 가득 채웠다.

제3세계에서도 일부 국가들은 국제 시장에서 엄청난 가격 상승을 이끌어냈는데 그들은 거의 한 가지 자원, 즉 석유의 수출만으로도 경제를 지탱했다. 대부분 중동 국가들이지만 아프리카의 나이지리아, 라틴아메리카의 멕시코와 베네수엘라도 포함되는 산유국들은 석유수출국기구OPEC를 조직했지만 이 기구는 좀처럼 석유 가격을 안정시키지 못했다. 1970년에 석유는 배럴당 약 2달러 50센트에 팔렸다. 하지만 2차 아랍-이스라엘 전쟁이 벌어지던 1973년에 아랍석유수출국기구OAPEC는 이스라엘의 최대 후원국인 미국에 대한 석유 수출을 금지한다고 발표했고 그 여파로 1980년에 석유 가격은 배럴당 40달러까지 치솟았다. 달러가 석유를 지닌 아랍의 산유국들로 유입되면서 산업화 없이도 엄청나게 부유한 사회들이 탄생되었다.

지속되는 부의 격차

과거 제3세계 일부 국가들의 산업화와 석유수출국기구 국가들의 행운, 부유한 국가들로의 대규모 이주에도 불구하고 20세기에 부유한 국가들과 가난한 국가들 간의 격차는 좁혀지지 않고 있다. 오히려 그 격차는 더 벌어졌다. 1990년에 부유한 국가들의 1인당 소득은 18,280달러로 가난한 국가들의 수치에 비해 55배나 많았다. 다른 관점에서 보면 1960년부터 1995년까지 가난한 국가들과 비교한 부유한 국가들의 소득 비율은 〈30 대 1〉에서 〈80 대 1〉로 증가했다. 더욱 충격적인 사실은 가난한 사람들이 약 30억 명으로 세계 인구의 절반을 차지한다는 것이다. (지도 6-1 참고)

아프리카의 빈곤은 노예제도, 식민지 정책, 독립 후의 부채, 내전을 비롯한 몇 가지 요인으로 귀결될 수 있다. 신생 국가들은 세금과 자원의 형태로 부를 징발하고 통제하는 행정력과 군사력을 보유한 조직들로 이루어졌다. 개발에 필요한 자금을 조달하기 위해 그런 신생 국가들의 통치자들은 세계은행, 국제통화기금, 아프리카 개발은행에서 대출을 받았지만 그 자금은 대부분 부정과 비리로 허비되었다. 이처럼 지도자들은 국가 기관을 통제하면서 부를 차지했고 무력으로 정부의 통제권을 빼앗아 부를 장악하려는 비정부 세력의 욕망은 결국 잇따른 군사 정권과 무력시위와 내전으로 이어졌다. 종종 경쟁 세력들은 과거 식민지 통치가 끝난 후에 같은 국가로 통합되었던 다른 인종 집단들이나 언어 집단들로 이루어졌다. 만성적인 질병들, 특히 말라리아와 에이즈는 사하라 이남의 아프리카에서 수천만 명의 활기와 능력을 약화시켰다.

1980년에 사하라 이남의 아프리카 국가들은 대부분 워낙 가난했기 때문에 해외 투자자들을 거의 유치하지 못했고 자본은 아프리카에 거의 유입되지 않았다. 심지어 아프리카인들은 해외 어디에도 자본을 투자하지 못했다. 그로 인해 많은 아프리카 국가들이 파산을 모면하기 위해 더 많은 융자에 의존하게 되었다. 결국 현재 그들은 〈과다 채무 빈곤국Heavily Indebted Poor〉 혹은 HIPC라는 꼬리표가 붙을 만큼 극심한 부채 부담에 시달리고 있다. 1999년에 세계 40대 HIPC 중 34개국이 사하라 이남의 아프리카에 위치했고 4개국이 라틴아메리카에 속했으며 아시아와 중동에 각각 1개국씩 있었다. 아프리카에서 극빈자들의 수는 1981년부터 2001년 사이에 2배나 증가했는데, 아프리카의 빈곤을 구제하려는 국제적인 노력에도 불구

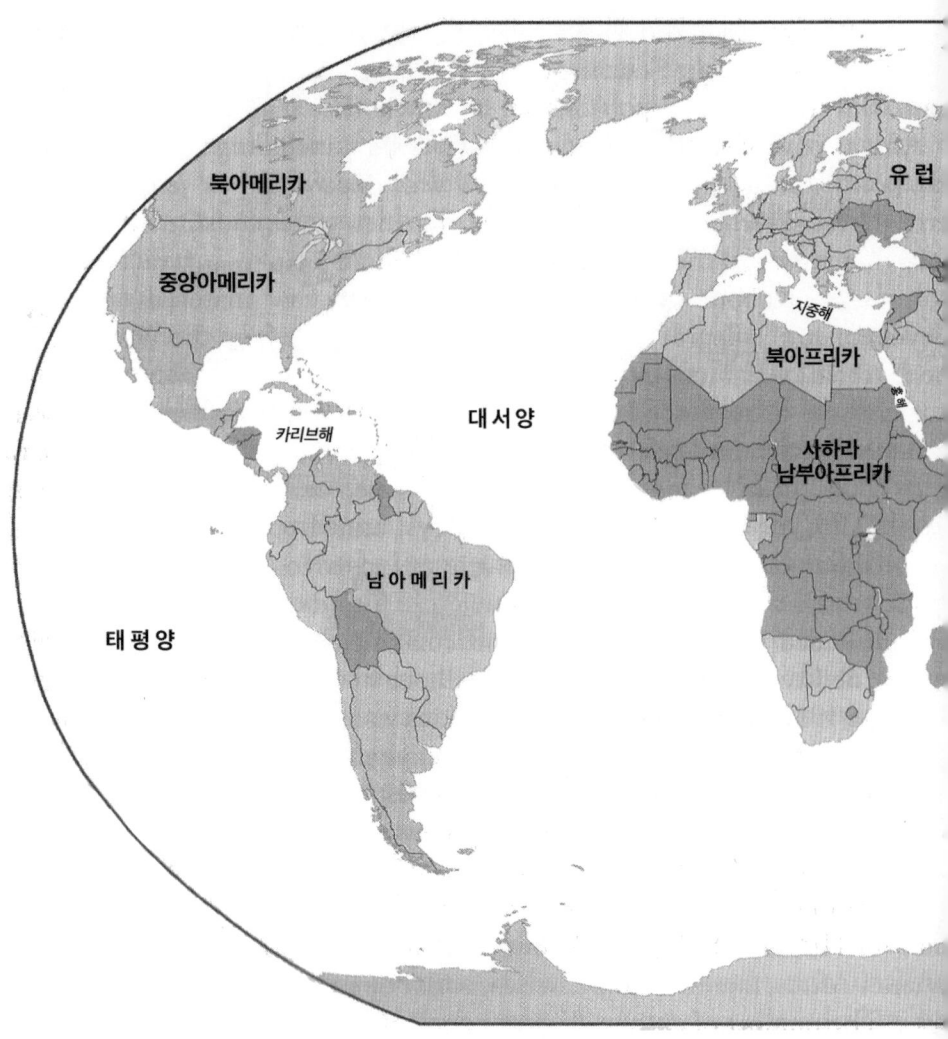

■ 지도 6-1: 지역별로 나눈 세계에서 가장 가난한 국가들. 2001년 기준 국민총소득이 1천 달러 이하인 국가들로, 진하게 표시될수록 더 가난하다.

하고 빈민자들은 계속 늘어나 2015년에는 3억 4천만 명에 달할 것으로 전망된다.

 역설적이게도 산업화된 세계는 교묘한 정책으로 가난한 국가들을 빈곤에서 헤어나지 못하도록 막는다. 미국, 일본, 유럽연합은 모두 자국의 농촌을 지원하고 자국의 농업을 보호하기 위해 수입 농산물에 대해 높은 관세를 유지한다. 그런 국가들의 농부들은 부유하고 합성 비료, 개량종자, 관개용수를 사용할 여건을 갖추고 있으며 이 모든 조건은 그들의 농업 생산량을 증대한다. 가난한 국가들의 농부들은 이미 불리한 조건에 놓여 있지만 농산물에 대한 높은 관세로 인해 국제 시장에서 경쟁하기가 거의 불가능해진다. 시장은 돈을 지닌 사람들에게 가장 유리하게 작용한다. 부유한 국가들에게 농산물에 대한 관세를 인하하라는 요구는 산업화된 세계가 아닌 가난한 국가들이 제기하기 때문에 산업화된 세계에서는 거의 반응을 보이지 않는다.

냉전의 종식

1973년에 아랍석유수출국기구의 석유 수출 금지 조치로 촉발된 〈오일 쇼크〉는 세계 석유 가격의 상승을 노렸던 것인데, 애초에 미국이 1971년에 금 본위제를 포기하고 달러의 가치를 유동화하면서 (의도적으로 달러의 가치를 떨어뜨려 석유 수입 대금을 확보하려는 시도) 세계적으로 복합적인 경제 문제들의 징후가 나타나기 시작했다. 미국 경제는 경제학자들마저 당황시킨 기묘한 스태그플레이션의 공포에 빠져들었다. 미국 경제의 혼란은 자본주의 세계 경제 전체를 침체에 빠뜨렸다. 역사학자 에릭 홉스봄은 1973년을 2차 세계대전 이후의 〈황금기의 종말〉이자 〈수십 년에 걸친 위기의 시대〉의 시작으로 간주했다. 어떤 식으로 지칭하든 간에 1970년대는 자본주의 세계에 또 한 번의 시련의 시기였다.

그 시기에 소련 경제의 상황은 더욱 심각했다. 1950년대 이후로 경제 성장은 계속 둔화되었고 군대와 산업계, 소비자들의 요구를 충족시킬 수가 없었다. 결국 소비자들은 기본 식료품을 구하기 위해

상점 앞에서 긴 줄을 서며 기다려야 하는 고통에 시달렸다. 더불어 생산주의 성향의 체제도 더 이상 회피할 수 없는 중대한 환경 문제를 일으키고 있었다. 1970년대에 개혁은 분명히 순조롭게 이루어졌지만 방대하고 까다로운 소련의 관료 체제에 변화를 시도하기는 몹시 어려웠다. 정부의 요직을 차지한 공산당 간부들이 지위를 내세워 이득을 챙기고 있었기 때문이다. 다른 동유럽 국가들에서 시도한 혁명(1956년의 헝가리, 1968년의 체코슬로바키아)은 소련의 탱크 앞에서 좌절되었다. 동유럽 위성 국가들을 통제하기 위해 소련은 점점 더 많은 비용을 투입하게 되었다.

이처럼 미국과 소련 모두 위기에 처했던 시기에 두 명의 정치 지도자가 등장했다. 1980년에 미국 대통령에 당선된 로널드 레이건과 1985년에 소련 서기장으로 선출된 미하일 고르바초프는 냉전의 축소와 종식을 위해 중요한 역할을 수행했다. 레이건 대통령은 1981년과 1982년에 자신이 단행한 급격한 금리 인상으로 촉발되었던 극심한 침체에서 미국 경제를 부양하기 위한 방편으로 군비를 엄청나게 확대했는데 이 때문에 미국의 적자도 증가했다. 그는 군비 경쟁을 재개하면 소련이 당황할 것이라고 기대했는데 그의 판단은 어느 정도 맞았다. 고르바초프는 권력을 장악한 후에 소련이 더 이상 미국과 군비 경쟁을 벌이기도, 우주 공간을 활용한 미국의 미사일 방어 체제에 대응하기도 어렵다는 것을 인식하고 미국과 협상을 벌여 핵무기 통제와 무기 감축을 실행했다. 그는 사상과 문화의 개방 정책인 〈글라스노스트glasnost〉를 통해 맥 빠진 소련의 체제에 활기를 불어넣는 한편 개혁 정책인 〈페레스트로이카perestroika〉를 통해 정당, 정부, 경제를 혁신하고자 했다. 비로소 냉전이 막바지에 이르렀고 소련의 체제도 마찬가지였다.

그와 동시에 동유럽 국가들의 공산주의 세력도 폴란드의 레흐 바웬사 같은 노동 운동가들과 가톨릭 교회와 그리스 정교회의 반발로 난관에 봉착했다. 극심한 경기 침체, 정치적 부패, 모스크바의 통제력 약화로 동유럽 사람들은 과감히 가두시위를 벌였고 어느덧 경찰과 군대도 진압을 거부했다. 1989년 8월부터 그해 말까지 〈시민들의 힘〉은 동유럽 전역에서 평화롭게 공산주의 정권을 물리쳤다. 오직 루마니아에서만 공산당 당수가 목숨을 잃었다. 소련의 종말도 임박했다. 소련에 종속되었던 명목상의 독립 공화국들이 진정한 독립을 이루면서 소련이 해체되었을 때 그 정부의 수장이던 고르바초프의 지위도 부적절해졌다. 1991년 8월에 일부 소련군의 지휘관들이 무력을 동원해 연합을 재결성하려고 했지만 러시아 연방의 지도자 보리스 옐친이 그들에게 대항했고 쿠데타가 실패하면서 마침내 소련도 붕괴되었다. 1991년 말에 미국은 세계 유일의 초강대국으로 남게 되었다.

소련 붕괴의 즉각적인 결과는 세계적으로 민족 국가의 수가 증가했다는 것이었다. 그 과정은 대체로 평화로웠다. 구소련은 15개의 신생 국가들로 분리되었는데 가장 큰 국가는 러시아로 핵무기를 포함한 구소련의 힘을 대부분 물려받았다. 독일의 경우는 그 과정에서 공산주의 체제의 동독이 결합을 주도했던 서독과 통일되면서 하나의 국가로 재탄생했다. 체코슬로바키아는 체코공화국과 슬로바키아 두 개의 국가로 분리되었다. 유고슬라비아는 내전, 인종 청소, 전쟁 범죄, 잔혹 행위를 거듭하다가 마침내 북대서양조약기구와 미국의 무력 개입으로 여섯 개의 국가로 분리되었다. 그 결과 영토 국가의 수는 국제연합 회원국의 기준에서 191개국으로 늘어났다.

역사의 종말? 문명의 충돌?

소련의 붕괴와 냉전의 종식에 대한 반응은 안도, 축하, 경계로 나타났다. 냉전이 뜨거워질지 모른다고 불안해했던 사람들은 안도했고, 자본주의와 민주주의에 연관된 가치의 세계적 승리에 헌신했던 사람들은 축하했으며, 소련의 위협에서 벗어난 미국의 의도와 행동을 우려했던 사람들은 경계했다.

사실 소련은 1차 세계대전 이후에 자본주의의 도전 세력으로 등장했던 탄생 과정부터 시작해서 2차 세계대전에서 히틀러의 패망을 주도했던 결정적인 역할, 냉전을 통해 세계의 주도권을 두고 미국과 벌였던 경쟁에 이르기까지 주요한 특징을 정의했던 국가였다. 소련의 해체와 냉전의 종식으로 어떤 사람들은 세계적 갈등의 원인이 완전히 제거되었고 미래에는 대체로 민주주의 제도와 자유 시장 경제가 무난하고 평화롭게 이어질 것이라고 믿었다.

소비에트 블록의 해체는 확실히 소련의 생산주의적 공산주의 형태의 종말을 의미했다. 러시아와 구소련과 동유럽의 대부분 국가들은 이제 사유 재산을 합법화하고 자본 보호법을 제정하고 해외 자본을 유치하고 자유 무역을 수용했다. 요컨대 자본주의에 개방된 세계가 대폭 확장되면서 1990년대에 자본주의는 더없이 확산되었다. 그 결과 세계화가 전 세계 많은 사람들의 의식 속에 침투했다.

공산주의 체제의 중국에서 일어난 시장 개혁도 1990년대에 자유 시장 자본주의의 확장과 세계 통합의 강화를 더욱 촉진했다. 공산당의 주도로 중국은 1980년대 초반에 국가가 소유하고 통제하는 경제에서 벗어나기 시작했다. 그런 상황이 놀라울지도 모르지만 무엇보다도 빠른 경제 성장에 관심을 가졌던 중국의 지도자 덩샤오핑은 쥐만 잡을 수 있다면 고양이가 흰색이든 검은색이든 상관하지 않는다고 강조했다.

1980년대 초반에 시작된 농업의 사유화가 1980년대 후반 산업의 민영화와 뒤이은 해외 투자에 대한 개방으로 이어지면서 1990년대 초반의 중국 경제는 여전히 국유화를 고수했던 금융 체제와 에너지 생산 부문을 제외하면 기본적으로 자본주의가 되었다. 해외 자본을 유치해 새로운 공장을 건설하는 중국의 전략은 수출 시장을 공략할 소비재 생산에 주력하기 위해서였다. 1990년대에 엄청나게 많은 중국산 제품이 세계 시장, 특히 미국 시장에 쏟아져 나왔고 중국은 매달 수입액보다 많은 약 180억 달러의 수출액을 기록했다. 그 결과 중국은 약 7천1백억 달러라는 엄청난 달러 보유고를 지니게 되었고 그 자금으로 미국의 국채와 기업들을 매입하고 있다. 지난 20년 동안 중국 경제는 세계에서 가장 빠르게 성장했고 현재의 추세라면 2035년에 독일, 일본, 미국을 추월할 것으로 전망된다.

국제 자유 무역

냉전의 종식 이후에 역사의 종말이 일어나지는 않았지만 1990년대에는 시장과 자본주의의 확산이 이루어졌다. 실제로 그런 식의 세계 조직에 도전했던 두 개의 거대한 반대 세력, 즉 소련의 공산주의 모델과 중국식의 변형된 공산주의와 국가통제주의의 독일 나치나 일본의 제국주의 모델이 붕괴되면서 미국은 세계 유일의 초강대국으로 남았다. 미국의 주도하에 세계의 경제 체제는 더 일체화되고 더 폭넓게 통합되었다. 하지만 역설적으로 미국을 포함해 아무리 강력하고 부유한 국가일지라도 그 어떤 국가도 세계 경제를 통제할 수는 없게 되었다. 확실히 미국은 세계은행과 IMF, WTO에서 강력한 목소리를 내고 있지만 산업화된 G8 국가들의 지도자들은 매년 7월에 회의를 개최해 국제 경제 정책을 협의한다.

하지만 세계 시장이 성장하면서 대부분의 정부들은 자국 경제의 운명을 통제할 능력을 상실했고 모두 무자비한 경쟁에 내몰리면서 부유한 국가들에게 계속 지배되고 있지만 전혀 반발이 없는 것은 아니다. 또한 완전 고용과 인플레이션 통제를 겨냥한 정책은 임금과 이윤의 삭감 압박에 시달리는 국제 경쟁에서 전혀 소용없다는 것이 드러났다. 이처럼 고도로 통합된 국제 경제의 환경에서 사회 보장, 실업 구제, 의료 보험의 확충을 고수하면서 기업 이윤의 증대를 거부하는 국가들은 머지않아 기업들이 공장을 폐쇄하고 다른 국가들로 이전하는 상황을 맞이할 것이다. 그 결과 전 세계적으로 산업 생산 비용뿐만 아니라 대부분의 농산물과 천연자원의 가격도 하락하게 되는데, 이는 국제 자유 무역을 지지하는 사람들이 예상하는 것처럼 비교 우위의 결과 때문이 아니라 가난한 국가들과 개발도상국가들은 물론 미국 같은 부유한 국가들에서도 일어날 생활수준의 하락 때문이다.

이런 국제 체제의 중추로서 미국은 모순된 위치에 놓여 있다. 일단 미국은 지구상에서 가장 강력한 군사력을 보유하고 있다. 그러나 경제력도 막강한 미국은 세계 생산에서 차지하고 있는 비율이 하락하고 있는 반면 다른 국가들, 특히 중국의 비율은 상승하고 있다. 미국은 세계 경제를 통제할 수는 없지만 국제 체제를 원활히 유지하기 위해 자국의 군사력을 활용해야 한다고 느끼고 있다. 어떤 사람들은 미국이 새로운 세계 제국을 지배하고 자국의 이익을 위해 세계를 〈단속〉한다고 간주한다.

문명의 충돌?

일부 전문가들은 냉전의 종식으로 세계에서 갈등이 사라졌다거나 새로운 형태의 갈등이 일어나지 않을 것이라고는 확신하지 못했다. 한 가지 유력한 견해는 냉전이 단지 언제든 다시 일어날 문명들 간의 심각한 불화, 특히 서구와 역사적으로 그 반발 세력인 이슬람 문명과 중국 문명 간의 대립을 감추는 역할을 했다는 것이다. 이론가들은 미국이 장차 일어날 문명의 충돌에 대비해야 한다고 조언했다.

 냉전의 종식 이후에 일어난 많은 사건들이 그런 견해, 특히 이슬람 세계와 관련된 시각에 신빙성을 더하는 듯했다. 1990년에 사담 후세인 정권의 이라크는 역사적으로 자국의 영토였다고 주장하면서 인접한 쿠웨이트를 침공했다. 미국은 연합군을 구성해 먼저 국제연합에서 이라크를 비난했고 1991년에 1차 걸프전을 벌여 쿠웨이트에서 후세인의 군대를 몰아냈다. 그 후 미군이 이라크에 대한 감시를 목적으로 사우디아라비아에 주둔하자 과거 1980년대에 그 지역에서 소련의 침략에 저항했던 무슬림들이 미국에 적개심을 품고 1996년에 사우디아라비아에서 코바르 타워에, 1998년에는 케냐와 탄자니아에서 미국 대사관에, 2000년에는 예멘에서 미군의 구축함 콜Cole 호에 폭탄 테러를 감행했다. 그 많은 테러를 수행했던 이슬람 단체 알카에다는 오사마 빈 라덴의 주도로 2001년 9월 11일에 미국의 세계무역센터와 펜타곤을 공격했고 그로 인해 3천 명의 미국 시민들이 목숨을 잃었다.

  9/11 테러와 그에 대한 오사마 빈 라덴의 비디오테이프 성명, 글로벌 테러리즘의 방지를 위한 미국 중심의 공조 체제, 이후 아프가니스탄과 이라크에 대한 군사 공격은 모두 근대 세계의 역학 관계에 변화가 일어나고 있는 건 아닌지 의문을 제기한다. 빈 라덴의 이슬람 제국 부활의 비전과 문명의 충돌의 개념이 지닌 문제는 그 두 가지 모두 근대 세계가 존재하도록 이끌었던 과정과 힘을 무시한다는 것이다. 부유한 국가들과 가난한 국가들 간의 격차는 당연히 미국, 유럽, 일본에 대한 팔레스타인, 아프가니스탄, 파키스탄 같은 제3세계 국가의 분노를 자극했지만 이슬람 제국이 과거 8세기의 영토를 회복할 것이라는 빈 라덴의 꿈이 민족 국가 체제에서 실현될 것이라고 생각하기는 어렵다. 미래에 대한 그런 구시대적 비전은 국가들 간의 이해관계가 충돌하는 세계, 심지어 아랍권 국가들에서조차 실현될 가능성이 거의 없다. 예를 들면 팔레스타인 사람들이 꿈꾸는 미래에 대한 희망은 초국가적 이슬람 제국이 아니라 그들의 민족주의와 주권 국가에 기반을 둔다. 실제로 9/11 테러는 서구 문명에 대한 공격이 아니라 근대 세계의 상징적 구성 요소에 대한 공격이라고 해석하는 것이 가장 적절하다. 그 상징적 구성 요소는 바로 세계무역센터로 대표되는 글로벌 자본주의와 펜타곤, 더 엄밀히는 백악관으로 대표되는 민족 국가이다. 오사마 빈 라덴이 공격한 것은 〈글로벌 자본주의〉와 〈민족 국가〉인 것이다.

  결국 서구와 급진주의 이슬람 간의 충돌처럼 보이는 사태는 역사적으로 거의 우연한 사건에 가깝다. 미국이 이슬람 세계에 간섭하는 이유는 이슬람에 대적하는 문명적 성전 때문이 아니라 우연한 지리적 상황 때문이다. 전 세계적으로 석유의 매장 지대는 대부분 이슬람의 본거지인 페르시아 만에서 발견되고 있다. 통치자가 누구든 종교가 무엇이든 상관없이 미국은 석유 때문에 중동의 상황에 간섭했을 것이다. 페르시아 만이 이슬람의 역사적 본고장이자 세계 최대의 석유 매장 지대인 것은 그저 우연의 일치이다.

에너지, 석유, 전쟁

인간은 에너지를 필요로 한다. 15세기에 정화, 바스코 다 가마, 콜럼버스의 위대한 해상 탐험으로 〈항해의 시대〉가 시작되면서 인간은 풍력을 이용하게 되었다. 산업혁명으로 석탄이 사용되면서 에너지원이 크게 확장되었고 20세기에는 또 다른 화석 연료인 석유를 통해 에너지의 생산과 자동차와 비행기 같은 에너지를 소비하는 기계들의 이동성이 증대되었다. 에너지의 생성과 사용에 관계된 이런 방식은 사회를 그런 특정한 제도에 고착시키고 그에 따른 기술적, 사회적, 경제적 관계, 정치적 이해관계를 발생시킨다.

에너지원을 산업, 소비, 군사력에 동원할 수 있는 사회들은 강력하며 그 힘을 사용해 에너지를 다른 국가들로부터 자국으로 들여온다. 석탄, 석유, 천연가스 같은 에너지원은 전 세계에 불균형적으로 분포되어 있기 때문에 그로 인한 세계적인 빈부의 격차를 두드러지게 한다. 현재 세계 인구의 약 20퍼센트를 차지하는 소비 사회들은 전 세계에서 생산되는 에너지의 약 3분의 2를 소비하는데 그 에너지는 거의 화석 연료에서 비롯된다.

더불어 중국과 인도는 급격한 발전으로 고소비 중산층이 등장하며 석유의 수요와 소비가 증가했고, 에너지를 차지하기 위한 국제 경쟁이 치열해지면서 중국, 인도, 미국, 일본 간의 분쟁과 잠재적 충돌로 이어졌다. 석유 공급이 제한적임에도 국제 수요가 증가하면서 석유 가격은 급격히 상승했다. 미국이 "이 문제를 해결하기 위한 전략적 계획을 수립한다."라고 언급하고 있지만 이런 상황이 생산 증대로 이어질지 무력 충돌을 야기할지는 더 두고 보아야 할 듯하다. 여기서 전략적이란 말이 그저 〈장기적〉이란 의미인지 〈군사적〉이란 의미인지도 두고 보아야 할 것이다. 하지만 석유를 차지하기 위한 국제 분쟁은 결코 〈역사의 종말〉도 아니며 〈문명의 충돌〉로도 이해되어선 안 된다.

과거로부터의 대이탈의 시대

근대 세계의 화석 연료에 대한 의존은 어느 저명한 역사학자가 20세기가 과거와의 중대한 단절이자 무절제하고 유례없는 방대한 실험의 시작을 나타낸다고 주장했던 한 가지 이유이다. 20세기에 전 세계적으로 반향을 일으키며 온갖 다양한 형태와 수준의 사회들을 형성했던 미국의 소비주의, 소련의 생산주의, 제3세계의 개발주의는 산업화적 경제 성장을 촉진하면서 총체적으로 생물권의 자연 과정에 필적하고 그것을 대체하고 재조정할 만한 엄청난 규모와 위력의 인류 생활권을 형성했다.

산업혁명의 초기인 1800년에 세계 경제의 규모는 3백 년 전인

1500년보다 대략 3배 정도 큰 수준이었다. 그 후로 경제 성장이 가속화되면서 1800년부터 1900년 사이에 다시 3배로 확장되었다. 20세기 동안 세계 경제는 1900년에 비해 무려 14배나 규모가 커졌는데 그 중 대부분이 2차 세계대전 종전 이후에 이루어진 것이었다.

경제 성장은 우리 종과 환경의 관계를 나타내는 대략적인 지표이다. 사실상 모든 경제적 산물이 자연의 변환을 통해 얻어지기 때문이다. 광업, 제조업, 농업은 모두 자연의 일부를 인간에게 사용과 소비가 가능한 산물로 전환하는 과정이다. 따라서 경제가 발전될수록 그만큼 자연도 변화된다. 2차 세계대전 이후에 소비주의, 생산주의, 개발주의가 어우러지면서 경제 성장은 더욱 촉진되었다. 경제 발전의 추구는 세계의 권력 관계뿐만 아니라 세계의 환경과 생태 과정까지 극적으로 변화시켰다. 생태계 평가에 따르면 지난 50년 동안 인간은 식량, 물, 목재, 섬유, 연료의 증가하는 수요를 충족시키기 위해 역사상 유례없이 빠르고 광범위하게 생태계를 변화시켰다. 그 결과 지구상의 생물의 다양성에 거의 돌이킬 수 없을 만큼 심각한 손실이 일어났다.

1913년에 하버-보슈 공정을 통해 처음 제조된 질소 비료는 이제 지구의 모든 자연 과정에서 생성되는 양에 버금가는 질소를 환경에 유입시키고 있다. 1950년에 질소 비료는 360만 톤이 사용되었는데 대부분이 산업화된 선진국들에서 소비되었다. 1980년에 그 수치는 6천만 톤으로 증가했고 2000년에는 질소 비료의 소비가 주요 산업국들에서 더 많은 국가들로 확산되면서 8천만 톤까지 늘어났다. 중요한 사실은 그 사용량의 70퍼센트를 고작 3개국에서 점유하고 있다는 것이다. 즉 중국이 2천5백만 톤, 미국이 1천1백만 톤, 인도가 1천만 톤을 소비하고 있다. 반면 세계에서 가장 가난한 지역인 사하라 이남의 아프리카에서는 질소 합성 비료가 거의 사용되지 않고 있다. 그 지역과 다른 지역들에서 점점 더 가난해지는 농부들은 합성 비료, 관개용수, 다수확 종자를 구입할 돈이 없기 때문에 생물학적 구제도에서 헤어나지 못하고 있다. 또한 그들은 생활을 지탱하기 위해 천연자원을 계속 소모하면서 환경을 더욱 황폐하게 만든다. 가난한 농촌 사람들은 취사, 난방, 조명을 목적으로 삼림과 초원을 비롯해 무엇이든 불태웠고 그로 인해 자연환경과 그들의 삶은 점점 더 피폐해졌다. 비단 산업뿐만이 아니라 농촌의 빈곤도 세계의 환경을 변화시킨 요인이었다.

어떤 사람들은 생물공학, 컴퓨터, 인터넷 같은 신기술이 환경에 미치는 영향을 줄이면서 빈곤의 압박을 깨뜨리는 데 필요한 경제 성장을 촉진할지 모른다고 주장한다. 컴퓨터칩 제조나 유전자 조작은 기관차나 선박의 제작에 비하면 천연자원을 거의 소비하지 않는다. 하지만 전기가 없으면 컴퓨터와 생명공학의 세계는 존재할 수 없을 것이다. 실제로 1990년에 사용된 에너지의 양이 1900년에 비해 16배나 증가했던 점을 감안하면 20세기의 세계 에너지 소비는 동세기의 경제 성장과 인구 폭발과 버금가는 수준이다. 한 분석가는 20세기에 인간이 사용한 에너지의 양은 과거 농업혁명부터 산업혁명에 이르는 1만 년 동안 사용한 에너지보다 많다고 계산한다. 석탄과 증기는 초기 산업에 불을 지폈지만 20세기는 자동차와 발전소의 확산을 이끈 〈석유의 시대〉이다. 전기는 대부분 석탄이나 석유를 연소해 생산하는데 이것들은 모두 재생이 불가능한 화석 연료로 지구 온난화와 공기와 수질의 오염을 유발한다.

경제 성장과 개발을 추구하는 인간의 활동은 다른 자연 과정에도 영향을 미쳤다. 벌목과 농장의 확장은 아프리카, 아시아, 라틴아메리카의 방대한 열대우림을 황폐하게 만들면서 지역의 기후를 변화시키고 수천 종의 생물을 멸종시켰다. 사람들은 마지막 빙하기 이후로 나무를 땔감이나 목재로 사용했고 1만 년 전부터는 농업을 시작했다. 생물학적 구제도에서 선진국이던 중국과 영국은 1800년까지 자국의 삼림을 대량으로 벌목했다. 그 속도는 19세기에 북아메리카, 러시아, 발트 해 연안의 삼림이 벌목되면서 더욱 빨라지다가 20세기 전반기에 1차 세계대전과 대공황을 거치며 더뎌졌다. 하지만 2차 세계대전 종전 이후 50년 동안은 인류 역사상 가장 극심한 삼림 벌목이 이루어졌다. 인류 역사에서 거행된 모든 벌목의 절반이 지난 반세기 동안 일어났고 이런 현상을 역사학자 마이클 윌리엄스는 〈대공세The Great Onslaught〉라고 지칭했다. 최근에 거의 모든 벌목은 아프리카, 아시아, 라틴아메리카의 열대 지역에서 이루어졌는데 세계의 빈민들 중 대부분이 그곳에 거주하고 있다. 벌목 때문에 수천 종에 달하는 동물과 식물이 멸종되면서 자연의 생태계는 급격히 단순화되면서 다양성과 탄력성을 상실하고 있다.

현재 세계는 매우 심각한 두 가지 문제에 직면해 있다. 첫째는 급격히 증가하는 세계 인구에게 적절한 생활수준을 제공하는 것이고, 둘째는 20세기 산업 개발 모델에 의해 발생한 환경오염을 중단시키고 개선하는 것이다. 근대 세계는 이 국제적 사안들을 해결할 능력을 지니고 있는 것인가? 아마도 그럴 것이다.

20세기에는 물론 지금까지도 국제 자유 무역, 개발주의, 소비주의, 생산주의를 옹호하는 사람들은 세계의 경제 체제는 자연 환경과 생태계와는 별개라고 생각한다. 하지만 그것은 치명적인 실수일지 모른다. 20세기에 인간의 활동이 점점 더 예측할 수 없는 방향으로 생물권에 변화를 일으키면서 생물권과 인류의 생활권은 긴밀하게 연계되었다. 과거에 앨버트 아인슈타인은 신은 우주를 대상으로 주사위를 던지지 않는다는 명언을 남겼다. 확실히 그 말은 인간과 지구에는 적용되지 않는다.

아시아 세기의 재도래

20세기는 세계의 부와 권력의 중심이 서유럽의 핵심 국가들에서 미국으로 전환되었던 시대였다. 그래서 어떤 사람들은 20세기가 〈미국의 세기〉였다고 주장한다. 확실히 미국은 20세기 초반에 세계에서 가장 큰 규모의 가장 생산적인 경제를 갖춘 국가였지만 당시에 그 사실을 이해하는 사람은 거의 없었다. 하지만 두 차례의 세계대전과 대공황을 포함한 30년간의 심각한 위기를 거치면서 미국은 자본주의 세계 체제에서 선도적 위치에 오를 채비를 갖추었다. 2차 세계대전이 끝났을 때 미국과 마찬가지로 나치 독일을 물리치기 위해 막대한 자원을 투입했던 소련 또한 만만치 않은 기세를 과시했다. 실제로 누군가는 20세기가 미국의 세기 못지않게 〈소련의 세기〉였다고도 주장할 수 있는데 만약 소련이 없었다면 20세기의 여정은 전혀 달라졌을 것이기 때문이다.

하지만 20세기가 미국의 세기라는 주장은 지난 40년에 걸친 〈동아시아의 부상〉을 무색하게 한다. 2차 세계대전 이후 경제 부활을 이룬 일본, 공산당 혁명으로 막강한 군대를 구축한 후 현재 산업 경제를 운영하는 중국, 산업화에 성공한 아시아의 네 마리 용인 대만, 한국, 싱가포르, 홍콩과 더불어 인도와 동남아시아의 변화로 경제 생산과 인구에서 세계의 중심이 아시아로 돌아왔다. 이미 20세기 말에 미국에 이어 일본이 세계 두 번째 규모의 경제를 자랑했지만 중국이 2035년에 두 국가를 모두 추월할 것으로 전망된다.

중국의 부상하는 정치력, 군사력, 경제력은 아시아에서 미국의 이익과 영향력에 지속적인 도전이 되고 있다. 또한 중국이 동아시아에서 자국의 역사적 중요성을 주장하려고 한다는 것은 의심할 여지가 없다. 그런 상황이 일어나면 일본, 한국, 베트남은 위협을 느끼며 미국과 긴밀한 연대를 맺으려 할 것이고 자칫 미국과 중국 간에 긴장이 고조될지도 모른다. 하지만 서로 거의 교류가 없었던 미국과 소련 간의 냉전과는 달리 중국은 매년 1천억 달러가량의 제조품을 미국에 수출하면서 미국을 주요한 교역국으로 삼고 있다. 미국은 훨씬 적은 물량을 수출하지만 중국에 투자를 실행하고 있고 엄청난 양의 값싼 중국 수입품 덕분에 국내의 물가를 유지하고 있다.

어쩌면 세계는 〈아시아의 세기〉가 시작되는 모습을 지켜보고 있는지도 모르며 그 중심이 중국일지 인도일지 여부도 지켜보아야 할 것이다. 중국은 강력한 정부의 주도로 세계적 차원의 전략적 목표를 향해 급격한 경제 성장을 추구하는 검증된 방식을 따르고 있으며 그 과정에 대한 국민들의 견해를 고려할 의향은 거의 없다. 반면 인도는 자국의 경제를 세계 시장에 개방했지만 민주적인 인도의 정부는 농촌 인구의 목소리에 귀를 기울이고 있다. 그 결과 인도의 농촌은 더 부유해졌고 도시로 이주하려는 성향도 감소하고 있다. 지금까지 인도는 중국보다 경제 성장에서 더딘 속도를 보이고 있지만 어쩌면 가난한 농촌의 목소리를 억압하는 전제 체제의 중국보다 민주 제도를 바탕으로 견실한 지지를 받으며 더 심층적이고 광범위한 변화를 이루고 있을지 모른다.

21세기가 아시아의 부상을 지켜보고 있다는 점에서 세계의 역사는 과거 1400년부터 1800년까지 이어졌던 〈아시아의 지배〉로 회귀할지 모른다. 하지만 이슬람 제국의 재건이 불가능한 것과 마찬가지로 생산적인 농업에 기반을 둔 아시아 제국도 부활하지는 않을 것이다. 그동안 세계에는 너무나 많은 변화가 일어났고 부와 권력의 비밀은 산업 경제를 지향한 강대국들에 의해 밝혀지고 있다. 하지만 천연자원, 특히 석유가 고갈되어 가는 상황에서 중국과 인도, 그리고 나머지 개발도상국들이 석유에 의존하는 미국의 자동차 문화와 소비 문화를 따라잡을 수 있을지 여부는 쉽게 단정할 수 없는 문제이다.

결국 누가 21세기를 〈장악〉할지 여부는 점차 중요성이 대두되는 인간과 지구 환경의 변화된 관계를 감안하면 크게 중요하지 않을지도 모른다. 왜냐하면 과거로부터의 대이탈에 영향을 미쳤던 것은 비단 자본주의 세계의 산업화뿐만이 아니었고 공산주의식 생산주의, 인도와 중국의 개발주의, 제3세계의 농촌 빈곤화도 마찬가지이기 때문이다. 의도적이든 그렇지 않든, 우리는 지구를 고갈시키고 있을 뿐이다.

맺는 글

역사는
또다시 역전될 것인가

지금까지 이 책에서 다룬 근대 세계의 역사에 대한 간략한 개요는 최근 역사 연구의 결과를 〈세계적 관점〉에서 종합적으로 다루기 위한 시도였다. 여러 우수한 문명의 흥망성쇠를 연관된 상황들과 접목하지 않고 기록하거나 유럽 중심적 관점으로 단편적인 상황들을 끼워 맞췄던 대부분의 세계사와 달리, 나는 유럽 중심적 사관을 비판하면서 근대 세계가 형성된 과정을 보여주는 세계적 사관을 마련하고자 노력했다. 어쩌면 이 작업은 간혹 모순처럼 여겨졌을지도 모른다. 그 이유는 내가 근대 세계를 민족 국가 체제가 기반이 된 산업 자본주의이면서 부유한 진영과 가난한 진영 간의 격차가 구분되는 세계라고 정의하면서 시작했는데, 그 사항들이 모두 유럽 혹은 서구의 힘과 업적을 강조하는 특징이기 때문이다.

근대 세계의 부상을 이해하는 데 가장 중요한 사항으로 부각되는 요소는 세계적 및 생태학적 관점이며 그것은 세계의 여러 지역들에서 일어난 사건들을 이해하기 위한 필수 조건이다. 사실 세계의 여러 지역들 간에 이루어지는 〈상호작용〉은 어느 한 지역의 문화적 업적이 아닌 근대 세계가 형성되는 전반적인 과정을 설명한다. 실제로 그런 업적들은 세계적 맥락 외에서는 이해될 수 없다. 요컨대 전체(이 경우에는 세계와 근대사)는 부분의 총합보다 크다.

유럽인들과 미국인들이 근대 세계의 형성에 얼마나 큰 영향을 미쳤을지는 모르지만 그들은 단독으로 근대 세계를 형성하지 않았으며, 서구는 문화적 혹은 인종적 우위를 바탕으로 다른 세계들 위로 부상하지도 않았다. 이 책에서 살펴보았던 것처럼 서구의 우월성이나 우위는 지난 1천 년에 걸친 인류의 역사에서 확실히 드러난 적도 거의 없었고 20세기의 마지막 수십 년 동안에도 아시아가 유럽과 미국의 주도권에 강력하게 도전했다. 더욱이 20세기의 역사는 아시아, 아프리카, 라틴아메리카의 국가들이 저마다 혁명, 독립 운동, 경제 개발을 통해 자신들의 역사를 형성했다는 것을 입증하고 있다.

2차 세계대전 이후에 세계사를 미국의 〈예외주의〉로 윤색한 학자들에 의해 변질된 미국의 한 유력한 정치사상은 미국을 국제 사회에서 아주 특별한 지위를 획득한 독보적인 국가로 간주하고 있다. 1914년부터 1945년까지 이어진 〈30년의 위기〉라는 특수한 상황에서 구축되고 특히 1990년대에 냉전이 종식된 이후에 확고해진 미국의 우월한 지위는 그런 지지자들에 의해 그리스의 민주주의에서 시작되어 서구가 2천 년 이상 발전시켜온 최종 결과물로 인식되고 있다. 이 관점에서 보면 미국은 단순히 영국에서 비롯된 민주주의와 자유의 후계자가 아니라 최고의 성취자이다. 그런 관점은 유럽 중심주의의 최신 변형판으로, 이는 세계사의 실제 흥망성쇠를 이해하려고 하지 않을 뿐만 아니라 이제 그 서구 중심주의 가치를 무력을 동원해서라도 전 세계에 적용하고자 하는 미국의 일부 정책 입안자들의 생각을 전달하기도 한다.

1400년대부터 현재까지

이 책의 관점에서 보면, 아주 최근까지(약 1800년경) 전 세계의 거의 모든 사람들은 생물학적 구제도의 제약 속에서 살았다. 그 세계에서 농업 제국들은 높은 생활수준을 이루고 뛰어난 문화적 업적을 달성하고 강력한 통치권을 구축하면서 성공적인 국가로 정착했다. 중국, 인도, 서유럽, 일본, 일부 동남아시아 국가들 같은 구세계의 선진국들은 잘 발달된 시장 체계, 농업 중심의 경제에서 최대한의 성과를 이끌어낼 수 있는 제도적 장치, 생산성 높은 산업들에 이르기까지 전반적으로 비슷한 수준을 유지했다. 하지만 그들은 모두 일년을 주기로 반복되는 태양 에너지의 흐름에 의존해야 하는 단계에 머물러 있었다.

그 무렵 국제 정세에 몇 가지 우연한 변화가 일어나면서 땅속에 매장된 에너지원(처음에는 석탄이었고 나중에는 석유를 사용)을 사용해 생물학적 구제도의 한계를 벗어날 수 있는 능력이 세계의 일부 지역, 특히 영국을 필두로 하는 서유럽 국가들에서 개발되었다. 첫 번째 우연한 변화는 1400년대 초에 중국이 아시아의 부와 저개발 지역들의 천연자원이 거래되던 주요한 무역로인 인도양의 해상권을 포기하고 자국의 화폐를 은으로 변경하면서 세계적으로 은의 수요가 새로이 창출되고 그 수요가 이내 신세계에서 공급되는 은으로 충당되었던 것이다. 이처럼 아시아의 경제에서 은의 수요가 증가하면서 세계적 변화를 유발하는 다른 과정들이 일어나기 시작했다. 아시아는 15세기부터 19세기까지 4세기 동안 중국과 인도의 부와 생산성 높은 농업을 바탕으로 상업과 산업에서 엄청난 성과를 거두면서 세계 경제를 장악하고 아시아의 부에 접근하고자 하는 다른 지역들의 관심을 모으며 자원을 획득할 수 있었다.

두 번째 중요한 우연한 변화는 유럽인들이 신세계와 그곳에 매장된 은을 발견하고 이후에 그들로부터 전염된 질병으로 원주민 인구가 대폭 감소하고 유럽 국가들이 자신들의 이익을 위해 아프리카 노예를 기반으로 한 플랜테이션 경제를 구축했던 것이다. 세 번째 우연한 변화는 16세기에 스페인이 유럽 전역에 걸친 제국의 건설에 실패하면서 유럽 국가들 간의 경쟁 구도가 형성되어 끊임없는 전쟁이 벌어지고 급속도로 군대의 혁신이 이루어졌던 것이다.

18세기에 유라시아 대륙의 서쪽 끝에 위치한 작은 섬나라인 영국은 여러 조건들이 맞물리면서 다른 국가들을 앞서나가기 시작했다. 영국은 정점에 이르렀던 7년 전쟁을 비롯해 프랑스와 수차례의 전쟁을 벌인 끝에 유럽, 북아메리카, 인도를 지배할 수 있는 기반을 다졌다. 거의 동시에 인도의 무굴 제국은 내부적 요인들로 붕괴되기 시작하면서 영국의 모험가들에게 식민지의 발판을 확보할 기회를 허용했다. 한편 중국은 아직 영국에게 너무 버거운 상대였기 때문에 영국의 동아시아 진출을 저지할 수 있었지만 이후에 영국은 인도에서 생산한 아편과 증기선 군함을 앞세워 아편전쟁에서 중국을 제압했다. 내부적 혼란까지 겹치면서 중국은 아편전쟁을 계기로 서구와 일본에 의한 〈침략의 세기〉를 맞게 되었다.

돌이켜보면 중국의 몰락은 영국이 산업화를 시작하지 않고 산업 혁명의 산물을 전쟁에 활용하지 않았다면 일어나지 않았을 것이다. 더욱이 산업화는 우연히 영국이 점령한 신세계에 절묘한 조건이 갖추어지면서 활성화되었는데 신세계에서는 영국의 제조품, 특히 아프리카 노예들에게 입힐 면직물의 수요가 창출되었다. 또 영국은 런던에서 필요로 하던 연료를 충당하기 위해 대량으로 산림을 벌목한 후 그곳에서 석탄을 발견하는 뜻밖의 행운까지 누렸다. 결국 1800년대에 아시아와 라틴아메리카가 여전히 생물학적 구제도의 한계에 갇혀 있는 동안 영국을 필두로 한 다른 유럽 국가들(그들은 자칫 영국에게 주도권을 상실할 것을 염려했다.)은 땅속에 매장된 에너지원, 즉 처음에는 석탄 이후에는 석유를 제품 생산 과정에 사용하면서 그 한계를 벗어나기 시작했다.

이런 전환의 결과로 호황과 불황이 반복되는 경제 주기, 새로운 사회 계층들 간의 불화와 국가와 국민들 간의 갈등, 노예 시장과 천연자원의 확보를 위한 유럽 국가들 간의 아프리카 식민지와 중국에 대한 이권 쟁탈전이 벌어지면서 경제적 역학 관계는 변화되었다. 생물학적 구제도의 제약에 시달리던 세계는 불행하게도 19세기 후반에 5백 년 만의 가장 강력한 엘리뇨 현상이 일어나면서 극심한 가뭄으로 수천만 명에 달하는 인명을 잃었고 그로 인해 아시아, 아프리카, 라틴아메리카는 오늘날 우리가 제3세계라고 부르는 수준으로 전락하고 말았다.

역사학자 R. 빈 웡Bin Wong이 『변화된 중국China Transformed』에

서 주장했던 것처럼 19세기에 인간 사회를 조직하는 두 가지 방식은 서로 충돌하게 되었다. 그 중 하나인 〈농업 제국〉은 인도와 중국의 경우처럼 생산성 높은 농업 경제를 바탕으로 거의 1천 년 동안 가장 성공적으로 운영되었다. 다른 민족들, 예를 들면 아메리카의 아즈텍 제국과 잉카 제국도 생물학적 구제도의 장점을 극대화하는 방법을 찾아냈지만 그들의 에너지원은 매년 반복되는 태양의 흐름을 활용하는 것이었기 때문에 그 국가들의 힘, 인구의 규모, 경제의 생산성은 제한적이었다. 다른 하나이자 새로운 형태인 〈민족 국가〉는 19세기에 서유럽에서 처음 등장했으며 화석 연료 에너지를 토대로 한 경제를 운영하면서 산업 생산과 군사력을 극적으로 증대했다. 이 새로운 형태의 정치경제는 유럽에 1900년까지 세계의 85퍼센트를 지배할 수 있는 힘을 부여했다.

비록 고대 그리스의 〈문명화된 후손들〉과 아시아와 아프리카의 〈미개인들〉로 대비하려는 시도가 있었지만 유럽인들이 다른 민족들보다 우월한 문화를 지녔기 때문에 그런 지배를 할 수 있었던 것은 아니었다. 서구의 부상은 오히려 흑사병, 설탕, 흑인 노예, 은, 아편, 총, 전쟁과 더 많은 관계가 있다.

이런 이점들을 앞세워 20세기 초반에 유럽인들은 아시아, 아프리카, 라틴아메리카의 대부분을 통치하거나 지배했다. 유럽인들은 단지 근대 산업에 필요한 천연자원을 착취하려고만 했기 때문에 그 지역들의 농업 체제를 바꾸는 데는 그다지 관심을 두지 않았다. 따라서 아시아, 아프리카, 라틴아메리카에서 독립 국가들이 탄생될 때까지 제3세계 국가들은 생물학적 구제도의 한계를 벗어나지 못했다. 그 한계를 벗어나는 전환이 반제국주의 독립 운동과 사회 혁명(유럽이 아닌 아시아, 아프리카, 라틴아메리카에서)을 통해 이루어졌던 과정과 이유가 바로 20세기 역사의 핵심적인 부분을 차지한다.

실제로 근대 세계의 변화는 대부분 20세기에 일어났다. 두 차례의 세계대전과 대공황으로 유럽 국가들과 일본의 제국주의가 붕괴되면서 미국과 소련이 부상하고 이후에 양국 간의 냉전이 일어나는 계기가 마련되었다. 동시에 과거의 식민지들이 독립하고 중국이 혁명에 성공하면서 산업 발전을 이루었고 그 결과 20세기 후반에 인류의 생산력은 급격히 증대되었다. 이처럼 경제 활동이 폭증하면서 지구상에서 인간의 영향력도 크게 확장되었는데 대체로 그런 활동들은 자연 생태계의 속도를 추월하면서 미래의 발전에 어두운 그림자를 드리우고 있다. 이것은 과거로부터의 대이탈이며 세계화와는 무관하다.

세계화의 물결

지난 10년 동안 세계은행, IMF, 세계무역기구, G8 정상 회담에 반발하던 반세계화 시위들은 마치 세계화가 최근에 나타난 현상인 것처럼 보이게 할지도 모른다. 하지만 세계화가 시장, 정치, 가치, 환경 변화가 지구 전반에 걸쳐 통합되는 과정으로 이해된다면 세계화는 오랜 역사를 이어오고 있다. 1521년에 포르투갈인들이 세계일주에 성공하기 전부터 아시아인들은 인도양을 중심으로 중국, 일본, 향료 제도와 인도, 중동, 동아프리카, 심지어 북유럽까지 연결하며 상품과 사상을 교류하는 역동적인 경제를 창출했다. 그보다 앞선

13세기에 몽골인들은 역사상 유례없는 지상의 대제국을 건설했다. 그로 인해 전염병이 중국에서 유럽까지 유라시아 전역에 걸쳐 확산되면서 인구가 급격히 감소하게 되었다. 또한 〈다르 알이슬람dar al-Islam〉 혹은 〈이슬람의 땅〉은 13세기에 서쪽으로는 스페인과 튀니스, 동쪽으로는 현재 인도네시아에 해당하는 아체까지 아우르는 문화적, 언어적 중심지였다.

이런 엄청난 규모와 영향력에도 불구하고 아시아 국가들은 지구 전체를 아우르지는 못했다. 따라서 세계화가 시작된 시점을 규정한다면 그 시기는 콜럼버스가 신대륙을 발견했던 1492년이 아니라, 스페인이 필리핀 마닐라에 식민지를 수립했던 1571년이다. 비록 그보다 먼저 세계일주가 이루어지고 목선을 타고 사람들을 비롯해 식물들, 병원균들이 전 세계로 이동하기 시작했지만 아직 전 세계적으로 본격적인 상품의 교역이 이루어지지는 않았다. 그런 교역이 마닐라에서 최초로 가능해졌는데, 신세계의 은은 대서양 너머로 운송되었을 뿐만 아니라 아카풀코에서 스페인의 대형 범선인 갈레온선에 실려 태평양을 가로질러 서쪽으로도 운송되었다. 1571년 이후로 세계의 은은 아시아로 유입되었고 아시아의 상품은 전 세계를 거쳐 유럽과 아메리카로 퍼져나갔다. 이 〈첫 번째 세계화〉의 물결을 이끌었던 요인은 중국에서 발생한 막대한 은의 수요였다.

〈두 번째 세계화〉의 물결은 19세기에 시작되었다. 처음에는 영국이, 이후에는 서유럽 국가들과 미국, 일본이 산업화의 산물을 전쟁에 활용하면서 그 새로운 힘으로 아시아와 아프리카에 식민지를 구축했다. 제국주의자들은 자국의 공산품을 수출하기 위한 안전한 시장과 고무, 금, 석유, 보크사이트 같은 천연자원을 얻기 위한 공급원을 확보하기 위해 식민지와 반식민지, 속국을 수립했다. 두 번째 세계화의 기간에는 훨씬 더 많은 상품과 사상이 전 세계로 이동했는데, 그 중에서도 민족주의는 유럽의 식민지 지배에서 독립하려는 아시아인들의 열망을 자극했다.

두 번째 세계화의 물결은 종종 19세기의 〈신제국주의〉라고 불리기도 했지만 세계화를 새로운 국면으로 이끌지 못하고 오히려 세계화의 붕괴를 초래했다. 1차 세계대전과 뒤이은 대공황으로 세계는 제국주의 열강들의 경제 자립 구역들로 분리되었다. 그런 열강들은 경기 침체의 위기를 독자적으로 해결하기 위해 노력했지만 서로 대립과 충돌을 거듭하면서 결국 2차 세계대전을 일으키고 말았다. 2차 세계대전을 거치며 미국과 소련은 세계적 초강대국으로 부상했고 서로 다른 세계 조직의 비전으로 양극화된 세계에 〈세 번째 세계화〉의 물결을 이끌었다. 미국과 소련은 각각 자본주의와 사회주의를 구축하려는 세계적 목표를 이루기 위한 제도를 수립했다. 하지만 그들은 모두 2차 세계대전 종전 무렵에 국가들 간의 충돌이 세계적 재앙으로 확대되는 것을 방지하기 위해 창설된 국제기구인 국제연합에 가입했다. 탈식민지화는 거의 100개국에 달하는 새로운 민족 국가를 탄생시켰고 1970년대에 지구상의 거의 모든 사람들은 비록 그들의 충성을 맹세하지 않더라도 그들에 대한 통치권을 주장하는 국가의 영역 안에서 거주했다.

〈네 번째이자 마지막 세계화〉의 물결은 1991년에 소련의 붕괴와 더불어 시작되었으며 거의 미국의 주도로 진행되고 있다. 소련과 유럽에서 사회주의가 무너지고 중국이 사회주의 모델을 포기하면서 미국이 추구하는 목표, 즉 국제 자유 무역, 모든 국가들에서 국영 기업의 민영화, 보다 개방적이고 투명한 정치 체제는 과거 사회주의 세계와 제3세계를 국제 자본주의 세계의 흐름과 요구 속에 더 긴밀하게 통합했다. 이 마지막 단계에서 세계화는 미국이 주도하는 자본주의가 세계의 구석구석까지 확장되는 것을 의미했다. 하지만 이제 많은 전문가들은 미국이 여전히 강력하긴 하지만 쇠퇴하고 있으며, 어쩌면 중국이나 인도가 현재의 추세에서 이익을 거두기 가장 좋은 위치에 있을지 모른다고 생각한다.

만약 앞으로 〈다섯 번째 세계화〉 물결이 일어난다면 그것은 첫 번째와 마찬가지로 아시아에서 비롯될지도 모른다. 현재의 추세가 지속된다면 30년 이내에 중국이 미국, 일본, 독일을 제치고 규모 면에서 세계 최대의 경제를 이루게 될 것이다. 인도 역시 급격히 발전하고 있고 아시아의 네 마리 용도 20년 동안 성공가도를 이어왔다. 중국, 일본, 동남아시아는 이미 엄청난 천연자원의 수요와 생산성이 극대화된 산업에 기반을 둔 경제 체제를 갖추고 있으며 인도와 함께 과거 1400년부터 1800년까지 위용을 떨쳤던 것처럼 세계 경제의 중심을 아시아로 되돌릴 수 있을 것이다.

미래를 향해

1950년대에 중국 공산당의 한 지도자는 1789년의 프랑스 혁명에 대해 어떻게 생각하느냐는 질문을 받았다. 저우언라이 수상은 이렇게 대답했다. "아직 평가를 내리기에는 너무 이르다." 그의 견해는 프랑스 혁명으로 촉발된 과정이 여전히 진행되고 있기 때문에 그 역사도 아직 끝나지 않았다는 것이다. 이런 까닭에 그는 판단하기에 시기상조라고 생각했던 것이다.

마찬가지로 우리도 6백 년의 역사를 지녔지만 아직 그 과정이 끝나지 않은 근대 세계에서 태어나 살고 있다. 따라서 우리 모두는 내부자의 이점을 지녔지만 우리 자신과 우리의 시대를 정확하게 바라볼 수 없다는 단점도 지닌다. 그럼에도 장기적인 역사적 관점을 통해 우리는 과거와 현재에 대해 의미 있는 결론을 이끌어내고 미래에 대해 이성적인 예상을 해볼 수 있다.

농업 제국들과 생물학적 구제도의 제약은 더 이상 존재하지 않으며 어쩌면 영원히 사라졌을지도 모른다. 물론 세계는 여전히 농업에 의지해 식량을 공급하지만 농업 생산량은 화학 비료를 자유롭게 사용함으로써 극적으로 증가했다. 더불어 세계의 인구도 꾸준히 증가하고 있다. 1820년대 초에 10억 명에 도달한 후 세계 인구는 100년 만에 20억 명으로 2배나 증가했고 1970년대에 40억 명으로 다시 2배 증가했다. 현재에는 60억 명을 돌파했으며 2050년에는 90억 명에 이를 것으로 전망된다.

향후 증가할 30억 명 중 대부분은 빈곤층에 속할 가능성이 매우 크다. 반면 중산층과 부유한 사회의 인구는 유지되거나 감소할 것이다. 가난한 사람들, 소외된 사람들, 억압받는 사람들은 근대 세계의 운영 방식에서 거의 혜택을 누리지 못했기에 새로운 세계 체제를 위한 대항 세력을 적극적으로 지지한다. 따라서 세계화와 근대 세계는 적대 세력을 지니게 된다. 아메리카의 인디언 투피 족이 포르투갈의 사탕수수 플랜테이션의 노예가 되지 않기 위해 브라질의 삼림으로 숨어 들어갔을 때부터 사람들은 자신들의 세계를 침범하는 새로운 힘에 저항했다. 오사마 빈 라덴과 알카에다가 전 세계의 수많은 가난한 무슬림들에게 〈자유의 투사〉로 지지를 받았던 것도, 일부에서 네 번째 세계화 물결의 주체인 미국을 그들의 적으로 간주하는 것도 결코 놀랄 만한 일이 아니다.

근대 세계는 이처럼 수많은 저항 세력을 탄생시켰다. 그들은 대부분 〈부와 권력의 불평등〉에 대해 합리적인 비판을 제기했다. 과연 부유한 진영과 가난한 진영의 격차는 근대 세계의 기틀 안에서 제거되거나 개선될 수 있는 것일까? 만약 그렇지 않다면 이런 저항을 유발했던 환경은 지속될 것이고 근대 세계에 대한 극단적인 공격도 멈추지 않을 것이다. 그러나 누구도 그런 상황을 원하지 않는다. 저명한 역사학자 페르낭 브로델은 "이 격차를 설명하는 것은 근대 세계의 역사에서 등장한 근본적인 문제들과 부딪치는 것"이라고 말했다. 하지만 그 격차는 설명할 수 있는 단계를 초월하여 근대 세계의 근본적인 문제들로 고착되었다. 이제는 그것에 정면으로 부딪쳐야만 한다.

옮긴이 윤영호

한국외국어대학교 언어학과를 졸업했으며 현재 전문 번역가로 활동하고 있다. 옮긴 책으로는 『자본의 미스터리』, 『아름다운 비즈니스』, 『고통 없는 변화』, 『진정성의 힘』, 『권력의 미래』, 『화폐의 전망』 등 다수가 있다.

어떻게 세계는
서양이 주도하게 되었는가

1판 1쇄 펴냄 2014년 11월 20일
1판 13쇄 펴냄 2024년 11월 20일

지은이 로버트 B. 마르크스
옮긴이 윤영호
펴낸이 권선희
펴낸곳 사이
출판등록 제313-2004-00205호
주소 03938 서울시 마포구 월드컵로 36길 14 516호
전화 02-3143-3770
팩스 02-3143-3774

ⓒ 사이, 2014, Printed in Seoul, Korea

ISBN 978-89-93178-25-8 03900

• 잘못된 책은 구입하신 서점에서 바꿔드립니다.